STUDENT ACTIVITIES MANUAL

WORKBOOK
Mary Ellen Scullen, Katherine Mueller, Anna Street

•

LAB MANUAL
Virginie Cassidy

•

VIDEO MANUAL
Cathy Pons

BRANCHÉ SUR LE MONDE FRANCOPHONE

2e édition canadienne

Albert Valdman
Indiana University

•

Cathy Pons
University of North Carolina, Asheville

•

Mary Ellen Scullen
University of Maryland, College Park

•

Katherine Mueller
University of Calgary

•

Paula Bouffard
Concordia University

Pearson Canada
Toronto

ISBN: 978-0-13-212913-8

Senior Acquisitions Editor: Lisa Rahn
Supervising Developmental Editor: Suzanne Schaan
Production Editor: Avivah Wargon
Production Coordinator: Avinash Chandra
Composition: MPS Limited, A Macmillan Company

1 2 3 4 5   14 13 12 11 10

Printed and bound in Canada.

Contents

Preface

To the Student

The Student Activities Manual that accompanies **Chez nous, deuxième édition canadienne**, is composed of three parts: a Workbook focusing on written activities, a Lab Manual focusing on oral activities, and a Video Manual that provides activities to complement your viewing of the clips available on DVD and MyFrenchLab. The exercises and activities in the Student Activities Manual complement, on a chapter-by-chapter basis, the presentations in **Chez nous** and are designed to enhance your ability to read, write, understand, and speak French as you progress through the textbook. For each chapter, the Workbook has three lessons organized into the following sections: **Points de départ**, **Formes et fonctions**, and **Écrivons**, and a concluding **Lisons** and **Venez chez nous !** section. The Lab Manual contains three lessons for each chapter, each organized into the following parts: **Points de départ**, **Sons et lettres**, **Formes et fonctions**, and **Mise en pratique**. The Video Manual offers three types of activities per chapter. A more complete introduction to this component of the **Chez nous** program can be found below.

Many of the exercises and activities in the Student Activities Manual are open-ended in nature and require individualized and/or personal responses. Others are more structured and have only one possible response. For the latter, a Student Activities Manual Answer Key has been produced and your instructor may choose to make it available to have you self-correct your work. You will be able to complete many of the exercises right in the Student Activities Manual itself. However, some of the longer writing activities are to be completed on a separate sheet of paper, and you may want to invest in a notebook so that you can keep all of these assignments in one place.

The **Lisons** sections of the Workbook, the **Mise en pratique** sections of the Lab Manual, and the **Observons** sections of the Video Manual consist of a reading, listening, or video-viewing passage, respectively, each accompanied by three subsections called **Avant de lire/écouter/regarder**, **En lisant/écoutant/regardant**, and **Après avoir lu/écouté/regardé**. The first section helps you prepare for what you will read, listen to, or view, while the second section asks you to focus on finding specific information as you read, listen, or view. The activities in these sections are intended to help you to understand better what you are reading, listening to, or viewing and are often to be completed in English. The final section focuses on your reaction(s) to the reading/listening passages or video clips and connects the information and issues raised to broader issues in your life and experience. The questions and activities in the final section are sometimes to be completed in English, sometimes in French, and occasionally it will be up to your instructor to specify which language is to be used. It is our intention that you read, listen to, and view these passages without the aid of a French–English dictionary. In many cases there will be words that you do not understand. Strive, however, to use the context, the activities provided in the Student Activities Manual, and other reading, listening, and viewing strategies you will be learning in the textbook to help you figure out the meaning of the passages and clips.

Each writing assignment in the Workbook begins by guiding you through a set of prewriting activities designed to help prepare you for the activity itself. It is important to carry out these preliminary steps and to do so in French. Get into the habit of thinking in French about each topic you are asked to write about, and concentrate on simplifying your writing to use the French that you have learned. You should not need to consult a French–English dictionary to complete the writing assignments; doing so may well be inappropriate, since word-for-word translations from one language to another are often unsuccessful.

Each chapter in the Workbook concludes with a **Venez chez nous !** section featuring web-based activities. These activities have been designed to stretch your knowledge and broaden your access to the people and cultures in the francophone world. Most of these activities are designed around authentic francophone websites. You will find links to complete these activities on MyFrenchLab, **www.myfrenchlab.com**. For each chapter, select Student Resources and then click on Weblinks.

As you access webpages in French, try to treat them much as you do the reading passages you encounter in the textbook and Student Activities Manual. You will not understand every word, but your knowledge of the world and the graphics on the webpages should help you to find the specific pieces of information required to complete the activities. It is our hope that these activities will be enjoyable and lead you to a deeper understanding of the richness and variety of the francophone world.

To the Instructor

In addition to the points made to the student, we would add the following: In the **Après avoir lu** subsection of the **Lisons** section, when you wish students to write in French, prepare them for the writing process by leading them through the activity. Also, whenever possible, give students additional opportunities to develop their writing skills—for example, through the submission of rough drafts, peer editing, and the process-writing techniques used in the **Écrivons** sections of the textbook and Workbook.

Most of the activities in the **Venez chez nous !** section can be completed in either French or English, depending on the skill level and interests of the class. Be sure to tell students when you assign the activities which language they are to use. If you decide to have them complete an activity in French, prepare them appropriately as discussed above.

Note that the **Écrivons** section sometimes asks students to disclose personal information and opinions. If some students do not feel comfortable writing in a personal vein, you may want to encourage them to take on a fictitious persona so that they will not feel ill at ease.

Additional Information about the Video Program and Video Manual

To the Student

The Video Program and Video Manual that accompany **Chez nous** are designed to enhance your ability to understand everyday French as it is spoken by native speakers from across the francophone world. Since access to native speakers is limited in most parts of North America, the video provides an excellent opportunity to listen and observe as people speak in a wide variety of social contexts about the topics treated in the textbook. The video-based activities complement, on a chapter-by-chapter basis, the presentations in **Chez nous**.

- Through the video program you will encounter an engaging cast of French speakers from France, Belgium, Quebec, Haiti, Morocco, Benin, Congo, and Madagascar, who describe their homelands, families, work and leisure activities, their experiences, and their hopes for the future. They represent a variety of ages, living situations, and cultural backgrounds. Watch carefully, and you will learn not only from their comments, but also from what you see in the video clips.

- The video clips are unscripted, so you will hear natural, everyday spoken French. Because the speakers are not using "textbook" French, you may not understand every word. Do not be concerned! As you watch and listen, focus on grasping the most important information in each clip; the accompanying activities will help you to do this. Also, remember that listening to the clips more than once will certainly enhance your understanding.

- As you work with the video, expect not only to develop your French language skills, but also to learn about the array of francophone cultures represented by the speakers. The activities in your textbook and in this Video Manual will encourage you to think about both the linguistic and the cultural content of each clip.

For each chapter, the Video Program and accompanying Video Manual offer three types of activities:

- A brief cultural segment, often with voice-over, treats a major theme of the chapter, such as family pets, daily routine, and print media. The accompanying questions ask you to observe, listen, and reflect in order to sharpen your understanding of the cultural feature in focus.

- A fast-paced montage introduces the topic of the textbook's **Venez chez nous !** cultural lesson. The accompanying questions ask you to focus on the visual elements to gain insight into the topic and begin to make comparisons with your own culture.

- The **Observons** activity provides a series of interviews that relate to the chapter theme. A previewing activity encourages you to anticipate what you will be seeing and hearing, based on your own prior knowledge, accompanying illustrations, or key vocabulary. Viewing activities enable you to focus on essential information from the interviews. A post-viewing activity asks you to reflect on what you have seen and heard in order to make cross-cultural comparisons. The first interviews in the **Observons** series for each chapter are treated in the textbook, as part of the **Venez chez nous !** lesson. You should watch those interviews and complete the related activities in the textbook before moving on to the **Observons** interviews that are the focus of this Video Manual.

Your instructor may choose to work with many of the video segments in class; they are also available on MyFrenchLab. Whether you view them in class or on your own, the activities included in the Video Manual will help you to understand, explore, and enjoy each video clip. An answer key to all of the video activities—those in the textbook as well as those in the Video Manual—is provided in the Student Activities Manual Answer Key. Some of the questions have only one correct response; many are open-ended and personalized. For most of the latter, sample responses are provided.

To the Instructor

The introduction to the student provides an overview of the Video Program and the Video Manual and explains how they work together to enhance the **Chez nous** program. Additional information is provided here to suggest how the video clips and related activities in the Video Manual can be used on a flexible basis according to your own preferences and the needs and desires of your students.

The Video Manual has been designed to support and complement your in-class use of the Video Program and your assignment of video-based work as homework. Instructions to the student are provided in English throughout to facilitate independent work with the activities. As you integrate the video into your program, you may wish to consider the following options:

- One video segment per chapter elaborates on a cultural topic from the chapter and is often explicitly linked to a **Points de départ** or **Vie et culture** section in the textbook. You may choose to treat the video clip, including the related Video Manual activities, at the same time as you treat the vocabulary topic or cultural note in class. Alternatively, you may assign the video clip with its related activities as preparation for, or a follow-up to, in-class discussion.

- The fast-paced video montage has the same title as the **Venez chez nous !** lesson for each chapter. You may decide to use this sequence and its Video Manual activities in one of several ways: 1) as an introduction to and overview of the entire textbook chapter; 2) as a preview of the **Venez chez nous !** lesson, if you plan to assign the lesson as homework; or 3) as a first activity on the day the **Venez chez nous !** lesson is treated in class.

- The **Observons** generally consists of a series of interviews. The initial interviews of each chapter's series of clips are presented via a process approach in the **Venez chez nous !** lessons in the textbook. In most cases, the activities found in the Video Manual are based upon clips not treated in the textbook. Occasionally, however, the Video Manual activities revisit clips presented in the textbook, in order to treat them from a different perspective and with a different focus. You may choose to treat the Video Manual sequences and activities in class or to assign them as homework. As mentioned above, the optional Student Activities Manual Answer Key provides answers (and for open-ended questions, sample responses) to all video-based activities from the textbook and the Video Manual.

The video clips and related Video Manual activities can be used in a variety of ways with individual **Chez nous** chapters, whether in class or as homework assignments or enrichment activities. We hope that you and your students will enjoy working with the video clips and activities as much as we have enjoyed producing them. *Bonne séance !*

Nom : _____   **Date :** _____

Chapitre Préliminaire

Présentons-nous !

Workbook

Leçon 1 *Je me présente*

POINTS DE DÉPART

P-1 Bonjour. Select an appropriate follow-up to each greeting. The first one has been completed for you as an example.

_f_	1. Bonjour, Madame.	a.	Je m'appelle Mme Dumas. Et vous ?
_e_	2. Vous êtes de Montréal ?	b.	Pas mal, et toi ?
_i_	3. Comment tu t'appelles ?	c.	Salut, Thierry.
_b_	4. Ça va ?	d.	Très bien, merci. Et vous ?
_a_	5. Comment vous appelez-vous ?	e.	Non, je suis de Rimouski.
_h_	6. Monsieur, je vous présente Mme Guenier.	f.	Bonjour, Monsieur.
_c_	7. Gisèle, je te présente mon ami, Thierry.	g.	Au revoir. À demain.
_g_	8. Au revoir, Madame.	h.	Enchanté, Madame.
_d_	9. Comment allez-vous ?	i.	Je m'appelle Louise. Et toi ?

P-2 Salutations. Prepare for an exchange with a French person who does not speak English by writing out your personal responses to the following pleasantries.

MODÈLE   Bonjour.
            Bonjour, Monsieur.

1. Comment allez-vous ? _Très bien, merci, et vous ?_
2. Comment vous appelez-vous ? _Je m'appelle Mme Carvalho. Et vous ?_
3. Vous êtes de Paris ? _Non, je suis de Nice._
4. Au revoir. _À bientôt._

FORMES ET FONCTIONS

1. Les pronoms sujets et le verbe être

P-3 Photo de classe. Point out the various people in a photo of your French class by filling in the blanks with the correct form of **C'est** or **Ce sont**.

MODÈLE   _C'est_ moi.

1. _____C'est_____ le prof de français.
2. _____Ce sont_____ mes amis, Nicolas et Juliette.
3. _____C'est_____ mon amie Anne.
4. _____Ce sont_____ Julien et Pauline.

P-4 Ça va bien ? Tell—or ask—how people are feeling today by completing the sentences with the correct form of the verb **être**.

MODÈLE   Claire et Malik _sont_ fatigués.

1. Tu _____es_____ malade ?
2. Antoine et Yann _____sont_____ en forme.
3. Vous _____êtes_____ fatigué ?
4. Moi, je _____suis_____ en forme.
5. Nous _____sommes_____ très occupés.
6. Le prof de français _____est_____ stressé.

P-5 Ville d'origine. Write sentences to tell what city each of the following people is from.

MODÈLE   your best friend
             Elle est de Sault Ste. Marie.

Don't have to de

1. your parents _____
2. your roommate _____
3. you _____
4. you and your siblings _____
5. your best friend _____
6. your French teacher _____

2. Les pronoms disjoints

P-6 C'est ça. At a reunion, a group of old friends are catching up on each other's lives. Based on context and grammatical clues, fill in the missing stressed pronouns.

MODÈLE   Sophie et _toi_ , vous allez bien ?

1. Isabelle et _____nous_____ , nous sommes en forme.
2. Hélène et _____lui_____ , ils voyagent à Paris en juin.
3. Hugo et _____elle_____ ? Ils s'appellent M. et Mme Delon.
4. Sébastien et _____toi_____ , vous êtes de Windsor.
5. Patrice et _____eux_____ ? Oui, Patrice, David et Alexandre sont occupés.

P-7 Ah non ! Your sister never gets it right when it comes to how people are feeling. Set the record straight by contradicting each of her statements.

MODÈLE   Je ne suis pas malade.
Ah non, toi, tu es malade !

→ use page a

1. Tu n'es pas en forme. ___Ah non, moi ! je suis en forme.___
2. Maxime et Bruno ne sont pas occupés. ___Maxime et Bruno sont occupés___
   ___Ah non, eux, ils sont occupés___
3. Sarah et Sabrina ne sont pas stressées. ___Sarah et Sabrina sont stressées___
   ___Ah non, elles, elles sont stressées.___
4. Nous ne sommes pas malades. ___Nous sommes malades___
   ___Ah non, vous, vous êtes malades___
5. Vous n'êtes pas occupés. ___Ah non, nous, nous sommes occupés.___

ÉCRIVONS

P-8 De l'aide. Your parents are travelling to France and have asked you to help them with some basic French. Prepare note cards for them to practise with.

A. Avant d'écrire. Complete the following activities before beginning to write.

1. Fill out the table below to help you organize the information.

	Father	**Mother**
Name		
Hometown		

2. Now think of two different greetings and two different ways to say goodbye in French. Write them down here.

Greetings: _____

Goodbyes: _____

B. En écrivant.
Use the information from section A to prepare a few sentences for each of your parents to use on their trip.

MODÈLE   *Bonjour. Je m'appelle Valerie Johnson.*
          Je suis de Coquitlam.
          Comment allez-vous ?
          Moi, ça va.
          Au revoir.

C. Après avoir écrit.
Reread your two greetings. Did you use a different greeting and goodbye for each? Did you remember to use the **vous** form in any questions you have included, since your parents will be addressing people they do not know? If not, go back and revise your statements.

Leçon 2 *Dans la salle de classe*

POINTS DE DÉPART

P-9 Jeu d'associations. For each object listed in the first column below, find an object in the second column with which it is often associated. The first one has been completed for you as an example.

___e___ 1. un bureau   a. un cahier

___f___ 2. un DVD   b. un ordinateur

___g___ 3. un tableau   c. le professeur

___d___ 4. un crayon   d. une efface – *eraser.*

___da___ 5. un stylo   e. une chaise

___b___ 6. un CD   f. un lecteur DVD

___c___ 7. un étudiant   g. une craie

P-10 Dans ma classe de français. Write five sentences in French about what you have in your classroom and two sentences about what you do not have.

MODÈLE   *Il y a un tableau.*
            Il n'y a pas d'ordinateur.

1. Il y a une cahier
2. Il y a un stylo.
3. Il y a une craie gomme.
4. Il y a une brosse.
5. Il
6. _____
7. _____

P-11 Entendu en classe. Everyone seems to be mixed up today. Correct the following statements by replacing the underlined word or expression with something more logical.

MODÈLE   Prenez <u>une porte</u> !
            Prenez un stylo !

1. Ouvrez <u>le tableau</u>, s'il vous plaît.
    " la porte " " " .

2. Fermez <u>la craie</u> !
    Fermez la ~~fenêtre~~ !
       le livre.

3. Montrez Paris sur <u>la fenêtre</u> !

" " " la carte

4. Comment dit-on « _Thank you_ » <u>en anglais</u> ?

" " " " " en français

5. <u>Regardez</u> votre nom !

Écrivez " "

6. <u>Écoutez</u> en français !

Répondez " "

7. Rendez-moi <u>les ordinateurs</u> !

" " les devoirs

FORMES ET FONCTIONS

1. Le genre et les articles au singulier

P-12 C'est masculin ou féminin ?

Your friend Adam is hopeless at French and has asked you to look over a composition he has written. Provide the indefinite and definite articles he has left out. The first one has been completed for you as an example.

Je suis étudiant à ___l'___ université. J'adore (1) _le_ français, (2) _le_ marketing et (3) _l'_ espagnol. Mon ami Jérôme est dans ma classe d'espagnol. Heureusement, nous avons (4) _un_ excellent professeur. (5) _Le_ prof est toujours énergique. Dans notre salle de classe, il y a (6) _une_ carte d'Espagne, (7) _un_ ordinateur et (8) _un_ lecteur DVD. C'est (9) _une_ salle très moderne !

P-13 Le voilà.

Your friend's backpack came undone and she has lost many things. You retrace her steps and discover some of the lost items. Indicate what you have found, following the model.

MODÈLE un CD de français

Voilà le CD de français.

1. une règle _Voilà la règle_

2. un livre de français _Voilà le livre de français_

3. une efface _Voilà la efface._

4. un stylo _Voilà le stylo._

5. un cahier _Voilà le cahier_

6. un crayon _Voilà le crayon._

2. Le nombre et les articles au pluriel

P-14 Chez moi. What school supplies do you have in your room, apartment, or house?

MODÈLE   *Chez moi, il y a un ordinateur et des livres. Il y a des CD, des crayons, et..., mais il n'y a pas de lecteur DVD !*

Sur mon bureau, il y a un ordinateur,
un stylo, un livre, et une cahier.

P-15 Où sont mes clés ? Margaux is quite disorganized and can never find her keys under the mounds of things piled on her desk. Give her some suggestions about where the keys might be.

MODÈLE   Elles sont peut-être (*maybe*) sous (*under*) <u>les livres</u>.

1. Elles sont peut-être sous _Les affiches - les cahiers_.
2. Elles sont peut-être sous _Les cahiers - les CD_.
3. Elles sont peut-être sous _les crayons - les crayons_.
4. Elles sont peut-être sous _le ordinateur - les la calculatrice_.
5. Elles sont peut-être sous _le lecteur DVD - les devoirs_.

ÉCRIVONS

P-16 Les fournitures scolaires.

A. Avant d'écrire. At the start of the school year, newspapers are full of back-to-school ads. Look at the ad for **la rentrée** in your textbook on page 13. Have you purchased any items similar to these this semester? Which ones? Do you have any plans to buy these types of items?

B. En écrivant. On a separate sheet of paper, make a list, in French, of school supplies that you need at the beginning of the semester. Then sum up your list in a sentence or two.

MODÈLE   *une règle*
          trois stylos
          quatre crayons
          ...
          Sur ma liste, il y a une règle, trois stylos, quatre crayons et...

C. Après avoir écrit. Compare your list with the list prepared by a classmate.

LISONS

P-17 C'est bientôt la rentrée

A. Avant de lire. The following advertisement features items for **la rentrée scolaire**. Before looking at the text, think about what kind of items usually go on sale right before the school year starts. Make a list, in French, of four or five items.

Stylos, cahiers, livres,

B. En lisant. As you read, look for and supply the following information.

1. Make a list of the English cognates, **mots apparentés**, that you find and provide an English equivalent for each one.

2. Given the context and looking at the picture, what kind of marker do you think the word **fluos** refers to? _fluorescent_

3. The description of several of the items includes the word **l'unité** right before the price. Which items are these? Notice that one of these items could either be purchased as a **paquet de 10** for 24,95 $ or as **l'unité** for 2,99 $. Given this information, what do you think the word **l'unité** means?

4. The description of both of the school bags contains the word **poches** and each bag has a number of them. Given the context and what you know about school bags, what do you think **poches** means?

C'est bientôt la rentrée!

SAC À DOS TYPE « 3000 »
Dimensions : 34 x 18 x 42 cm,
nylon 420 deniers,
3 poches, plusieurs coloris,
l'unité
30,00 $

CRAYONS DE COULEUR TYPE « ARTISTE »
Sans bois,
le paquet de 18
3,50 $

CARTABLE « Range-tout »
Dimensions : 41 x 18 x 33 cm,
nylon 600 deniers,
2 compartiments, 2 poches frontales,
l'unité
52,50 $

FEUTRES MAGIQUES
le paquet de 24 dont 3 fluos
5,95 $

CASSETTES « HIJ »
le paquet de 10
24,95 $
Soit l'unité 2,99 $

C. Après avoir lu. Complete the following activities.

1. Would you be interested in purchasing any of these items? Which ones? Why?

2. How do the prices compare with prices for similar items in your area?

Venez chez nous !

Le français dans le monde

P-18 Les grandes dates de la francophonie. Match the important dates of the history of **la francophonie** with the events that happened on that date. For help in gathering this information, visit MyFrenchLab for this chapter, select Student Resources, and click on Web Links. Number one has been completed for you as an example.

_d_	1. 1950	a.	Création du Secrétariat général et l'Élection de Boutros Boutros-Ghali
	2. 1961	b.	Troisième Sommet francophone à Dakar (24–26 mars)
	3. 1969	c.	Fondation de l'Agence de la coopération culturelle et technique (ACCT)
_c_	4. 1970	d.	Création de l'Union internationale des journalistes de la presse de langue française (UIJPLF)
_h_	5. 1986		
_f_	6. 1987	e.	Dixième Sommet francophone à Ouagadougou
7. 1989		f.	Deuxième Sommet francophone à Québec (2–4 septembre)
_a_	8. 1997	g.	Création à Montréal de l'Association des Universités partiellement ou entièrement de langue française (AUPELF)
	9. 2004	h.	Premier sommet de la francophonie à Paris (Versailles)
		i.	Création de la Conférence des ministres de la jeunesse et des sports des pays d'expressions française (CONFEJES)

P-19 Où est-ce qu'on parle français ? Name some places or regions in the following areas where French is spoken. Some information has been provided for you as a model.

1. en Amérique du Nord : *Québec*

2. en Afrique : Ontario   Algérie
Côte d'Ivoire   Burkina Faso
Gabon
Maroc   Sénégal
Niger

3. en Europe : *France*
Luxembourg.

4. dans le Pacifique : Tahiti
la Polynésie française.
la Nouvelle-Calédonie

P-20 **L'organisation internationale de la francophonie.** Visit MyFrenchLab for this chapter, select Student Resources, and click on Web Links for links to the International Organization of Francophonie to learn more about this organization. Answer the questions below about this international organization.

1. What is the symbol of this organization? If you have coloured pencils or markers, draw it.

_____

2. Where are the headquarters?

_____

3. Who is the current **Secrétaire général**?

_____

4. List six member states and the dates when they became members.

_____

_____

5. The organization has six official agencies (**les opérateurs**): AIF, AUF, TV5, AIMF, Université Senghor, and APF. Pick two of them and identify what they are.

_____

_____

Pour aller plus loin : To learn more about **la francophonie** and the role of French in the world, visit MyFrenchLab for this chapter, select Student Resources, and click on Web Links.

Lab Manual

Leçon 1 — *Je me présente*

POINTS DE DÉPART

P-21 Salutations. People are getting acquainted on the first day of classes. Listen to each conversation and write its number beside the corresponding picture. Number one has been completed for you as an example.

P-22 Conversation sans fin. Select the letter that corresponds to the most appropriate response to each of the pleasantries you hear.

MODÈLE   You hear: Salut, ça va ?
           You see: **a.** Ça va bien.   **b.** Au revoir.
           You select: <u>a.</u>

1. (a.) Très bien, et toi ?   **b.** Enchanté.
2. **a.** Bonjour, Madame.   (b.) Je suis de Paris.
3. (a.) Enchanté, Marie.   **b.** Pas mal.
4. **a.** Voici mon ami Jacques.   (b.) Je m'appelle Jean, Jean Colin.
5. (a.) Au revoir ! À demain !   **b.** Bonjour, Madame.

FORMES ET FONCTIONS

1. Les pronoms sujets et le verbe être

P-23 Combien ? Listen to each statement, then select **1** if the subject of the sentence is one person, **1+** if it is more than one person, and **?** if it is impossible to tell from what you hear.

MODÈLE   You hear: Je suis stressé.
           You select: <u>1</u>   1+   ?

1. 1   (1+)   ?
2. 1   (1+)   ?
3. (1)   1+   ?
4. (1)   1+   ?
5. 1   1+   (?)
6. (1)   1+   ?

P-24 Mini-dialogues. Listen to the following exchanges in which people are meeting or greeting each other. Complete each one by writing in the subject and verb forms that you hear.

MODÈLE   You hear: —Comment vas-tu ?
                          —Ça va. Mais je suis très occupé.
           You write: —Ça va. Mais ___je suis___ très occupé.

1. —Ah non, ___Nous sommes___ très fatigués.
2. —Pas bien. ___Il est___ malade.
3. —___Ils sont___ de Bordeaux.
4. —Oui, ___je suis___ en forme.
5. —___Elle est___ de Cahors.
6. —Non, ___je suis___ de Montréal.

2. Les pronoms disjoints

P-25 Ensemble ou séparément ? Select **même origine** to indicate when the people mentioned are from the same town and **origine différente** when they are not.

MODÈLE   You hear: Elle et moi, nous sommes de Toulouse.
             You select: <u>même origine</u>   origine différente

1.   même origine   origine différente
2.   même origine   origine différente
3.   même origine   origine différente
4.   même origine   origine différente
5.   même origine   origine différente
6.   même origine   origine différente

P-26 Photos de groupe. As Martine tries to identify people in old yearbook photos, answer her questions affirmatively using the appropriate stressed pronouns. You may stop the recording while you write.

MODÈLE   You hear: C'est Jean-Claude ?
             You write: *Oui, c'est lui.*

1. _____
2. _____
3. _____
4. _____
5. _____
6. _____

Mise en pratique

P-27 Tu es d'où ?

A. Avant d'écouter. What happens on the first day of class? Do you see your old friends? Do you begin to make new friends? Write down a few thoughts in English, then listen to the recording for part B.

_____

_____

_____

_____

_____

B. En écoutant. On the first day of school, Gaëlle is meeting old friends and making new ones. The first time you listen to her conversations and those of her friends, complete the first row of the chart below by indicating where each student is from. Then listen again and complete the second row of the chart by indicating how everyone is feeling.

	Stéphanie	Antoine	Gaëlle
Tu es d'où ?	de Paris		
Comment ça va ?	très bien		

C. Après avoir écouté. Now, write three or four sentences in French to introduce yourself to Gaëlle and her friends in the same manner.

_____

_____

_____

_____

_____

_____

Leçon 2   *Dans la salle de classe*

POINTS DE DÉPART

P-28 Qu'est-ce que c'est ? Yves is helping Andrea, an exchange student, learn helpful vocabulary for her stay in Belgium. Listen to each conversation and write its number beside the corresponding picture. Number one has been completed for you as an example.

a. _____7_____

b. _____4_____

c. _____8_____

d. _____3_____

e. _____2_____

f. _____5_____

g. _____1_____

h. _____6_____

P-29 Professeur ou étudiant/e ? Listen to the following classroom questions, statements, and directives. Select **professeur** if the speaker is likely to be a professor, and **étudiant/e** if the speaker is likely to be a student.

MODÈLE   You hear: Allez au tableau !
                  You select: <u>professeur</u>   étudiant/e

1.   <u>professeur</u>   étudiant/e

2.   professeur   <u>étudiant/e</u>

3.   <u>professeur</u>   étudiant/e

4.   <u>professeur</u>   (étudiant/e)

5.   professeur   <u>étudiant/e</u>

6.   <u>professeur</u>   étudiant/e

SONS ET LETTRES

L'alphabet et les accents

P-30 Ça s'écrit comment ? Bertrand's professor has asked him to make a list of all the new students in the class. Complete his list by writing down the names you hear as they are spelled out.

MODÈLE You hear: Je m'appelle Hervé Lelong, L-E-L-O-N-G.
You write: Je m'appelle Hervé _Lelong_ .

1. Je m'appelle Christian _Langlois_ .
2. Je m'appelle Étienne _Rousset_ .
3. Je m'appelle Odile _Lécuyer_ .
4. Je m'appelle Viviane _Castelain_ .
5. Je m'appelle Robert _Ampère_ .
6. Je m'appelle André _Quentin_ .

P-31 *é, e* ou *è* ? Listen carefully to the words below, then add the **accent aigu** or **accent grave** as necessary. Remember that the **accent aigu** sounds like /e/ as in **télévision**, and the **accent grave** sounds like /ɛ/ as in **la règle**. An **e** without an accent is usually silent or has the sound /ø/ as in **le**.

1. demain
2. lève
3. ne
4. réponse

5. fatigué
6. père
7. répète
8. écouté

FORMES ET FONCTIONS

1. Le genre et les articles au singulier

P-32 Masculin ou féminin ? Listen to the following statements about items in the classroom. Select **masculin** if the noun in the sentence you hear is masculine; select **féminin** if it is feminine.

MODÈLE You hear: C'est un livre.
You select: <u>masculin</u>   féminin

You hear: Voilà la craie.
You select: masculin   <u>féminin</u>

1. <u>masculin</u>   féminin
2. masculin   <u>féminin</u>
3. masculin   <u>féminin</u>
4. <u>masculin</u>   féminin
5. masculin   <u>féminin</u>
6. <u>masculin</u>   féminin

P-33 Les affaires de Cécile. Nicolas would like to borrow some of the things Laurent has on his desk. As he points them out, however, Laurent notes that each one actually belongs to his sister Cécile. Write down Laurent's responses, following the model.

MODÈLE   You hear: Ah, voici un stylo.
           You see: Oui, _____ de Cécile.
           You write: Oui, _*c'est le stylo*_ de Cécile.

1. Oui, _c'est la règle_ "le crayon" de Cécile.

2. Oui, _____ de Cécile.

3. Oui, _c'est la calculatrice_ de Cécile.

4. Oui, _" le cahier_ de Cécile.

5. Oui, _c'est la gomme_ de Cécile.

2. Le nombre et les articles au pluriel

P-34 Combien ? Listen as Louis gives his parents a tour of his classroom. For each thing he mentions, select **1** if he is pointing to one item and **1+** if he is pointing out more than one item.

MODÈLE   You hear: Voilà des livres.
           You select: 1   _1+_

1. (1)   1+   5.   1   (1+)
2.   1   (1+)   6.   1   (1+)
3.   1   (1+)   7. (1)   1+
4. (1)   1+   8. (1)   1+

P-35 Le petit frère. Mohamed's little brother always wants to take his belongings and their mother constantly reminds him that they are not his. Complete her sentences with the item and the appropriate form of the article.

MODÈLE   You hear: Oh ! Des livres !
           You see: Attention ! Ce sont _____ de Mohamed.
           You write: Attention ! Ce sont _*les livres*_ de Mohamed.

1. Attention ! Ce sont _les cahiers_ de Mohamed.

2. Attention ! Ce sont _les affiches_ de Mohamed.

3. Attention ! Ce sont _les stylos_ de Mohamed.

4. Attention ! Ce sont _les crayons_ de Mohamed.

5. Attention ! Ce sont _les CD_ de Mohamed.

6. Attention ! Ce sont _les gommes_ de Mohamed.

Mise en pratique

P-36 Fournitures scolaires

A. Avant d'écouter. What would you need on your first day of class? Select the items you would bring to school, then listen to the recording for part B.

un sac   une chaise   des cahiers   un ordinateur   des stylos

B. En écoutant. Madame Merlot is shopping for school supplies for her daughter Camille and her son Mathieu. She and the children do not seem to agree on their needs.

1. Listen as Mme Merlot indicates what she is going to buy for each child. In the column labelled **Mme Merlot** in the chart below, select the name of the child who needs each item.

	Mme Merlot	Mathieu	Camille
des cahiers	Camille Mathieu		x
une carte de France	Camille x Mathieu	Y	x
une calculatrice	Camille Mathieu		
des crayons	Camille Mathieu		
une gomme	Camille Mathieu		
un livre	Camille Mathieu		
un lecteur CD	Camille x Mathieu		V
des stylos	Camille Mathieu		V

2. Now listen again and in the column labelled with each child's name, check off the item(s) Mathieu and Camille would like their mother to buy for them.

C. Après avoir écouté. Write down, in French, what items you regularly use when you're in class and when you're doing your homework.

En classe, j'utilise un ordinateur, un stylo, et un cahier.

Pour mes devoirs, j'utilise · " , un crayon, et une gomme

Video Manual → online.

P-37 Opening montage. This fast-paced montage provides an overview of the francophone world and introduces you to many of the people you will encounter on the video. To answer the following questions, you may want to watch the montage several times and take notes.

1. Can you identify any famous monuments?

_____

_____

2. What countries do you think are represented by the places and people you see?

_____

_____

3. What activities do you observe?

_____

_____

4. Do the scenes look familiar or unusual to you? In what ways?

_____

_____

5. Which people would you be most interested in getting to know, and why?

_____

_____

P-38 Bonjour. In this clip, you will see a number of people greeting each other. Answer the following questions.

1. What are the probable relationships between the people you see?

_____

2. What expressions do they use to greet each other?

_____

_____

3. What gesture do you observe? What is the French expression for this gesture?

_____

OBSERVONS

P-39 Je me présente. You may already have completed the **Observons** activity in the **Venez chez nous !** lesson of this chapter. If not, you will find it helpful to go back and complete that activity before moving on to the questions below.

A. Avant de regarder. Make a list of the expressions you have learned that speakers use to introduce themselves in French.

_____

_____

B. En regardant. Watch and listen as the people shown below introduce themselves, telling where they are from and what language(s) are spoken there. Match their photos with the places they come from and then find those places on the map on the inside cover of your textbook. You can expect to listen more than once.

Fabienne GILETTA

Jean-Claude TATOUÉ

Françoise VANDENPLAS

1. Who is from…

   la Belgique ? _____

   la France ? _____

   Madagascar ? _____

2. How many people speak languages other than French?

   _____

3. Which of the following languages or dialects are mentioned?

   _____ Dutch / le néerlandais

   _____ Flemish / le flamand

   _____ German / l'allemand

   _____ Italian / l'italien

   _____ Malgache / le malgache

4. Who makes each of the following statements? Can you guess the meaning of each statement?

   a. Je suis niçoise. _____

   b. Je suis de nationalité française. _____

   c. Je suis né à Madagascar. _____

   d. Je suis belge. _____

C. Après avoir regardé. Do a little research to find the answers to the following questions.

1. Why are so many languages spoken in Belgium?

_____

_____

2. What is the language situation in Madagascar?

_____

_____

Chapitre

1

Workbook

Ma famille et moi

Leçon **1**   *Voici ma famille*

POINTS DE DÉPART

1-1 La famille de Fabienne. Complete the passage as if you were Eric's sister Fabienne. Some information has been filled in for you as an example.

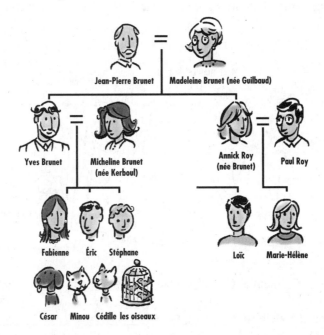

Salut, je m'appelle Fabienne et je te présente ma famille. J'ai deux _____*frères*_____ , Éric et Stéphane.

Ma (1) _____mère_____ s'appelle Micheline et mon (2) _____père_____

s'appelle Yves. Madeleine et Jean-Pierre Brunet sont mes (3) __grands - parents__ .

Mon père a une (4) _____sœur_____ qui s'appelle Annick. Elle est mariée. Son

(5) _____mari_____ s'appelle Paul. Annick est ma (6) _____tante_____ et

Paul est mon (7) _____oncle_____ . J'ai deux (8) _____cousins_____ aussi, Loïc

et Marie-Hélène. J'aime bien ma famille !

1-2 C'est qui ? Match the correct family term with each definition.

_e_ 1. la femme de mon oncle   a. mon frère

_g_ 2. le père de mon père   b. ma sœur

_h_ 3. la femme de mon père (*ce n'est pas ma mère*)   c. ma nièce

_a_ 4. le fils de ma mère   d. mon oncle

_i_ 5. les filles de ma tante   e. ma tante

_b_ 6. la fille de mon père   f. mon beau-père

_d_ 7. le frère de ma mère   g. mon grand-père

_f_ 8. le mari de ma mère (*ce n'est pas mon père*)   h. ma belle-mère

_c_ 9. la fille de mon frère   i. mes cousines

FORMES ET FONCTIONS

1. Les adjectifs possessifs à possesseur unique

1-3 Au mariage. Referring to the illustration, indicate the relationships between the family members specified.

MODÈLE Mme Fleur : Sylvie, Clément et Christine sont _ses enfants_ .

1. Clément Fleur : Christine et Sylvie sont _ses petites sœurs_ .

2. M. Lefranc : Mme Lefranc est _sa femme_ .

3. Christine : Édouard est _son mari_ .

4. Sylvie : Christine est _sa sœur_ .

5. Édouard : M. et Mme Lefranc sont _ses parents_ .

6. Christine : Mme Lefranc est _sa belle-mère_ .

1-4 Les sœurs. Isabelle and her sister Anne are sorting through their belongings and those of their sister Sophie to get ready to go back to school in the fall. Complete their conversation by filling in the blanks with the correct form of the possessive adjective. Some have been completed for you as examples.

ISABELLE :   Anne, voici _____*tes*_____ livres, (1) ___*tes*___ cahiers, (2) ___*ton*___ ordinateur, et

(3) ___*tes*___ stylos. Mais où sont (4) ___*mes*___ livres, (5) ___*mon*___ lecteur DVD,

(6) ___*mes*___ DVD, (7) ___*mes*___ affiches et (8) ___*ma*___ carte du Canada ?

ANNE :   Les voici. Et il y a encore les affaires de Sophie. Par exemple, voici (9) ___*sa*___ chaise préférée,

(10) ___*ses*___ stylos et crayons, (11) ___*son*___ ordinateur et (12) ___*son*___ affiche

de Gérard Depardieu.

2. *Les adjectifs invariables*

1-5 Les nuances. Using the words below, describe the personality of each person in the list.

calme	dynamique	indiscipliné/e	raisonnable	stressé/e	têtu/e
conformiste	idéaliste	optimiste	sociable	sympa	timide
trop	vraiment	très	assez	un peu	

MODÈLE   votre mari : *assez calme, souvent optimiste, un peu têtu*

1. votre père : _____

2. votre frère : _____

3. votre prof de français : _____

4. votre colocataire : _____

5. votre meilleur/e ami/e : _____

1-6 Qui se ressemble s'assemble ! Explain how the various friends and relatives mentioned below share similar personality traits.

MODÈLE   Je suis très optimiste et un peu indisciplinée.
Mon frère, lui aussi, *il est optimiste et un peu indiscipliné.*

1. Marie-Claude est sympathique et dynamique.

Ses amies, elles aussi, ___elles sont sympathiques et dynamiques___

2. Mon beau-père est réservé et conformiste.

Ma mère, elle aussi, ___elle est réservée et conformiste___

3. Sophie est stressée et assez pessimiste.

Son ami, lui aussi, ___il est stressé et assez pessimiste___

4. Marie est très sociable et individualiste.

Ses enfants, eux aussi, ___ils sont très sociables et individualistes___

ÉCRIVONS

1-7 Ma famille. Write a brief description of your family.

A. Avant d'écrire. Fill out the chart below to help organize your thoughts. You can add extra family members if you wish, and don't forget to include family pets if you wish.

Membre de la famille	Prénom	Traits de caractère	Autres informations
MODÈLE *ma mère*	Diane	*optimiste, sociable, assez occupée*	*est de Kelowna*

B. En écrivant. Now write a paragraph incorporating the information you provided above. You may wish to begin with a general statement about your family, such as **"Dans ma famille, nous sommes trois"** or **"Il y a quatre personnes et deux chats dans ma famille."** Continue with specific information about each individual.

MODÈLE   *Dans ma famille, nous sommes cinq. Ma mère s'appelle Diane. Elle est optimiste et très sociable, mais assez occupée. Elle est de Kelowna. Mon père s'appelle...*

C. Après avoir écrit. Look over your paragraph and make sure that you have included all the information you wanted to provide. Then go back and look at the verbs you have used. Does each agree with its subject? Finally, look at the adjectives you have used to describe each person. Does each agree in number and gender with the person being described?

Leçon 2 *Les dates importantes*

POINTS DE DÉPART

1-8 C'est quel mois en Amérique du Nord ? What month do you associate with each of the following in North America?

MODÈLE   dreidels and jingle bells *décembre*

1. fireworks _____ juillet _____
2. turkey _____ novembre _____
3. pumpkins _____ octobre _____
4. back to school _____ septembre _____
5. graduation _____ juin _____
6. hearts _____ février _____
7. leprechauns _____ mars _____

1-9 Il y en a combien ? Tell how many of the following things there are by writing out the number in the blank.

MODÈLE   Il y a _trente_ jours en novembre.

1. Il y a _____ trente _____ jours en avril.
2. Il y a _____ trente et un _____ jours en février.
3. Il y a _____ trente _____ jours en juin.
4. Il y a _____ trente et un _____ jours en juillet.
5. Il y a _____ trente _____ jours en septembre.
6. Il y a _____ trente _____ femmes dans la classe de français.
7. Il y a _____ quatre _____ hommes dans la classe de français.

FORMES ET FONCTIONS

1. *Le verbe* avoir *et l'âge*

1-10 Ce n'est pas possible ! Correct the illogical statements by changing the words in italics.

MODÈLE   Ma mère a *quatorze* ans.
             Ma mère a quarante-six ans.

1. Ma grand-mère a *trente-cinq* ans.

   _____

2. Dans ma famille, il y a *cinquante* filles, *trente-deux* chats et *quatre-vingts* chiens.

   _____

3. Le Premier Ministre du Canada a *seize* ans.

   _____

4. Mon prof de français a *vingt* ans.

   _____

5. Mon père a *trente et un* ans.

   _____

1-11 La famille. Tell how many family members or pets each person has.

MODÈLE   Ma grand-mère *a huit petits-enfants et deux arrières petits-enfants.*

1. Mon oncle _____

2. Je/J' _____

3. Ma sœur et moi, nous _____

4. Mes grands-parents _____

5. Ma tante _____

6. Mon père _____

7. Et toi ? Tu _____

8. Et vous ? Vous _____

2. Les adjectifs possessifs à possesseurs multiples

1-12 C'est qui ? You are trying to figure out the relationships between various members of the Brunet family. Answer the questions below following the model and using the family tree in Ex. 1-1 as a guide.

MODÈLES   Voici Annick Roy et Yves Brunet, mais qui est Madeleine Brunet ?
C'est leur mère.

Voici Yves et Micheline Brunet, mais qui sont Fabienne, Éric et Stéphane ?
Ce sont leurs enfants.

refer to page 49

1. Voici Fabienne, Éric et Stéphane, mais qui sont Loïc et Marie-Hélène ?

    _____Ce sont leurs cousins_____

2. Voici Loïc et Marie-Hélène, mais qui est Jean-Pierre Brunet ?

    _____C'est leur grand-père_____

3. Voici Éric et Stéphane, mais qui est Fabienne ?

    _____C'est leur soeur_____

4. Voici Annick et Paul Roy, mais qui sont Éric et Stéphane ?

    _____C'est leurs ~~neveux~~ neveux_____

5. Voici Loïc et Marie-Hélène, mais qui est Yves Brunet ?

    _____C'est leur oncle._____

1-13 Au parc. Paul has run into his French teacher while taking his nephews for a walk in the park. She has just dropped a book, which Paul returns to her. Complete their conversation with the correct form of the possessive adjective.

PAUL :   Excusez-moi, c'est ____*votre*____ livre, Madame ?

LE PROF :   Oui, merci Paul. Ce sont (1) __tes__ enfants ? Ils sont adorables.

PAUL :   Non, non, non. Ce sont (2) __mes__ neveux. (3) __leur__ mère, c'est ma sœur.
             Ils sont jumeaux.

LE PROF :   Des jumeaux ! C'est intéressant. Mon mari et moi, nous avons des jumelles aussi.

             (4) __nos__ filles s'appellent Mireille et Michelle.

PAUL :   Ah bon ? (5) __vos__ filles ont quel âge ?

LE PROF :   Elles ont vingt et un ans. Elles sont étudiantes à l'université. (6) __leur__ frère a
             dix-sept ans. Et (7) __vos__ neveux, ils ont quel âge ?

PAUL :   Ils ont bientôt trois ans.

ÉCRIVONS → online

1-14 Un formulaire. When you travel to a foreign country, one of the first things you need to do is fill out forms—customs forms, information forms, etc. Imagine that you're applying to a study program in a French-speaking country abroad.

A. Avant d'écrire. Make a list of the kind of information that you expect you will need to supply.

_____

_____

B. En écrivant. Now fill in the application with your personal information.

ÉTUDES À L'ÉTRANGER
Fiche de demande de renseignements

Nom : _____   Prénom : _____

Date de naissance : _____   Lieu de naissance : _____

Nationalité : _____

Sexe : _____ masculin _____ féminin   État civil : _____ célibataire _____ marié(e)

Si vous êtes marié(e), indiquez :

Le nom du conjoint : _____

Le nombre d'enfants : _____   Âge(s) : _____

Adresse personnelle (numéro, rue, ville, code postal) :

_____

_____

Téléphone : _____

C. Après avoir écrit. Look over your form to make sure you have filled it out completely and that all the information you have provided is correct.

Leçon 3 *Nos activités*

POINTS DE DÉPART

1-15 Une semaine en famille. Indicate what the various members of the Dupont family are doing this week.

MODÈLE

Mme Dupont *travaille dans le jardin.*   **1.** Les enfants <u>Sont à l'école</u>   **2.** Émilie <u>joue du piano</u>

3. Mme Dupont <u>parle au téléphone</u>.   **4.** M. Dupont <u>joue au golf</u>   **5.** Simon <u>joue au soccer</u>.

6. La famille <u>dîne ensemble</u>.   **7.** Simon <u>écoute de la musique</u>.

1-16 La semaine. Write each of the following activities next to the day of the week on which you usually do them.

déjeuner en famille   dîner au restaurant   écouter de la musique   jouer au soccer/au golf

parler au téléphone   regarder la télé   rester à la maison   travailler

le lundi : *Je regarde la télé regardé lundi*

le mardi : *Je parle au téléphone mardi*

le mercredi : _____

le jeudi : *rester à la maison*

le vendredi : *je joue au soccer*

le samedi : *je dîne au restaurant*

le dimanche : *j'écoute de la musique*

1-17 Mon agenda. Think about your schedule for the coming week and complete the chart with the days on which you have planned to do the following activities. Two spaces have been provided for you to write down your own activities. Indicate the days on which you always do that particular activity.

MODÈLE

Activité	Quand ?
avoir le cours de français	lundi, mercredi, vendredi
travailler	mardi, jeudi
regarder un film à la télé	samedi soir

À vous

Activité	Quand ?
avoir le cours de français	~~jeudi~~ mardi
travailler	lundi, mecredi
regarder un film à la télé	samedi

1-18 Mon emploi du temps. Using your responses to Ex. 1-17, write a short paragraph about your activities.

MODÈLE   *J'ai mon cours de français le lundi, le mercredi et le vendredi. Le mardi et le jeudi, je travaille. La fin de semaine, je ne travaille pas. Samedi soir, je regarde un film à la télé. Dimanche, je...*

J'ai mon cours de français le mardi,
Je travaille lundi et mercredi.
La fin de semaine, je regarde un film à la télé.

Nom : _____ Date : _____

FORMES ET FONCTIONS

1. Le présent des verbes en -er

1-19 Des activités. What do the following people do at the times indicated?

MODÈLE   La fin de semaine, *je joue au soccer avec mes amis.*

1. Quand je suis chez mes parents, je/j' _____ regarde la télé mardi ⌃online _____

2. Le matin, nous _____

3. Le soir, mes copains _____

4. Quand je n'ai pas de devoirs, je/j' _____

5. La fin de semaine, mes parents _____

6. L'après-midi, mon prof de français _____

1-20 La semaine d'Émilie. Émilie has left her date book at your house and has sent you an e-mail to confirm the activities she has planned for the week. Looking at her calendar, answer her questions and tell her what she has planned.

online

Lundi **13**	Mardi **14**	Mercredi **15**	Jeudi **16**	Vendredi **17**	Samedi **18**
(09) SEPTEMBRE	(09) SEPTEMBRE	(09) SEPTEMBRE	(09) SEPTEMBRE	(09) SEPTEMBRE	(09) SEPTEMBRE
S. Aimé	La Ste Croix	S. Roland	S. Edith	S. Renaud	S. Nadège
9h inviter Michèle au cinéma		10h préparer les leçons			10h travailler dans le jardin avec Maman
	19h préparer la leçon de chant		16h téléphoner à Grand-mère	20h jouer au tennis avec Julie	

Dimanche **19**		14h regarder un film avec Michèle			
(09) SEPTEMBRE	S. Emilie				

CHAPITRE 1 ◆ MA FAMILLE ET MOI   33

MODÈLES   Je regarde un film samedi ?

Non, tu ne regardes pas de film samedi. Michèle et toi, vous regardez un film dimanche.

Je prépare mes leçons lundi ?

Non, tu ne prépares pas tes leçons lundi. Tu prépares tes leçons mercredi.

online

1. Je joue au tennis mercredi ? _____

_____

2. J'invite Julie au cinéma ? _____

_____

3. Je travaille dans le jardin dimanche ? _____

_____

4. Je prépare ma leçon de chant lundi ? _____

_____

5. Je téléphone à Michèle jeudi ? _____

_____

2. Les questions

1-21 La curiosité. You've just met the new monitor at the French Centre. Using the verbs given, ask yes/no questions to find out more about his/her life.

MODÈLE   regarder la télé : *Est-ce que tu regardes la télé le soir ?*

1. travailler : _____

2. jouer de la guitare : _____

3. jouer au soccer : _____

4. avoir une famille nombreuse : _____

5. écouter de la musique à la radio : _____

6. avoir un téléphone chez toi : _____

1-22 Ce n'est pas vrai. Your annoying cousin doesn't think that you do anything. Set the record straight by answering her questions.

MODÈLE   Tu ne parles pas français ?

Si, je parle français. OU *Non, je ne parle pas français.*

1. Tu n'es pas étudiant/e ? _Si, je suis étudiante._

2. Tu ne prépares pas tes leçons ? _Non, je ne prépare pas mes leçons._

3. Tu ne travailles pas la fin de semaine ? _Non, je ne travaille pas la fin..._

4. Tu n'aimes pas le hip-hop ? _Non, je n'aime pas le hip hop_

5. Tu n'as pas d'amis ? _Si j'ai des amis_

6. Tu ne joues pas au golf ? _Si, je joue au golf_

7. Tu n'invites pas ton prof de français à dîner ? _Non, je n'invite pas mon prof de..._

ÉCRIVONS

1-23 Mon agenda. Like their Canadian counterparts, busy French students keep a date book or desk calendar to jot down appointments and plans.

A Avant d'écrire. Here is a page from a French desk calendar for your own use.

1. Begin by filling in the current month and this week's dates.

2. Next, note your appointments and activities for the week.

Lundi	Mardi	Mercredi	Jeudi	Vendredi	Samedi
8 ___	8 ___	8 ___	8 ___	8 ___	8 ___
9 ___	9 ___	9 ___	9 ___	9 ___	9 ___
10 ___	10 ___	10 ___	10 ___	10 ___	10 ___
11 ___	11 ___	11 ___	11 ___	11 ___	11 ___
12 ___	12 ___	12 ___	12 ___	12 ___	12 ___
13 ___	13 ___	13 ___	13 ___	13 ___	13 ___
14 ___	14 ___	14 ___	14 ___	14 ___	14 ___
15 ___	15 ___	15 ___	15 ___	15 ___	15 ___
16 ___	16 ___	16 ___	16 ___	16 ___	16 ___
17 ___	17 ___	17 ___	17 ___	17 ___	17 ___
18 ___	18 ___	18 ___	18 ___	18 ___	18 ___
19 ___	19 ___	19 ___	19 ___	19 ___	19 ___
20 ___	20 ___	20 ___	20 ___	20 ___	20 ___
21 ___	21 ___	21 ___	21 ___	21 ___	21 ___

Dimanche

8 ___	11 ___	14 ___	17 ___
9 ___	12 ___	15 ___	18 ___
10 ___	13 ___	16 ___	19 ___

B. En écrivant. Now write a paragraph describing your week to include in a letter to a friend or family member.

MODÈLE *Cette semaine, j'ai beaucoup d'activités. Lundi matin, j'ai rendez-vous avec mon prof de français. Le soir, je joue au golf avec mon copain, Thomas. Mardi, je…*

LISONS

1-24 Le carnet

A. Avant de lire. This text is from a Montreal newspaper. Look it over before you read, in order to answer the following questions.

1. Which section of the paper do you think this text would appear in?

_____

2. Is there a similar section in the newspaper you read regularly?

_____

3. If so, what kind of information do you find there?

_____

B. En lisant. Now, as you read, look for and supply the following information.

1. Who has just been born?

_____

2. Who is getting married?

_____

3. Who has died?

_____

4. Which parents have a set of twins? What are the names of the twins?

_____

5. Which couple is thinking of their family and friends unable to attend the ceremony? How do you know?

_____

_____

6. What did the person who died do for a living?

_____

Le carnet ◄

NAISSANCES

Hello
Lucie
est là
18 juin 2010
Claire et Bruno Toubon

■

Coucou
Yves & Pierrette
Ont choisi de venir parmi vous le
21 juin 2010, 1er jour de l'été
pour faire plaisir à
leurs parents Simon et
Simone PASCALE.

■

MARIAGES

Jean-Pierre
épouse
Françoise
GIRARDOT épouse DUMONT
Une pensée à nos
parents et ami(e)s absents
pour cet événement.

DÉCÈS

Mme Isabelle CHARNIERE
et sa fille, Cécile,
ont le chagrin de vous
faire part du décès de
Mme Pierre
de la GARONNIERE
née Claire ROTET
professeur d'Université
à UQAM
survenu le 19 juin 2010.
Ses obsèques ont eu lieu
le samedi 24 juin 2010.

■

Informations
Tél. : 514-555-6702

C. Après avoir lu. Reread the announcements, then answer these questions, in English.

1. What do the style and tone of each announcement tell you about the person or people who wrote it? With which writer(s) would you most like to become acquainted? Why?

2. Would you place an announcement of this type in a newspaper for a special event? Why or why not?

3. Using these announcements as a model, write a simple announcement, in French, for someone you know or for a made-up character. You can choose whether to announce a birth, a wedding, or a death.

Venez chez nous !

La famille dans le monde francophone

1-25 La famille royale marocaine. How much do you know about the royal family in Morocco? Complete the chart below with the names and birthdates of the members of the Moroccan royal family. For help in gathering this information, visit MyFrenchLab for this chapter, select Student Resources, and click on Web Links. The names of the various family members have been listed below to help you.

Hassan II ⑤   Lalla Meryem ②   Lalla Salma ②
Mohammed VI ①   Moulay Hassan ②   Moulay Rachid ④

La famille royale marocaine		
	Nom	**Date de naissance**
Le roi (*king*) :		le 21 août 1963
Sa femme :		le 10 mai 1978
Leur fils :		le 8 mai 2003
La sœur du roi :	Lalla Meryem	le 26 août 1962
Le frère du roi :		le 20 juin 1970
Le père (décédé) du roi :		le 9 juillet 1929

1-26 La Journée internationale des familles. Visit the website for the United Nations (**www.un.org**), click on "Français" and, using "Recherche," look for the following information about the International Day of Families.

1. When was this celebration created? _____

2. On what day is it celebrated this year? _____

Now, in French, suggest some activities that families could do to celebrate *la Journée internationale des familles*.

Complete with a verb in the infinitive.

MODÈLE   *Une famille pourrait... (a family could . . .)*
          ... aller au parc ensemble.

Une famille pourrait...

... _____

... _____

... _____

... _____

... _____

1-27 La famille sur le Web. Some francophone countries have official websites focusing on family life where citizens can find information and/or helpful links. Visit MyFrenchLab for this chapter, select Student Resources, and click on Web Links to find several of these websites. On a separate sheet of paper, write a short description of one of them, in English. Indicate what kind of information can be found on the site, and evaluate it briefly. Do you find the site to be helpful, user-friendly, and comprehensive? Mention as well one interesting detail you've learned about family life from the site.

Pour aller plus loin : To learn more about the family in the francophone world, visit MyFrenchLab for this chapter, select Student Resources, and click on Web Links.

Lab Manual

Leçon *1*   *Voici ma famille*

POINTS DE DÉPART

1-28 C'est qui ça ? Jean-François is identifying various family members in a photo album. Confirm what he says by restating the relationships, using an appropriate term from the list below.

un cousin	**une cousine**	**une grand-mère**	**un grand-père**
un neveu	**une nièce**	**un oncle**	**une tante**

MODÈLE   You hear: C'est la sœur de mon père.

You see: Alors c'est ta _____ .

You write: Alors c'est ta _____ *tante* _____ .

1. Alors, c'est ton _____ oncle _____ .

2. Alors, c'est ta _____ cousine _____ .

3. Alors, c'est ton _____ neveu _____ .

4. Alors, c'est ta _____ grand-mère _____ .

5. Alors, c'est ta _____ nièce _____ .

6. Alors, c'est ton _____ cousin _____ .

1-29 Un arbre généalogique. Listen as Georges talks about his family. Fill in each person that he mentions on the appropriate branch of the family tree below. Here are the names of his family members: **Paul, Jean-Claude, Marie-Pierre, Gilberte, Marlène, Agnès, André, Didier, Monique, Vincent, Jeanne, Geneviève, Pascal.** You may listen to the recording as many times as necessary to understand him.

Agnès + André   Jeanne + Vincent

Didier   Monique +   Pascal   Geneviève

Marie-Pierre + Jean-Claude   *Georges*   Paul

Gilberte   Marlène

SONS ET LETTRES

Les modes articulatoires du français : la tension et le rythme

1-30 Prononciation. Listen and repeat the following words, paying particular attention to the sounds /i/ as in **Mimi** and /u/ as in **Doudou**.

verbal only

1. fils
2. petit-fils
3. discipliné

4. vous
5. bonjour
6. écoutez

7. beaucoup
8. cousin
9. cousine

1-31 Combien ? Listen as Caroline introduces her family and write the number of syllables that you hear in each sentence.

verbal

MODÈLE   You hear: Voici ma sœur Pauline.
              You write: _6_

1. _7_
2. _4_

3. _7_
4. _6_

5. _5_
6. _6_

FORMES ET FONCTIONS

1. Les adjectifs possessifs au singulier

1-32 Combien ? Richard and his friends are sorting out their possessions at the end of the year. Listen to each sentence and select the correct form of the item(s) mentioned, guided by the possessive adjective that you hear.

MODÈLE   You hear: Voici ta vidéocassette.
              You select: <u>vidéocassette</u>   vidéocassettes

1. (lecteur CD)   lecteurs CD
2. (cahier)   (cahiers)
3. (gomme)   gommes

4. photo   (photos)
5. (calculatrice)   calculatrices
6. crayon   (crayons)

1-33 C'est ton oncle ? At a family reunion, you are helping a new in-law identify family members. Respond affirmatively to each question, using an appropriate possessive adjective. You may stop the recording while you write.

MODÈLES   You hear: C'est ton oncle ?
            You write: *Oui, c'est mon oncle.*

            You hear: C'est la femme de Roger ?
            You write: *Oui, c'est sa femme.*

1. Oui, c'est ma cousine
2. Oui, ce sont ses enfants
3. Oui, c'est mon neveu
4. Oui, c'est sa fille
5. Oui ce sont mes sœurs
6. Oui c'est son petit-fils
7. _____
8. _____

2. Les adjectifs invariables

Online verbal)

1-34 Comment sont-ils ? Your friend Alain is telling you about his relatives. Complete the chart with adjectives that describe each person. The first column has been completed for you as an example.

	Élodie	Josiane	Patrick	Marie	Fabrice	Lucien
est	*timide*					
n'est pas	*dynamique*					

1-35 Ma famille et mes amis. Marc seems to have no extreme character traits. For each observation you hear, select the letter of the phrase that most logically completes the description of this "middle-of-the-road" person.

MODÈLE   You hear: Marc n'est pas calme…
           You see: **a.** mais il n'est pas stressé non plus (*either*).
                         b. mais il n'est pas réservé non plus.
           You select: **a.**

1. (a.) mais il n'est pas réaliste non plus.
    b. mais il n'est pas sociable non plus.

2. a. mais il n'est pas désagréable non plus.
    (b.) mais il n'est pas conformiste non plus.

3. (a.) mais il est indiscipliné aussi.
    b. mais il est raisonnable aussi.

4. (a.) mais il est raisonnable aussi.
    b. mais il est pessimiste aussi.

5. a. mais il n'est pas vraiment conformiste.
    (b.) mais il n'est pas vraiment désagréable.

6. a. mais il est stressé aussi.
    (b.) mais il est réservé aussi.

7. a. mais il n'est pas timide non plus.
    (b.) mais il n'est pas optimiste non plus.

8. (a.) mais il n'est pas dynamique non plus.
    b. mais il n'est pas idéaliste non plus.

Mise en pratique

1-36 Une photo de mariage

A. Avant d'écouter. Imagine how you might describe a typical bride and groom on their wedding day. Are they **stressés**, **calmes**, **optimistes**, **pessimistes**? Now, listen as Sylvie describes the members of her own family in a wedding photo.

B. En écoutant

1. As you listen to Sylvie's description of the wedding photo, look at the illustration and write the number of each person she describes in the second column of the chart.

	Number	Trait
her sister	5	
her brother-in-law		
her brother-in-law's parents		
her parents		
her brother		
Sylvie		
her cousin		adorable

2. Now listen again and complete the third column of the chart by indicating one personality trait of each person described.

C. Après avoir écouté.
Think of a wedding you have recently attended. Write one or two words, in French, to describe each of the following people: the bride, the groom, the parents of the bride, the flower girl, the best man.

the bride	
the groom	
the parents of the bride	
the flower girl	
the best man	

Leçon 2 *Les dates importantes*

POINTS DE DÉPART

1-37 Le calendrier des fêtes. Stéphane is noting his favourite holidays on his calendar for the year. Complete each of his sentences, writing the dates that you hear.

MODÈLE   You hear: Le 14 février, c'est la Saint-Valentin.
         You write: *Le 14 février* , c'est la Saint-Valentin.

1. _____ , c'est la Fête des Acadiens.

2. _____ , c'est Mardi gras.

3. _____ , c'est mon anniversaire.

4. _____ , c'est Pâques.

5. _____ , c'est l'Épiphanie.

6. _____ , c'est la Fête nationale du Québec.

1-38 Le cours de maths. On Nadège's first day of class, the math teacher is testing her on mental arithmetic. Complete Nadège's statements with the numbers that you hear.

MODÈLE   You hear: neuf et onze font vingt
         You write: *9 + 11* = 20

1. _____ + _____ = 18   3. _____ − _____ = 14   5. _____ + _____ = 21

2. _____ − _____ = 27   4. _____ + _____ = 25   6. _____ − _____ = 8

SONS ET LETTRES

La prononciation des chiffres

1-39 Muette ou pas ? Listen to the following phrases and mark the silent or pronounced consonants as shown in the models.

MODÈLES   deu<u>x</u> ordinateurs
         troi~~s~~ cahiers

1. cinq enfants

2. dix chaises

3. six oncles

4. six photos

5. trois affiches

6. cinq cousins

7. un bureau

8. deux parents

9. un an

1-40 Une comptine. Listen to the French-Canadian version of a traditional French counting rhyme. You will hear it twice. The first time, just listen. As it is read a second time, repeat each phrase after the speaker.

Un, deux, trois,
Nous avons un gros chat,
Quatre, cinq, six,
Il a de longues griffes,
Sept, huit, neuf,
Il a mangé un œuf,
Dix, onze, douze,
Il est blanc et rouge.

FORMES ET FONCTIONS

1. Le verbe avoir et l'âge

1-41 Une famille nombreuse. Alexandra and Olivier are comparing their families. Select the form of the verb **avoir** that you hear.

MODÈLE	You hear:	Tu as combien de frères ?
	You select:	ai __as__

1.	ai	a	4.	as	a
2.	avons	ont	5.	ont	a
3.	avons	avez	6.	avons	ont

1-42 Des familles diverses. Michel is comparing his family with his friends' families. Write the subject and verb forms you hear to complete each of his statements.

MODÈLE	You hear:	Elle a quatre frères ?
	You write:	_Elle a_ quatre frères ?

1. _____ trois sœurs.

2. _____ une sœur.

3. _____ dix cousins ?

4. _____ deux grands-mères.

5. _____ un grand-père.

6. _____ quatre oncles.

7. _____ cinq tantes.

8. _____ six neveux ?

1-43 Trois générations. Listen as Jean-François talks about his family and write down the age of each person he mentions.

MODÈLE	You hear:	Oncle Jean a 64 ans.
	You write:	_64_

1. ma tante _____

2. ma sœur _____

3. mon père _____

4. ma mère _____

5. mon frère _____

6. mon grand-père _____

7. ma grand-mère _____

8. mon cousin _____

2. Les adjectifs possessifs au pluriel

1-44 Combien ? Amélie and her friends are sorting out what they bought while shopping for school supplies together. Listen to each of their statements and select the correct form of the item(s) mentioned, guided by the possessive adjective that you hear.

MODÈLE   You hear: Voici notre lecteur CD.
            You select: <u>lecteur CD</u>   lecteurs CD

1. stylo   stylos   4. affiche   affiches
2. ordinateur   ordinateurs   5. livre   livres
3. calculatrice   calculatrices   6. gomme   gommes

1-45 C'est bien ça ? Invited to dinner by Isabelle and her sister Amandine, Caroline wants to learn more about their family. Complete Isabelle's answers to each of Caroline's questions by writing in the correct possessive adjective and the family member to whom she refers.

MODÈLE   You hear: —Comment est votre grand-mère ?
                            —Notre grand-mère est optimiste.
            You write: _Notre grand-mère_ est optimiste.

1. _____ est très sympathique.
2. _____ ne sont pas calmes.
3. _____ sont dynamiques.
4. _____ est réservée.
5. _____ est très têtu.
6. _____ sont timides.

Mise en pratique

1-46 Le sondage

A. Avant d'écouter. Imagine what kind of questions you might be asked during a marketing survey conducted by telephone. Select the questions you might hear:

Êtes-vous marié/e ?
Avez-vous un stylo ?
Avez-vous des enfants ?
C'est quand votre anniversaire ?
Quel âge avez-vous ?

B. En écoutant. Listen as Mme Leroy responds to this survey and fill out the form with her answers. You may listen to the recording as many times as you wish.

FORMULAIRE DE SONDAGE

Nom : _Leroy_   Prénom : _Patricia_

Adresse : _____

Âge : _____ _ans_   Situation familiale : _____

Prénom du mari : _____ Âge : _____ _ans_

Enfants

1. Prénom : _____ Âge : _____ _ans_
   Anniversaire : _____

2. Prénom : _____ Âge : _____ _ans_
   Anniversaire : _____

3. Prénom : _____ Âge : _____ _ans_
   Anniversaire : _____

4. Prénom : _____ Âge : _____ _ans_
   Anniversaire : _____

C. Après avoir écouté. Now complete a marketing survey form for yourself.

Nom : _____

Adresse : _____

Âge : _____   Anniversaire : _____

Situation familiale : _____

Leçon 3 *Nos activités*

POINTS DE DÉPART

1-47 Une journée en famille. Listen as Henri talks about his own and other people's leisure time activities. Classify each activity that he mentions in one of the following categories: **musique, activités sportives, autres activités**. Number one has been completed for you as an example.

	Musique	Activités sportives	Autres activités
1. Henri		*le tennis*	
2. Le père d'Henri			
3. La sœur d'Henri			
4. La mère d'Henri			
5. Frédéric			
6. Les cousins d'Henri			
7. Le frère d'Henri			
8. Le grand-père d'Henri			

1-48 Une semaine chargée. Listen as Marianne and Louise try to arrange a time to get together. Write down the day of the week when one or the other will be involved in each of the activities listed. Then indicate on which day(s) they would be free to get together.

1. jouer au tennis _____

2. avoir une leçon de guitare _____

3. travailler dans le jardin _____

4. jouer au golf _____

5. préparer le dîner _____

6. danser _____

What day(s) would they be free to get together? _____

FORMES ET FONCTIONS

1. Le présent des verbes en -er et la négation

1-49 Combien ? For each statement, select **1** if the subject of the sentence is one person, **1+** if it is more than one person, and **?** if it is impossible to tell from what you hear.

MODÈLE   You hear: Ils écoutent un CD.
             You select: 1   <u>1+</u>   ?

1.   1   1+   ?
2.   1   1+   ?
3.   1   1+   ?
4.   1   1+   ?
5.   1   1+   ?
6.   1   1+   ?
7.   1   1+   ?
8.   1   1+   ?

1-50 Emploi du temps. Sarah has called her niece, Emma, to invite her and her husband, Frank, to dinner this week. Listen to their conversation and write the subject and verb form for each sentence.

MODÈLE   You hear: Lundi soir, nous regardons un film à la télé.
             You write: *nous regardons*

1. _____
2. _____
3. _____
4. _____
5. _____
6. _____
7. _____
8. _____

2. Les questions

1-51 Photos. Listen to Justine's questions about her friend's family photos. Match the number of each of her questions with the corresponding picture. Number one has been completed for you as an example.

a. _____

b. _____

c. _____

d. ____1____

e. _____

f. _____

1-52 Réponses. Listen to each question and choose the best response from the options below.

MODÈLE   You hear: Tu écoutes un CD
              You see: **a.** Oui, c'est de la musique classique.   **b.** Oui, j'adore le foot.
              You select: **a.**

1.   **a.** Oui, j'ai un chat.   **b.** Non, je déteste le tennis.

2.   **a.** Oui, Marie Dubonnet.   **b.** Non, je m'appelle Marie.

3.   **a.** Si, j'adore le français.   **b.** Oui, je parle français.

4.   **a.** Oui, c'est la sœur de ma mère.   **b.** Oui, c'est ma cousine.

5.   **a.** Si, j'aime beaucoup le rap.   **b.** Non, je préfère le rap.

6.   **a.** Non, c'est un lecteur CD.   **b.** Oui, c'est un lecteur CD.

Mise en pratique

1-53 Trois familles

A. Avant d'écouter. Suppose you were going to France on an exchange program. What kind of host family would you like to live with? Indicate your general preferences below.

Âge :   _____ entre 25 et 35 ans   _____ entre 40 et 50 ans

Résidence :   _____ maison   _____ appartement

Enfants :   _____ avec enfants   _____ sans enfants

Animaux :   _____ avec animaux   _____ sans animaux

Caractère :   _____ réservé   _____ sociable

Activités :   _____ sportives   _____ tranquilles

B. En écoutant. Now that you've thought about your preferences, use the chart below to organize the information you are about to hear regarding three families who would be willing to have you stay with them. Some information has already been provided for you.

	Mme LEQUIEUX	M. et Mme MOY	M. et Mme JORET
Âge	40 ans		
Résidence			maison
Enfants		pas d'enfants	
Animaux			
Caractère			
Activités préférées			

C. Après avoir écouté. On the basis of the information you have just heard, decide which family you would like to stay with. Write down a few sentences explaining your choice and indicating what you like and do not like about each family. Begin the paragraph with the phrase « **Ma famille préférée est celle de…** » ("My favourite family is the one …")

MODÈLE   *Ma famille préférée est celle de Mme Lequieux parce qu'elle n'a pas de chat. Je n'aime pas les chats ; ils sont têtus…*

_____

_____

_____

_____

_____

_____

Video Manual

1-54 Les animaux familiers. The French are very fond of their pets. In this clip you will see pet owners enjoying the company of their animal friends.

1. Which of the animals listed below do you see in the video clip?

   _____ un chat

   _____ un chien

   _____ un hamster

   _____ un oiseau

   _____ un serpent *(snake)*

2. In what places do you see people with their pets? Are there any of these places that surprise you?

   _____

   _____

   _____

1-55 La famille dans le monde francophone. The francophone families you will see in this montage are very diverse. Watch as they go about some of their normal daily activities.

1. Do they look like the families you see where you live? Explain your answer.

   _____

   _____

2. What are some of the activities in which they are engaged?

   _____

   _____

1-56 C'est ma famille. You may already have completed the **Observons** activity in the **Venez chez nous !** lesson of this chapter. If not, you will find it helpful to go back and complete that activity before moving on to the questions below.

A. Avant d'écouter. You will see three short interviews in which the people listed below describe their family. Watch the video clip without sound. Try to determine which members of the family each person is describing, and write down the relationships, in French, in the "Without sound" column.

Speaker(s)	Without sound (Relatives inferred)	With sound (Relatives described)
Christian :	*deux filles*	
Caroline et Catherine :		
Corinne :		

B. En regardant. Now replay the clip with sound, and listen carefully to answer the following questions.

1. Is your list of relationships correct and complete? If not, on the basis of the information you have heard, provide any needed adjustments in the "With sound" column in exercise A.

2. Each person tells where various family members live. Who lives in…

   a. Besançon? _____

   b. Washington? _____

   c. Paris? _____

C. Après avoir regardé. Now respond to the following questions.

1. How are these francophone families similar to, or different from, North American families?

   _____

   _____

   _____

2. What additional questions might you ask each person to get a more complete picture of his or her family? Make a short list.

   Christian : _____

   _____

   Caroline et Catherine : _____

   _____

   Corinne : _____

   _____

Chapitre

2

Voici mes amis

Workbook

Leçon 1   *Mes amis et moi*

POINTS DE DÉPART

2-1 Les retrouvailles. One of your sisters could not attend your annual family reunion picnic this summer but wants to know what everyone looks like now. Describe your family members for her.

MODÈLE   la femme de votre cousin : *Elle est blonde, belle et mince.*

1. votre sœur : _____

2. votre tante : _____

3. votre mère : _____

4. une cousine : _____

5. votre grand-mère : _____

2-2 À chacune sa personnalité. Tell what these women are like, based on what they do.

MODÈLE   Michèle étudie beaucoup.
             Alors elle est *sérieuse et ambitieuse.*

1. Bénédicte adore jouer au tennis et au volleyball.

   Alors elle est _____

2. Nathalie aime bien les livres.

   Alors elle est _____

3. Isabelle travaille avec des personnes âgées.

   Alors elle est _____

4. Francine est prof d'anglais et adore voyager.

   Alors elle est _____

5. Linda est actrice à Montréal.

   Alors elle est _____

FORMES ET FONCTIONS

1. Les adjectifs variables

2-3 Un couple idéal ? François and his girlfriend Françoise are very similar. Based on a description of one of them, provide a description of the other.

MODÈLE   Françoise est grande et mince.
           François est *grand et mince.*

1. François est beau et roux.

   Françoise est _____

2. Françoise est généreuse, sympathique et gentille.

   François est _____

3. François est sportif, dynamique et énergique.

   Françoise est _____

4. Françoise est sérieuse mais drôle.

   François est _____

5. François est ambitieux et discipliné.

   Françoise est _____

6. Françoise n'est pas paresseuse, mais elle est assez stressée.

   François n'est pas _____

   Est-ce que François et Françoise sont un couple idéal ? Pourquoi ?

   _____

   _____

2-4 Les intimes. Using the descriptive adjectives you've learned, write two or three sentences describing the important people in your life.

MODÈLE   votre grand-mère

Ma grand-mère est petite et mince. Elle est assez âgée mais très énergique. Elle est sympathique et très généreuse. Elle est super !

1. votre père/mère

_____

_____

2. votre grand-mère/grand-père

_____

_____

3. une sœur/un frère

_____

_____

4. un professeur

_____

_____

5. une tante/un oncle

_____

_____

2. Les adverbes interrogatifs

2-5 Comment ? Your friend has just called on his cell phone to tell you about a terrific new woman he has met, but the connection is not good, and you cannot understand everything he is saying. Write down the questions you would need to ask him later to find out the missing pieces of information.

MODÈLE   J'ai une nouvelle copine. C'est une femme super qui s'appelle…

Comment est-ce qu'elle s'appelle ?

1. Isabelle travaille à…

_____

2. Elle travaille le lundi, le…

_____

3. La clinique est à…

_____

4. La clinique est très grande. …personnes travaillent là-bas (*there*).

_____

5. Elle adore aider les personnes âgées parce qu'elle…

_____

2-6 La Suisse. You are interviewing a Swiss student who is visiting your campus this semester. Write down the questions you might ask her.

MODÈLE   animaux domestiques : *Combien d'animaux domestiques est-ce que tu as ?*

1. nom et prénom : _____

2. âge : _____

3. famille : _____

4. travail : _____

5. visiter le Canada : _____

6. retourner en Suisse : _____

ÉCRIVONS

2-7 Les liaisons dangereuses. You work at a dating service. Your job is to interview candidates and find their ideal match. You have just interviewed two candidates who will make the perfect couple and must prepare written descriptions.

A. Avant d'écrire. Follow the steps outlined below, in French.

1. Name the two people involved.

   (for example: *Jean-Marc, Marie-Claire*)

2. Write down three adjectives about each one's appearance.

   (for example: *J-M : blond, pas très grand, beau ; M-C : rousse, de taille moyenne, jolie*)

3. Write down three adjectives about each one's personality.

   (for example: *J-M : très sportif, assez sociable, aimable ; M-C : très énergique, gentille, sympa*)

4. Tell what kinds of activities they often engage in.

   (for example: *J-M : jouer au volleyball, au tennis, écouter de la musique classique ; M-C : jouer du piano, jouer au tennis, regarder la télé le soir*)

B. En écrivant. Using the information above, write up a description of each person, to be mailed to the match.

MODÈLE   *Jean-Marc est un homme blond et pas très grand. Il est très sportif, et il joue souvent au tennis et au volleyball. C'est un homme sociable et probablement aimable.*

Marie-Claire est une jeune femme de taille moyenne. Elle est rousse et jolie. Elle est sympa aussi. Elle joue du piano. Le soir, elle regarde la télé. Elle est probablement sportive parce qu'elle joue au tennis.

C. Après avoir écrit. Look over your descriptions. Have you included a physical description as well as a description of each person's character? Did you include activities that each person likes? Look carefully at the adjectives you have used to describe each person. Do they agree in number and gender with the person being described?

Leçon 2 *Nos loisirs*

POINTS DE DÉPART

2-8 La fin de semaine. Based on the drawings, tell what everyone is doing this weekend.

MODÈLE

Ils jouent au soccer.

1. Elles regarde la télé

2. Elle fait de la natation.

3. Ils jouent dans un groupe

4. Il fait du bricolage

5. Elles jouent aux échecs

2-9 Vive la fin de semaine ! Complete the sentences to tell what these people do on the weekend.

MODÈLE   Ma grand-mère *reste chez elle. Elle regarde la télé.*

1. Moi, je/j' _____ .

2. Ma sœur _____ .

3. Mes parents _____ .

4. Mes amis et moi, nous _____ .

5. Mon prof de français _____ .

6. Et vous ? Vous _____ ?

FORMES ET FONCTIONS

1. *Les prépositions* à *et* de

2-10 Ils parlent de quoi ? Based on these conversations, what are these people talking about?

MODÈLE   SUZETTE : « C'est la fête des amoureux. »

   Elle parle du quatorze février.

1. PATRICIA : « Je n'aime pas les échecs. Je préfère jouer au Scrabble. »

   Elle parle des jeux de société

2. GUY : « Anne est très drôle. Tu ne trouves pas ? »

   PATRICK : « Si, et Clément est sympa aussi. On a de bons amis. »

   Ils parlent des amis

3. DENISE : « Ma mère est gentille et ma sœur est assez sympa, mais mon frère… »

   Elle parle de la famille

4. THOMAS : « Notre prof de français est super, non ? »

   VALÉRIE : « Oui, elle est dynamique et très intéressante. »

   Ils parlent du prof de français

5. PAUL : « J'aime bien le hockey. »

   LUCIE : « Moi, je préfère le golf. »

   Ils parlent des sports

6. ÉRIC : « C'est un sport intéressant avec des stars comme Vince Carter et Steve Nash. »

   Il parle du ballon-panier

7. MARIE : « C'est un film très drôle. »

   CLAUDINE : « Oui, et Depardieu est un bon acteur. J'aime bien *Astérix et Obélix*. »

   Elles parlent du film Astérix et
   Obélix

2-11 Les loisirs. Tell what the different people shown are doing in their leisure time.

MODÈLE   Madeleine *joue au golf*.

1.

2.

3.

4.

5.

6.

1. Christine _____ joue au soccer _____

2. Juliette et Isa _____ jouent au tennis _____

3. Jessica _____ joue du piano _____

4. Bertrand et Thomas _____ jouent aux cartes _____

5. Benoît _____ joue de la guitare _____

6. Florian et Pauline _____ jouent au ballon-panier _____

2. *Le verbe* faire

2-12 Les activités du soir. Using the verb **faire**, complete these sentences to tell what everyone does in the evening.

MODÈLE   Ma sœur ___*fait*___ du sport chaque soir.

1. Mes parents _____ une promenade tous les soirs.

2. Mon petit frère _____ grand-chose.

3. Mes amis et moi, nous _____ de la natation.

4. Vous _____ de la danse aérobic le soir.

5. Je _____ .

2-13 Qu'est-ce qu'ils font ? Given the following situations, decide what these people are doing. Use the verb **faire**.

MODÈLE   Je suis très sportive. *Je fais du ski, de la natation et du jogging.*

1. Tu invites des amis à dîner. Tu fais la cuisine

2. Nous sommes à Paris. Nous faisons du français

3. Vous aimez les plantes. Vous faites du jardinage

4. Elles sont paresseuses. Elles ne font pas grand-chose

5. Tu as une belle bicyclette. Tu fais de la bicyclette

6. Elle joue de la batterie. Elle fait de la musique

2-14 Les réactions. Indicate what activities you, your friends, and your family members do in the following situations.

MODÈLE   C'est dimanche soir : vous / votre mère / vos amis
          Je reste à la maison et je fais mes devoirs.
          Ma mère fait la cuisine.
          Mes amis font une promenade en ville.

1. C'est la fin de semaine : vous / votre sœur / vos parents

_____

_____

2. Il y a un examen lundi : vous / votre prof / vos camarades de classe

_____

_____

_____

3. Il n'y a pas de devoirs ce soir : vous / votre prof / vos camarades de classe

_____

_____

_____

ÉCRIVONS

2-15 Bienvenue chez nous. You've been drafted to write a welcoming letter to the exchange student from Belgium your family will be hosting for a month.

A. Avant d'écrire. Follow the steps outlined below, in French.

1. Make a list of the members of your family.
   (for example: *moi, ma mère, mon père, ma sœur Lynn*)

2. Include two or three descriptive adjectives for each one.
   (for example: *ma mère : dynamique, sociable ; ma sœur Lynn : très sociable, petite, sportive ; mon père : intelligent, ambitieux, drôle ; moi : sympa, sociable, énergique*)

3. List about four activities that you and your family enjoy and one or two that you do not like.
   (for example: *oui : faire du bricolage, jouer au soccer, jouer aux cartes, regarder des films ; non : jouer du piano*)

4. Make a list of questions you would like to ask the exchange student.
   (*Questions : Est-ce que tu aimes le sport ? Est-ce que tu fais de la natation ?*)

B. En écrivant. Compose a letter that provides information about (1) you and your family, (2) your activities, and (3) asks your questions.

MODÈLE   *Chère Bénédicte,*

Je m'appelle Marie-Louise. J'ai une sœur, une mère et un père. Ma sœur Lynn est petite et très sociable. Elle est sportive aussi...

La fin de semaine, ma famille et moi, nous faisons du bricolage et nous jouons souvent au soccer... Ma sœur... mais moi je... Je n'aime pas jouer du piano.

Et toi ? Est-ce que tu aimes le sport ? Est-ce que tu fais de la natation ?

Amitiés,
Marie-Louise

C. Après avoir écrit. Reread your letter. How did you organize it? Did you write about one person per paragraph or did you write about all the members of your family in one paragraph? Is your organization easy for the reader to follow? If not, you might consider changing the order of some of the elements. Did you include all the information requested? Check that the adjectives you used agree in number and gender with the person being described. Finally, double-check that you used the expression **jouer à** with sports and leisure activities and **jouer de** with musical instruments.

Leçon 3 *Où est-ce qu'on va cette fin de semaine ?*

POINTS DE DÉPART

2-16 Une visite guidée. Imagine that you are visiting a small town in Québec on a guided tour. You are in the back of the group and do not hear everything the guide says. Complete her comments by supplying the missing words.

Voici ___la place___ de la Victoire où il y a (1) ___un marché___ de fruits le mercredi et le samedi matin. Et nous voilà devant (2) ___le théâtre___ où on joue des pièces. Voici maintenant (3) ___le cinéma___. Il y a un bon film qui passe en ce moment. Si vous aimez l'art, (4) ___le ~~cccccc~~ musée___ d'art moderne présente une exposition intéressante ce mois-ci. Il y a aussi beaucoup de possibilités dans notre ville pour les sportifs. Voici (5) ___~~la piscine~~___ *le stade* où les jeunes jouent au soccer. Et voilà, (6) ___la piscine___ municipale pour nager. On joue aussi au ballon-panier et on fait de la danse dans (7) ___le gymnase___.

2-17 Pour quoi faire ? Explain why one would be at the following places.

MODÈLE   On est à la bibliothèque *pour travailler.*

1. On est au parc _____

2. On est au restaurant _____

3. On est au cinéma _____

4. On est à la piscine _____

5. Je suis au stade _____

6. Je suis au gymnase _____

7. Je suis au café avec mes amis _____

FORMES ET FONCTIONS

1. Le verbe aller et le futur proche

2-18 On va où ? Complete the following sentences with the correct form of the verb **aller** and a logical destination.

MODÈLE   Pour jouer au tennis, Yannick *va au parc.*

1. Pour regarder des sculptures, vous ___*allez au musée*___

2. Pour voir une pièce, je ___*vais au théâtre*___

3. Pour souper, nous ___*allons au restaurant*___

4. Pour trouver des livres, elles ___*vont à la bibliothèque*___

5. Pour voir un match de soccer, tu ___*vas au stade*___

6. Pour assister à la messe dimanche matin, Jacques ___*va à l'église*___

2-19 Demain, c'est la fin de semaine. Today is Thursday. The weekend starts tomorrow! Compare people's activities today with what they will be doing tomorrow.

MODÈLE   Aujourd'hui, je reste à la résidence le soir.
              Demain soir, je vais voir un film avec mes copines.

1. Aujourd'hui, tu ne regardes pas de match à la télé.

_____

2. Aujourd'hui, vous ne faites pas grand-chose.

_____

3. Aujourd'hui, Christophe travaille chez lui.

_____

4. Aujourd'hui, Delphine et Anaïs écoutent de la musique à la résidence.

_____

5. Aujourd'hui, nous mangeons chez nous.

_____

2-20 Les projets. Tell what the following people will be doing at the time indicated.

MODÈLE   en juillet / moi   *En juillet, je vais voyager avec ma famille. Je ne vais pas travailler !*

1. cette fin de semaine / ma mère _____

2. demain / mon/ma colocataire _____

3. ce soir / mon/ma meilleur/e ami/e _____

4. la semaine prochaine / mes amis _____

5. le semestre prochain / moi _____

6. bientôt / mon frère ou ma sœur _____

2. L'impératif

2-21 Attention les enfants ! You are babysitting for a mischievous set of twins, Maxime and Mélanie, and they are misbehaving. When one or both of them does something wrong, tell them what to do or not to do.

MODÈLES   Maxime mange beaucoup de chocolat.   *Ne mange pas de chocolat !*
  Maxime et Mélanie ne sont pas sages.   *Soyez sages !*

1. Maxime ne ferme pas la porte. *Ferme la porte*
2. Maxime et Mélanie regardent la télé tout l'après-midi. *Ne regardez pas la télé*
3. Mélanie n'écoute pas vos suggestions. *Écoute mes suggestions*
4. Maxime joue avec le piano. *Ne joue pas avec le piano*
5. Mélanie va dans la chambre de ses parents. *Ne va pas... tes*
6. Maxime et Mélanie ne font pas leurs devoirs. *Faites vos devoirs*
7. Maxime et Mélanie ne sont pas calmes. *Soyez calmes*

2-22 Les projets. Your friend has definite ideas about what everyone should do, but you disagree. Using the suggestions below, recreate your exchanges.

MODÈLE   (aller au parc)   —*Allons au parc faire du jogging.*
  —*Mais non, n'allons pas au parc. Allons au terrain de sport.*

1. (travailler à la bibliothèque)

  —_____

  —_____

2. (parler au prof après le cours)

  —_____

  —_____

3. (dîner à la cafétéria)

  —_____

  —_____

4. (organiser une fête)

  —_____

  —_____

ÉCRIVONS

2-23 L'échange. Imagine that a group of university students from Sherbrooke will soon be visiting your town for a two-week exchange. You have been paired with a student and have been corresponding by e-mail. As the date for the visit approaches, you have received this e-mail to which you must respond:

> Salut,
>
> Nous arrivons bientôt ! Comment est ta ville ? Est-ce que c'est une grande ville ou une petite ville ? J'habite une petite ville près de Sherbrooke. Où est-ce que tu vas en ville pendant (*during*) la semaine ? Où est-ce que nous allons aller pendant notre visite ?
>
> À bientôt, Florian

A. Avant d'écrire. Before replying to this e-mail, complete the following activities.

1. Write two to three adjectives in French to describe your city or town.
   (for example: *jolie, assez petite…*)

2. Make a list, in French, of places in your town or city.
   (for example: *le cinéma, le parc, la bibliothèque municipale…*)

3. Make a list, in French, of things your city or town doesn't have.
   (for example: *il n'y a pas de musée…*)

4. Make a list of the places mentioned in (2) where you usually go during a normal week.

5. Where do you plan to go with your exchange visitor? Make a list of the places mentioned in (2) where you plan to go together.

B. En écrivant. Reply to the e-mail. Start with **Salut** or **Bonjour**. Continue with a general description of your town or city that includes the various facilities you have and do not have. Then talk about where you usually go and where you are going to go with your visitor.

MODÈLE   *Bonjour,*

Notre ville est très jolie mais assez petite. Il y a deux cinémas, un grand parc et une bibliothèque municipale, mais il n'y a pas de musée.

En semaine, je vais souvent à la bibliothèque pour travailler et trois fois par semaine au parc pour faire du jogging. Tu fais du jogging ? Pendant ta visite, nous allons aller au stade samedi après-midi parce qu'il y a un match de soccer. Est-ce que tu aimes le soccer ?...

C. Après avoir écrit. Check your e-mail to make sure that you have answered all of your correspondent's questions. Did you describe every place in your city or did you make a selection? If you listed everything, you may want to go back and think about taking out a few places. Your e-mail should not be a long list of items. Rather you should focus on the highlights of your town or city and/or the things that you think would interest a student coming to visit your campus. Make sure that the subjects and verbs agree and that any adjectives you have used agree in gender and number with the noun.

LISONS

2-24 La quête de l'homme idéal

A. Avant de lire. This text is from a newspaper article about the casting for a French reality TV show similar to *The Bachelor*. It summarizes the preferences expressed by women who were interviewed for the show. Before you read the passage, consider the following questions.

1. Look at the title. Knowing that the circumflex accent often represents a letter **s** that existed at a prior stage of the French language, can you determine the meaning of the word **la quête**? What does the title of the passage tell you about the subject of these interviews?

2. What qualities might you expect these women to ascribe to their *ideal man*?

B. En lisant. As you read, look for the following information.

1. According to the article, what qualities are the most important to the women interviewed?

2. Find two adjectives that are used to describe the physical characteristics of the ideal man.

3. Océane says that she is fed up with men who are **peu intelligents**. Can you come up with a synonym in French for this expression?

4. According to the article, are physical qualities or intellectual qualities more important to the women interviewed? Do you agree with their preference? Why or why not?

La quête de l'homme idéal

Ces jeunes filles sont célibataires et à la recherche[1] de l'âme sœur[2]...
À quoi ressemble[3] le célibataire idéal qu'elles choisiraient[4] ? Pendant[5] des interviews, les qualités qui reviennent[6] sans cesse sont les suivantes[7] : « il doit être[8] cultivé, sensible, généreux et sympathique ». Physiquement, le profil du grand brun aux yeux verts[9] revient assez fréquemment : « Pour moi, l'homme idéal c'est Robbie Williams[10] » confie Magali, Parisienne de 18 ans. Pour Océane, 18 ans, de Caen : « Il doit être cultivé ; j'en ai marre de[11] tomber sur[12] des garçons peu intelligents ». Donc, le physique compte et il doit avoir un certain charme mais pour ces filles, c'est davantage[13] le niveau intellectuel qui compte.

[1] search [2] soul mate [3] resembles [4] would chose [5] During [6] came up again [7] the following [8] must be
[9] green eyes [10] a British pop star very popular in France [11] I'm fed up with [12] stumbling upon [13] more

C. Après avoir lu. Now that you've read the article, answer the following questions.

1. Indicate, in French, what adjectives North American women might use to describe the ideal man. How do they compare to the adjectives used by French women?

2. Now think about the ideal woman. What adjectives do you think North American men would use most often to describe the ideal woman? Do you think French men would use the same adjectives? Why or why not?

Venez chez nous ! *Vive le sport !*

2-25 Les champions. The francophone world is host to many sporting events. Match each event below with its sport. A sport may be used for more than one event. You may wish to visit MyFrenchLab for this chapter, select Student Resources, and click on Web Links, for links to relevant Websites. Number one has been completed for you as an example.

_c_	1. la Coupe du Monde	a.	le hockey
_b_	2. Roland-Garros	b.	le tennis
_e_	3. le Tour de France	c.	le football/le soccer
_f_	4. le Paris-Dakar	d.	le golf
_a_	5. la Coupe Stanley	e.	le cyclisme
_d_	6. l'Open de France	f.	le rallye
_c_	7. la Coupe d'Afrique des Nations		

2-26 La pétanque. This game originated in the south of France and is still associated with that region, although it is now played in many countries around the world. Visit MyFrenchLab for this chapter, select Student Resources and click on Web Links to learn more about this sport and fill out the chart below with the information you find. Then, answer the following questions on a separate sheet of paper.

1.

	La pétanque
Number of players:	
Equipment needed:	
Playing surface:	
How to play:	

2. Could you play **la pétanque** in Canada? Where? Where could you get the necessary equipment?

3. Do you know or have you played any games that resemble **la pétanque**? What are they called?

2-27 Dakar. The automobile rally **Paris-Dakar** finishes in Dakar each year. Dakar is a major city in West Africa. Find out more about this city, and write a two to three paragraph description of the city for someone who is interested in visiting it. You may consult an atlas, do a search on the Web, or visit MyFrenchLab for links (select Student Resources and click on Web Links). You may also consult other written sources for information. You may want to include information about: the population, the geographic location of the city, the climate, how to get there, what to visit once there, the local language(s), and sports and leisure activities you could enjoy in the city.

Pour aller plus loin : To learn more about sports and sporting events in the francophone world, visit MyFrenchLab for this chapter, select Student Resources, and click on Web Links.

Lab Manual

Leçon **1**   *Mes amis et moi*

POINTS DE DÉPART

2-28 Descriptions. Listen to the descriptions of Marianne and her friends, and select **un trait physique** if a physical trait is being described or **un trait de caractère** if a personality trait is being described.

MODÈLE   You hear: Marianne est mince et jolie.
         You select: <u>un trait physique</u>   un trait de caractère

1.	un trait physique	un trait de caractère	5.	un trait physique	un trait de caractère
2.	un trait physique	un trait de caractère	6.	un trait physique	un trait de caractère
3.	un trait physique	un trait de caractère	7.	un trait physique	un trait de caractère
4.	un trait physique	un trait de caractère	8.	un trait physique	un trait de caractère

2-29 Portrait positif ou négatif ? Listen as Michel talks about some of his new classmates. Write down the adjectives used to describe each person. Then, decide if the portrait is a positive or a negative one, and select the correct answer.

MODÈLE   You hear: Laure est trop ambitieuse et méchante.
         You write: Laure : *ambitieuse, méchante*
         You select: portrait positif   <u>portrait négatif</u>

1. Martine : _____   _____
   portrait positif   portrait négatif

2. Murielle : _____   _____
   portrait positif   portrait négatif

3. André : _____   _____
   portrait positif   portrait négatif

4. Sabine : _____   _____
   portrait positif   portrait négatif

5. Astrid : _____   _____
   portrait positif   portrait négatif

SONS ET LETTRES

La détente des consonnes finales

2-30 Qui est-ce ? Select the name you hear, listening for the presence or absence of a pronounced final consonant.

MODÈLE   You hear: C'est Denise.
             You select: Denis   <u>Denise</u>

1.	Clément	Clémence	**5.**	Yvon	Yvonne
2.	François	Françoise	**6.**	Gilbert	Gilberte
3.	Jean	Jeanne	**7.**	Louis	Louise
4.	Laurent	Laurence	**8.**	Simon	Simone

2-31 Répétez. Repeat these words and phrases after the speaker. Be sure to articulate the final consonants clearly.

1. chic

2. sportif

3. méchante

4. mal

5. ambitieuse

6. Bonjour, Viviane.

7. Voilà Françoise.

8. C'est ma copine.

9. Elle est intelligente.

10. Nous sommes sportives.

FORMES ET FONCTIONS

1. Les adjectifs variables

2-32 Discrimination. Listen to these descriptions of various men and women, and select in each case the form of the adjective you hear.

MODÈLE   You hear: Je suis amusante.
             You select: amusant   <u>amusante</u>

1.	sportif	sportive	**4.**	sérieux	sérieuse
2.	ambitieux	ambitieuse	**5.**	pantouflard	pantouflarde
3.	blond	blonde	**6.**	généreux	généreuse

Nom : _____   Date : _____

2-33 Délibérations.
It's the end of the semester. Listen in as these teachers assess their students and jot down the adjectives you hear. Make sure that the adjective agrees with its subject(s) in each case.

MODÈLE   You hear: Andrès est intelligente. Elle a 15 sur 20.
              You see: ANDRÈS
              You write: *intelligente*

1. BERNARD   _____

2. BOIVIN et BRUN   très _____

3. COURTADON et DESCAMPS   pas assez _____

4. FAUST, C. et FAUST, P.   très _____

5. LUTHIN   _____

6. MEYER   trop _____

7. MUFFAT   vraiment _____

8. PATAUD   _____

9. REY   trop _____

10. TOMAS   vraiment très _____

11. TUGÈNE   très _____

12. VAUTHIER et WEIL   très _____

2. *Les adverbes interrogatifs*

2-34 Logique ou pas ?
Listen to these exchanges and select **logique** if an answer is a logical response to the question asked, or **illogique** if it is illogical.

MODÈLE   You hear: —Où est-ce que vous allez ?
                           —Il y a un examen mercredi.
              You select: logique   <u>illogique</u>

1. logique   <u>illogique</u>   5. logique   <u>illogique</u>

2. <u>logique</u>   illogique   6. logique   <u>illogique</u>

3. <u>logique</u>   illogique   7. <u>logique</u>   illogique

4. <u>logique</u>   illogique   8. <u>logique</u>   illogique

2-35 On fait connaissance.
Bernard's new roommate asks him a lot of questions. Write the number of each question you hear next to its most likely response. Number one has been completed for you as an example.

_____   **a.** Bernard.   _____   **e.** Trois.

_____   **b.** Oui, bien sûr.   _1_   **f.** 20 ans.

_____   **c.** Ce soir.   _____   **g.** Le golf.

_____   **d.** À Trois-Rivières.   _____   **h.** Elle est grande et rousse.

Mise en pratique

2-36 La baby-sitter

A. Avant d'écouter. Your friend Aline is looking for a babysitter for her three-year-old daughter and asks your advice. What qualities would you yourself look for in a babysitter? Should she, for example, be **généreuse**, **sympathique**, or **énergique**? Make a list in French of three essential qualities you think she should have.

Qualités : _____   _____   _____

B. En écoutant. Now listen to Aline's descriptions of the two most promising candidates, filling in the note cards in your Lab Manual. Some information has already been provided for you. You may listen to the recording as many times as necessary.

Nom : _Gaspard, Céline_ _____

Âge : _23 ans_ _____

Physique : _____

_____

Qualités : _Elle est_ _____

_____

_____

Elle n'est pas _____

_____

Elle aime _____

_____

Nom : _Leger, Martine_ _____

Âge : _____

Physique : _petite_ _____

_____

Qualités : _Elle est_ _____

_____

_____

Elle n'est pas _____

_____

Elle aime _____

_____

C. Après avoir écouté. On the basis of the information you have just heard, decide which candidate you think would be the better choice. Who would you recommend to Aline? Write a few sentences explaining your own preferences.

Je préfère _____   _parce qu'elle est_ _____

_____

Et elle n'est pas _____

_____

Leçon 2 *Nos loisirs*

POINTS DE DÉPART

2-37 Les photos. Listen as Marc shows his pictures from this weekend. Write down the name of each person he mentions under the appropriate picture. Here are his friends' names: **Christelle**, **Laurent**, **Frédéric**, **Didier**, **Sandrine**, **Monique**, **Anne-Carole**, **Nicole**, **Antoine**, **Hubert**. The first picture that is described has been identified for you, as an example.

a. *Laurent et Frédéric*

b. *Antonie et Laurent*

c. *Anne-Carole et Nicole*

d. *Sadrine*

e. *Didier*

f. *Monique*

g. *Christelle*

2-38 Loisirs. Listen to Claude describe what he and his friends do in their spare time. Complete the chart by indicating what each person does and does not do. The first row has been filled in as an example.

	joue	ne joue pas	fait	ne fait pas
Claude	au football	du piano	xxx	xxx
Marie			xxx	xxx
Éric	xxx	xxx		
André		xxx	xxx	
Azédine	xxx	xxx		
Sabrina	xxx	xxx		

SONS ET LETTRES

L'enchaînement et la liaison

2-39 Liaisons dangereuses. Listen and indicate when you hear a liaison consonant by drawing a link from the consonant to the following word.

MODÈLE   You hear: les amis
         You write: les_amis

1. un salaire
2. nos amis
3. nous avons
4. un vendeur
5. un écrivain
6. un diplôme
7. en espagnol
8. chez eux

9.   c'est ici
10. aux échecs
11. un dentiste
12. elles ont
13. vous avez
14. un petit acteur
15. cet enfant

2. *Le verbe* faire

2-45 Le week-end. Listen as Lise and Florian discuss what they typically do on the weekends. Select the correct form of the verb **faire** that you hear in each sentence.

MODÈLE   You hear: Ma sœur, Sophie, fait du jogging le samedi.
            You select: fais   <u>fait</u>

1. fait   fais   5. faites   fait
2. fais   fait   6. faisons   font
3. faites   faisons   7. fais   fait
4. faisons   font

2-46 Où sont-ils ? Listen to the activities in which various people are engaged, then select the most likely location for each of the activities mentioned.

MODÈLE   You hear: Mes parents font du jogging.
            You see: **a.** Ils sont dans une clinique.
                          b. Ils sont au parc.
            You select: **<u>b.</u>**

1. **a.** Je suis à la maison.
    b. Je suis en ville.

2. **a.** Vous êtes chez vous.
    b. Vous êtes en ville.

3. **a.** Nous sommes à la résidence.
    b. Nous sommes dans une clinique.

4. **a.** Tu es dans le jardin.
    b. Tu es à la maison.

5. **a.** Ils sont au parc.
    b. Ils sont à la résidence.

6. **a.** Elle est dans le jardin.
    b. Elle est en ville.

Mise en pratique

2-47 Projets de week-end

A. Avant d'écouter. In French, write down several activities that you usually do on the weekend.

La fin de semaine, je _____

_____

_____

B. En écoutant.

1. Listen as Jennifer, Guillaume, and Constance talk about what they are going to do this weekend. Begin by writing down what each person is going to do on Saturday in the second column of the chart, and what each person is going to do on Sunday in the third column. Some information has already been provided for you.

	samedi	**dimanche**
Jennifer		
Guillaume	le matin : l'après-midi :	
Constance	*nous organisons une fête* le matin : l'après-midi :	

2. According to what you heard, complete the following sentences with one or two adjectives that could describe Jennifer, Guillaume, and Constance.

Jennifer est _____

Guillaume est _____

Constance est _____

C. Après avoir écouté. Which of these three persons could you become friends with? Write two to three sentences, in French, explaining your choice.

Je peux être ami avec _____

parce que _____

_____

_____

Leçon 3 *Où est-ce qu'on va cette fin de semaine ?*

POINTS DE DÉPART

2-48 En ville. Listen to statements overheard one afternoon around town. Write the number of each statement on the line next to the speaker's probable location. Number one has been completed for you as an example.

a. _____   au café   **e.** _____   à la librairie

b. __1__   à la piscine   **f.** _____   au stade

c. _____   à la gare   **g.** _____   à la bibliothèque

d. _____   au cinéma   **h.** _____   au musée

2-49 Quel endroit ? Complete the sentences by selecting the phrases that tell where these people are or are going.

MODÈLE   You hear: Je fais du jogging, je suis…
             You select: <u>au stade</u>   au café

1. à l'église   au gymnase

2. à la gare   au théâtre

3. à la piscine   à la librairie

4. au cinéma   à la mairie

5. au restaurant   au gymnase

6. au marché   à la bibliothèque

FORMES ET FONCTIONS

1. *Le verbe* aller *et le futur proche*

2-50 En général ou bientôt ? Select **en général** if the people mentioned do the stated activity on a regular basis, and **bientôt** if they are going to do it soon.

MODÈLE   You hear: Yves va travailler ce soir.
             You select: en général   <u>bientôt</u>

1. en général   bientôt   5. en général   bientôt

2. en général   bientôt   6. en général   bientôt

3. en général   bientôt   7. en général   bientôt

4. en général   bientôt   8. en général   bientôt

2-51 Après les cours. Anne-Marie is discussing her after-class activities with friends. Write the subject and verb forms that you hear to complete their conversation. The first sentence has been completed for you as an example. You may stop the recording while you write.

ANNE-MARIE : Qu'est-ce que ___*nous allons*___ faire cet après-midi ? (1) _____

peut-être aller nager un peu. Et toi, Paulette ? (2) _____ travailler ?

PAULETTE : Non, (3) _____ à la piscine avec toi ! Mais pas longtemps parce

que (4) _____ me téléphoner cet après-midi. Et Mathieu, est-ce

qu' (5) _____ venir avec nous ?

ANNE-MARIE : Demandons-lui… Mathieu, (6) _____ à la piscine cet après-midi, tu
nous accompagnes ?

MATHIEU : Oh non ! (7) _____ peut-être pas être d'accord avec moi, mais
j'aime mieux préparer l'examen de français pour demain !

2. L'impératif

2-52 Dire, demander ou commander ? Listen to each sentence and select the period if it is a declarative statement, the question mark if it is a question, and the exclamation point if it is a suggestion in the imperative.

MODÈLE   You hear: Asseyez-vous !
You select: .   ?   <u>!</u>

1. .   ?   !   4. .   ?   !

2. .   ?   !   5. .   ?   !

3. .   ?   !   6. .   ?   !

2-53 La visite des parents à la résidence. Guillaume's mother is visiting him on campus. Listen to each of her suggestions and write the command forms you hear.

MODÈLE   You hear: Ne regarde pas la télé trop souvent.
You write: <u>*Ne regarde pas la télé*</u> trop souvent.

1. _____ au café après les cours !

2. Toi et tes amis, _____ bien pour les examens !

3. Et _____ bien vos professeurs !

4. _____ en cours tous les jours (*every day*) !

5. _____ à ta petite amie tous les soirs !

6. _____ manger à la cafétéria ce soir !

Mise en pratique

2-54 Les sorties du week-end

A. Avant d'écouter. Make a list of the popular places students go on the weekend in your area.

_____

_____

_____

B. En écoutant. Thomas works at the campus radio station on the weekend. Listen in as he advertises the main events taking place in his town this weekend.

1. The first time you listen, complete the first column of the chart with the type of activity taking place.

2. The second time you listen, complete the second column of the chart with the place of the event.

3. The third time you listen, write down the expected number of attendees for each of these events in the last column of the chart.

Some information has been filled in for you as an example.

	Activité	**Endroit**	**Nombre de spectateurs**
annonce 1		*au stade*	
annonce 2			*200*
annonce 3			
annonce 4	*tournoi de golf*		

C. Après avoir écouté. Which of these events would you like to go to? Which of these events would you not go to? Write two to three sentences, in French, explaining your choices.

Je voudrais aller _____

_____ *parce que* _____

Je ne voudrais pas aller _____

_____ *parce que* _____

Video Manual

2-55 Les amis. This clip shows friends of various ages in a wide variety of contexts.

1. What body language cues indicate the close nature of the relationship in each case?

   _____

   _____

2. For each example, decide whether the partner would be described as « **un/e ami/e** » or as « **mon ami/e** ». To help you decide, review the **Vie et culture** note on page 70 in your textbook.

   _____

   _____

3. Play the clip again and listen carefully to the voice-over; what activities does it suggest are important among friends? Notice that these activities are illustrated in the video!

   _____

   _____

2-56 Vive le sport ! The video montage illustrates a range of sports activities observed in the francophone world. Look at the list below, and check off the sports you see in the clip. Are there any terms with which you are unfamiliar? See whether you can match them to the images you see, by using cognates and the process of elimination.

_____ le base-ball   _____ la pétanque

_____ le basket-ball   _____ la promenade en autoneige, en motoneige

_____ le cyclisme   _____ le ski

_____ le football   _____ le tennis

_____ le jogging   _____ la promenade en traîneau à chiens

_____ le patin en ligne, le patin à roues alignées (*Can.*)

Are there any of these sports that are new to you? If so, do a little research on the Internet to find out more about them. Visit MyFrenchLab for this chapter, select Student Resources, and click on Web Links for helpful links.

OBSERVONS

2-57 On fait du sport. You may already have completed the **Observons** activity in the **Venez chez nous !** lesson of this chapter. If not, you will find it helpful to go back and complete that activity before moving on to the questions below.

A. Avant de regarder. In this clip, husband and wife Jean-Claude and Christine describe their family's sports and cultural activities, including those of their daughter Agathe and their son Tristan. Look at the list below of activities that they mention; can you guess—in cases where you don't already know—what each of these activities might involve?

le football _____

la danse _____

le rugby _____

le judo _____

l'aquagym _____

la natation _____

le fitness _____

le dessin _____

As you watch this video segment, look for any clues that might support your guesses about unfamiliar activities.

B. En regardant. Who participates in which activities? Fill in the chart with the activities mentioned for each person.

Personne	Activité/s
Jean-Claude :	
Christine :	
Agathe :	
Tristan :	

Notice that Christine specifies the day on which she takes Agathe and Tristan to their lessons. Why is this particular day the most logical? Remember what you have learned about the typical school schedule in France.

_____

_____

C. Après avoir regardé. What is your impression of the types and number of activities in which this family is involved? How do their habits compare with your own habits and those of your family and your friends' families?

_____

_____

_____

_____

Chapitre

Études et professions

Workbook

Leçon **1** *Nous allons à l'université*

POINTS DE DÉPART

3-1 À l'université de Laval. Read through this script for a guided tour of **l'université de Laval** and fill in the missing spaces with the correct campus place names. Do not forget to include the appropriate definite or indefinite article.

Nous voici devant le Pavillon Maurice-Pollack. C'est *le centre étudiant* . Ici, les étudiants peuvent acheter

des livres et des cahiers à (1) _____ la libraire _____ ou visiter (2) _____ l'infmerie _____

s'ils sont malades. Les bureaux d' (3) _____ associations étudiantes _____ se trouvent là aussi pour

les gens qui désirent s'inscrire aux associations. Juste à côté de nous, il y a le Pavillon Alphonse-Desjardins

où il y a (4) _____ une caféténia _____ pour manger et (5) _____ un café _____

pour retrouver ses amis et prendre le café. En face de ce pavillon, vous avez le Pavillon Jean-Charles

Bonenfant où il y a (6) _____ une bibliothèque _____ pour travailler et chercher des livres et aussi

(7) _____ le bureau des inscriptions _____ pour s'inscrire à la faculté et aux cours. Plus loin sur la droite,

c'est le Pavillon Alphonse-Marie-Parent. Ce sont (8) _____ les résidences _____ où habitent les étudiants.

Et pour faire du sport, les étudiants vont de l'autre côté du campus ; (9) _____ les terrains de _____ sont

sport

près du Pavillon de l'Éducation physique et des sports. Et voilà notre campus.

3-2 Sur votre campus. Indicate how the locations of the following places on your campus are situated with relation to each other using the expressions: **près de**, **loin de**, **devant**, **derrière**, **en face de**, **à côté de**, **à droite de**, **à gauche de**, **dans**.

MODÈLES   la bibliothèque et la librairie :
           La bibliothèque est assez loin de la librairie.

1. la bibliothèque et le bureau des inscriptions :

   _____

2. la librairie et le labo de chimie :

   _____

3. le labo de langues et les résidences :

   _____

4. la cafétéria et le centre d'informatique :

   _____

5. le centre sportif et l'infirmerie :

   _____

FORMES ET FONCTIONS

1. Les adjectifs prénominaux au singulier

3-3 Me voilà à la résidence universitaire. Your friend has just gone away to school and is living in a dorm. She has sent you a postcard telling you about her new life, but she forgot to include any adjectives! Liven up the text by adding in some of the adjectives below.

beau	grand	nouveau	vieux
bon	joli	petit	

Salut, petite
J'ai une∧chambre dans la résidence sur le campus.
La résidence est près d'un stade. Il y a aussi une piscine
et un gymnase sur le campus. J'aime bien la bibliothèque
aussi. Je travaille à la bibliothèque avec un ami.
Voilà, c'est mon campus.

3-4 Le campus. Your grandparents can't picture your new life in college very well. Answer each of their questions by indicating that the opposite is true.

MODÈLES   Ta chambre est grande ?
Non, c'est une petite chambre.

1. Le campus est moche ? _Non, c'est un beau campus_
2. Ton prof d'histoire est mauvais ? _Non, c'est un bon prof_
3. Ton prof de français est vieux ? _Non, c'est un jeune prof_
4. Ton livre de français est gros ? _Non, c'est un petit jeune_
5. La faculté de sciences est petite ? _Non, c'est une grande faculté_
6. Le campus est petit ? _Non, c'est un grand campus_

2. *Les verbes en -re comme vendre*

3-5 Les visites en famille. Dites à qui les personnes suivantes rendent visite aux moments indiqués.

MODÈLE   moi / pour la Saint-Valentin
Je rends visite à mon copain/ma copine.

1. mon frère / le dimanche _____

2. mes parents / en juillet _____

3. mes cousins / pour Noël _____

4. mon ami/e et moi / la fin de semaine _____

5. moi / pour la Fête des mères _____

3-6 Pendant la journée. Avec les verbes suivants, faites des phrases pour dire ce que ces gens font pendant la journée : **attendre**, **descendre**, **rendre**, **rendre visite à**, **vendre**, **répondre à**.

MODÈLE   le représentant / son produit
Le représentant vend son produit.

1. les étudiants / leurs devoirs au prof _____

2. nous / le médecin _____

3. la secrétaire / au téléphone _____

4. moi / en ville pour travailler _____

5. vous / vos amis _____

6. moi _____

ÉCRIVONS

3-7 Mon campus. Write a description of your campus to share with a French-speaking e-mail correspondent.

A. Avant d'écrire. Before writing your description, complete the following activities.

1. Make a list, in French, of places on your campus that you will include in your description.
   (for example: *la bibliothèque universitaire, le café dans le centre étudiant…*)

2. For as many of the places as possible, jot down what activities are done there.
   (for example: *la bibliothèque : travailler, réviser ses cours ; le café : retrouver des amis, discuter…*)

3. Think about where the various places you have chosen are located in relation to each other.
   (for example: *il y a un petit café dans la bibliothèque ; le centre étudiant est près de la bibliothèque…*)

4. Write a few adjectives in French that you could use to describe your campus in general or the specific places you are mentioning.
   (for example: *le campus : assez petit, joli ; la bibliothèque : nouvelle, assez grande…*)

B. En écrivant. Write your description. Keep in mind that if your intended reader is from France, the very idea of a campus might be somewhat foreign to him or her.

MODÈLE   *Mon campus est très joli mais assez petit. J'aime beaucoup la nouvelle bibliothèque. Le soir, je vais souvent à la bibliothèque pour travailler avec mes amis. Il y a un petit café dans la bibliothèque pour discuter ou travailler avec des amis. Le grand centre étudiant est près de la bibliothèque. Dans le centre, il y a une cafétéria et… Est-ce qu'il y a un centre étudiant à l'université de… ?*

C. Après avoir écrit. Look over the notes you made before writing and then reread your description. Did you include everything you wanted to mention? Make sure that you have included some adjectives to describe the places and that you have told a little bit about what you do there to make it more interesting. Before turning in your description, consider sending it via e-mail to a French-speaking friend or family member who is not familiar with your campus. If that person is able to understand your description, you've done a good job. Consider revising your description to take into account the feedback you get.

Leçon 2   *Une formation professionnelle*

POINTS DE DÉPART

3-8 Les cours. Here is a list of students and their majors. Indicate which courses they are probably taking.

MODÈLE   Hervé : les sciences économiques
                    Il suit probablement un cours d'informatique.
            OU   *Il suit probablement des cours d'économie.*

1. Céline : la biologie _____

2. Luc : le français _____

3. Vanessa : la physique _____

4. Julien : la géographie _____

5. Aurélie : la philosophie _____

6. Mathieu : l'histoire _____

3-9 Les goûts et les spécialisations. On the basis of the descriptions of the following students, indicate what degrees they are probably working toward.

MODÈLE   Bruno adore voyager à l'étranger et parler avec des gens.
                    Il prépare probablement un diplôme de langues étrangères.

1. Claire aime les ordinateurs et les maths.

   _____

2. Laurent adore les animaux.

   _____

3. Émilie aime beaucoup la politique, surtout les élections.

   _____

4. Gaëlle se passionne pour les livres et le théâtre.

   _____

5. Sébastien aime bien la sculpture, la peinture et le dessin.

   _____

6. Élodie aime les sciences naturelles et désire aider les gens.

   _____

3-10 Chacun ses goûts. Tell what you like and dislike about each of the following aspects of university life.

MODÈLE   les cours
          J'adore mon cours de français parce que le prof est intéressant. Je déteste mon cours de chimie.
          Ce cours est difficile et assez ennuyeux.

1. les cours

_____

2. les profs

_____

3. les langues

_____

4. les sciences

_____

FORMES ET FONCTIONS

1. *Les verbes comme* préférer *et l'emploi de l'infinitif*

3-11 Des suggestions. Fabien et Cécile have some free time this weekend but cannot decide what to do. Imagine what the following people would suggest, based on their own interests. A list of possibilities is provided.

un concert de musique classique	un souper avec des amis	un souper au restaurant
un film à la télé	un film au cinéma	le Scrabble
un match à la télé	un match de tennis	

MODÈLE   Marc préfère rester à la maison. Il *suggère un film à la télé.*

1. J'adore les restaurants chics. Je _____

2. Simon adore les jeux de société. Il _____

3. Nous sommes très sportifs. Nous _____

4. Tu adores les nouveaux films. Tu _____

5. Les Colin aiment regarder le sport à la télé. Ils _____

6. Vous adorez Mozart et Beethoven. Vous _____

7. Mélanie aime inviter des amis. Elle _____

3-12 Des préférences des étudiants.
Based on the descriptions below, decide which activity the following students prefer.

MODÈLE   une étudiante pantouflarde : regarder un match de soccer à la télé ou jouer au soccer ?
Elle préfère regarder un match à la télé.

1. des étudiants paresseux : manger à la cafétéria ou faire la cuisine ?

_____

2. des étudiantes sportives : faire du jogging ou une promenade en ville ?

_____

3. un étudiant riche : chercher des vieux livres à la bibliothèque ou des nouveaux livres à la librairie ?

_____

4. un étudiant sérieux : avoir son premier cours le matin ou l'après-midi ?

_____

5. une mauvaise étudiante : suivre des cours faciles ou difficiles ?

_____

6. un étudiant de théâtre : voir une pièce de théâtre ou jouer dans une pièce ?

_____

3-13 Vos préférences.
What are your preferences and those of your family and friends when it comes to the following things?

MODÈLE   le sport : vous / votre mère / votre meilleur/e ami/e
Je préfère regarder le hockey à la télé.
Ma mère aime bien faire du jogging.
Mon meilleur ami adore jouer au soccer.

1. la musique : vous / votre frère ou sœur / votre colocataire

_____

_____

_____

2. les cours : vous / votre petit/e ami/e / votre professeur de français

_____

_____

_____

3. les profs : vous / votre meilleur/e ami/e / votre colocataire

_____

_____

_____

4. les activités de la fin de semaine : vous / vos parents / vos amis

_____

_____

_____

5. pour manger : vous / vos parents / votre meilleur/e ami/e

_____

_____

_____

2. *Les adjectifs prénominaux au pluriel*

3-14 Me voilà à l'université. Your friend has sent you another card about her continuing adventures at college. It's almost time for finals, and she was in such a hurry that she didn't include any adjectives in her letter. Rewrite the text, adding in some of the adjectives below. Pay attention to both the correct form and the correct placement of the adjectives you use.

beau	bon	dernier	grand
gros	jeune	joli	mauvais
nouveau	petit	premier	vieux

> Salut encore,
>
> Ça va bien. J'ai de ∧ *bons* amis maintenant et des cours.
> Il y a des étudiants sur le campus et des professeurs.
> De tous mes cours, je préfère la chimie. Il y a un labo
> dans le pavillon de Sciences et Technologie où on fait
> des expériences. C'est demain notre cours. Nous
> avons un devoir pour la fin du semestre et l'examen
> est bientôt. Je travaille beaucoup pour avoir des notes
> ce semestre.

3-15 À l'université. Describe your university experience using the correct form of the following adjectives: **belle, bonne, dernière, grande, grosse, jeune, jolie, mauvaise, nouvelle, petite, première, vieille.**

MODÈLE   des cours
          À l'université, il y a de bons cours...

1. des professeurs _____

2. des étudiants _____

3. des examens _____

4. des résidences _____

5. des bureaux _____

6. des devoirs _____

7. des fêtes _____

8. des amis _____

ÉCRIVONS

3-16 Votre emploi du temps à l'université. Write a short narrative, in the form of a paragraph, about your classes this semester.

A. Avant d'écrire. Complete the following steps before writing.

1. Fill out the chart below with the French names for the courses you have this semester.

	lundi	mardi	mercredi	jeudi	vendredi
matin					
après-midi					
soir					

2. List your major or field of specialization and your minor(s).
   (for example: *la chimie*)

3. For each of the courses you listed in (1) above, provide one or two descriptive adjectives.
   (for example: *le cours de chimie : difficile, intéressant ; le cours d'histoire : amusant…*)

4. Prepare a concluding statement for your paragraph.
   (for example: *J'aime bien mes cours, mais je travaille beaucoup ce semestre. Le semestre prochain va être plus facile.*)

B. En écrivant. Using the information you prepared above, write a paragraph.

MODÈLE   *Je prépare un diplôme en chimie. Ce semestre, j'ai un programme très difficile. Le lundi, par exemple,*
          j'ai un cours de chimie, un cours d'histoire et… J'aime bien mon cours d'histoire, mais je préfère
          mon cours de chimie. Ce cours est intéressant et… J'aime beaucoup mes cours, mais je travaille
          beaucoup ce semestre. Le semestre prochain va être plus facile.

C. Après avoir écrit. Reread your paragraph with the following questions in mind: Are your ideas clearly expressed? Have you provided sufficient detail? Where could you add information to make your paragraph more interesting? Now, write a second draft of your paragraph incorporating the new elements. Once you are satisfied with the content of your paragraph, proofread your work for errors in spelling and grammar. Reread your paragraph one more time with the following questions in mind: Are all words spelled correctly? Did you include all necessary accent marks? Are all verbs conjugated correctly? Do the adjectives you use agree with the nouns they modify? Write a final draft making any last necessary corrections and changes.

Leçon 3 *Choix de carrière*

POINTS DE DÉPART

3-17 Quelle profession ? On the lines provided, indicate the professions of the people shown and where they work.

Modèle

MODÈLE   un médecin, à l'hôpital

1. _____

2. _____

3. _____

4. _____

5. _____

6. _____

7. _____

8. _____

9. _____

3-18 Mille et une possibilités. Based on the descriptions, suggest professions that might be appropriate for each person below.

MODÈLE   Margaux a une spécialisation en maths et une mineure en français.
          comptable dans une banque internationale ou peut-être prof de maths au Québec

1. Céline prépare un diplôme en biologie et elle aime bien le contact avec le public.

   _____

2. Xavier s'intéresse à ses cours d'histoire et il adore parler de ses opinions.

   _____

3. Maxime aime travailler avec les mains (*hands*).

   _____

4. Benoît préfère un travail où on est autonome.

   _____

5. Lise désire avoir un bon salaire et beaucoup de responsabilités.

   _____

6. vous

   _____

FORMES ET FONCTIONS

1. C'est *et* il / elle est

3-19 Les stéréotypes professionnels. Imagine what the people who hold the following jobs are probably like.

MODÈLE   une actrice : *C'est une jolie femme. Elle est très énergique et pas du tout (not at all) timide.*

1. un comptable : _____

2. une vendeuse : _____

3. un technicien : _____

4. un professeur : _____

5. une avocate : _____

3-20 Choix de carrière. Describe the kind of work your family and friends do and why.

MODÈLE   votre frère : *Mon frère est infirmier. Il travaille dans une clinique à Toronto. C'est un homme très patient et calme, et il adore le contact avec les enfants.*

1. votre mère : _____

_____

_____

2. votre meilleur/e ami/e : _____

_____

_____

3. votre frère ou sœur : _____

_____

_____

4. votre tante ou oncle préféré/e : _____

_____

_____

2. *Les verbes* devoir, pouvoir *et* vouloir

3-21 Des conseils. Offer appropriate advice to the various people mentioned below.

MODÈLE   Demain j'ai un examen de français.
Tu *dois absolument travailler à la bibliothèque ce soir !*

1. Amélie a une interview avec IBM la semaine prochaine.

Elle _____

2. Alexis et Aurore voyagent en Afrique cet été.

Ils _____

3. Michael et moi, nous regardons un film ce soir.

Vous _____

4. Nous voulons trouver un travail avec un très bon salaire.

Nous _____

3-22 Les invitations et les obligations. Unfortunately, we can't always do what we want to do. Explain why the following people cannot do what they want to do.

MODÈLE   Isabelle / aller à la piscine / préparer un examen
          Isabelle veut aller à la piscine, mais elle ne peut pas. Elle doit préparer un examen.

1. Tu / faire du jardinage / terminer tes devoirs

_____

_____

2. David et Jocelyne / aller au cinéma / souper chez leurs grands-parents

_____

_____

3. Mes amis et moi / rester chez nous / aller en classe

_____

_____

4. Paul / jouer au tennis avec ses amis / aller chez le dentiste

_____

_____

5. Ton père et toi / regarder un match de hockey / aller au concert de ta sœur

_____

_____

6. Je / ? / ?

_____

_____

ÉCRIVONS

3-23 Avis aux étudiants.
You are working at the career centre at your school and have an idea for a new advice column for students who have questions about their future careers. To sell the idea, you must present a sample column to your supervisor with a sample question and an appropriate response.

A. Avant d'écrire.
Complete the following activities before beginning to write your sample.

1. Imagine that you are a student looking for a future career and make a list, in French, of three qualities you are looking for in your career.
   (for example: *un travail intéressant, un bon salaire…*)

2. Now make a list, in French, of the skills and/or personal interests you bring to your search for a suitable career.
   (for example: *je travaille beaucoup, j'aime aider les gens…*)

3. Looking over the qualities you listed in (1) and the skills you listed in (2), suggest, in French, two or three suitable careers.
   (for example : *médecin, infirmier*)

4. Write down, in French, one or two things that you should do to prepare for the type of career suggested in (3).
   (for example : *étudier la biologie, les sciences…*)

B. En écrivant.
First, looking at the information in (1) and (2) above, write a letter from a student seeking career advice. Then looking at the information you provided for (3) and (4), write a brief answer.

MODÈLE   QUESTION : *Je veux un travail intéressant avec un bon salaire. J'aime aider les gens et je peux travailler beaucoup. Je ne veux pas un travail où on est très autonome… Je suis assez patient et je suis généreux. J'étudie la biologie et les sciences naturelles, mais je n'aime pas travailler au laboratoire. Est-ce que vous pouvez m'aider ?*

RÉPONSE : *Je suggère une carrière médicale. Vous pouvez être médecin ou infirmier si vous voulez travailler avec les gens. Vous ne devez pas être technicien si vous ne voulez pas travailler au laboratoire. Vous devez continuer vos études de biologie. Vous pouvez…*

C. Après avoir écrit.
Reread your question to see if it is plausible. If you used the verbs **vouloir**, **pouvoir**, or **devoir**, make sure that you have used the correct forms of these verbs and that the verbs following them are in the infinitive. Look carefully at the answer you propose. Does it respond to the question? Did you include some advice for what the student should be doing now to prepare for this career?

LISONS

3-24 Journal d'un criminologue angoissé

A. Avant de lire.
This passage is from a short story in the collection *L'Ange Aveugle* (*The Blind Angel*) by Tahar Ben Jelloun, a Moroccan writer. In this excerpt, one of the main characters, Emilio, who is involved in police work, describes his profession. Before you read, answer these questions in English.

1. What kinds of information would you expect Emilio to provide about his profession?

   _____

   _____

   _____

2. Knowing that Emilio is a criminologist, what type of extra information would you expect?

_____

_____

B. En lisant. As you read, provide the following information in English.

1. Mention at least three specific things that Emilio does in his line of work.

_____

_____

2. List two other professionals with whom he works.

_____

_____

3. Emilio fills out a form at each crime scene he visits. He forgot his briefcase today and needs to recreate one. Help him by writing down the general categories mentioned in the passage.

Fiche du Criminologue	
(1) *NOM* :	(5)
(2) *prénom* :	(6)
(3)	(7)
(4)	(8)

C. Après avoir lu. Now that you've read the text, complete these activities. Answer in English unless otherwise indicated.

1. How did Emilio's description of his profession and day-to-day activities compare to the information you expected him to provide? Did anything surprise you? What?

2. After reading Emilio's description of his profession, what kind of person do you think he is? Write a short portrait of him in French.

JOURNAL D'UN CRIMINOLOGUE ANGOISSÉ

- -

D'abord[1] la technique : remonter le film de l'événement, nommer les lieux,[2] l'heure précise, l'arme utilisée, le calibre des balles…, l'âge, le nom et le prénom, la profession, la réputation… classer tout cela dans un dossier[3]…

Cela est mon travail. Je suis criminologue. Je suis fonctionnaire du ministère de la Justice. Je dois être disponible[4] pour fournir toutes ces informations le plus rapidement possible. Je fais des fiches.[5] Je les classe. Je les analyse au bout d'un certain temps, après une année en général. Je communique mes conclusions aux sociologues, à l'observatoire universitaire de la camorra,[6] à certains journalistes, à la police éventuellement.[7]

[1]*first* [2]*place* [3]*file* [4]*available* [5]*forms* [6]*mafia-like criminal organization based in Naples, Italy* [7]*perhaps*

Source : « Journal d'un criminal angoissé » in *L'Ange Aveugle* Tahar Ben Jelloun, © Èditions du Seuil, 1992, coll. Points, 1995.

Venez chez nous !   *Étudier et travailler au Canada*

3-25 La géographie. Test your knowledge of Canadian geography by matching the provinces and territories with their capitals.

_____ 1.   l'Alberta   a.   Halifax

_____ 2.   la Colombie-Britannique   b.   Yellowknife

_____ 3.   l'Ile-du-Prince-Édouard   c.   Québec

_____ 4.   le Manitoba   d.   Charlottetown

_____ 5.   le Nouveau-Brunswick   e.   Victoria

_____ 6.   la Nouvelle-Écosse   f.   Winnipeg

_____ 7.   l'Ontario   g.   Iqaluit

_____ 8.   le Québec   h.   Edmonton

_____ 9.   la Saskatchewan   i.   Toronto

_____ 10. Terre-Neuve   j.   Frédéricton

_____ 11. les Territoires du Nord-Ouest   k.   St. John's

_____ 12. le Nunavut   l.   Whitehorse

_____ 13. le Yukon   m.   Régina

3-26 Les autres provinces. The francophone presence in Canada is not limited to Québec. Chose another province and do some research to fill out the chart below. You may consult an atlas, encyclopedias or visit MyFrenchLab for this chapter (select Student Resources, and click on Web Links) to help you find out more about French in Canada.

La Province :
Superficie :
Situation géographique :
Population :
Nombre de francophones :
Pourcentage de francophones :
Situation du français dans les écoles :
Situation du français dans les universités :

3-27 Les vacances à Québec. You have decided to spend part of your summer vacation or winter term in the city of Québec to improve your French. With the information provided in your textbook and with the help of the links on MyFrenchLab for this chapter (select Student Resources and click on Web Links), write a paragraph of three to five sentences on a separate sheet of paper about what you want to do in Québec and what you will be able to do there.

Pour aller plus loin : To learn more about French in Canada, in Québec, or to plan a trip to a francophone region, visit MyFrenchLab for this chapter, select Student Resources, and click on Web Links.

Lab Manual

Leçon 1 Nous allons à la fac

POINTS DE DÉPART

3-28 Où es-tu ? Myriam is calling her friends on her new cell phone. Based on what she hears in the background, determine each person's probable location and select it.

MODÈLE You hear: Une orange ou une banane ?
You select: <u>la cafétéria</u> le labo de chimie

1. la librairie la résidence
2. le pavillon principal l'amphithéâtre
3. les associations étudiantes les bureaux administratifs
4. le centre informatique le garage
5. le bureau des inscriptions le labo de langues
6. le bureau du professeur les terrains de sport

3-29 Mauvaises directions. Malika is a new student trying to learn where everything is. Answer each of her questions, by giving the opposite direction.

MODÈLE You hear: L'infirmerie est près du stade ?
You write: Non, l'infirmerie est __*loin*__ du stade.

1. Non, le laboratoire de langue est _____ la piscine.

2. Non, la résidence est _____ des terrains de sport.

3. Non, la librairie est _____ du cinéma.

4. Non, le gymnase est _____ de la piscine.

5. Non, le centre informatique est _____ les terrains de sport.

6. Non, la bibliothèque est _____ de la résidence.

FORMES ET FONCTIONS

1. Les adjectifs prénominaux au singulier

3-30 La visite du campus. Lydie's cousin Marc is visiting her campus. As you listen to each of his observations, select the letter of the most logical response.

MODÈLE   You hear: Cette fille est très jolie !

You see: **a.** Oui, c'est une jolie fille.

    b. Oui, c'est un vieil homme.

You select: <u>**a.**</u>

1. a. Oui, c'est une petite cafétéria.

    b. Oui, c'est une grande cafétéria.

2. a. Oui, c'est une nouvelle piscine.

    b. Oui, c'est une petite piscine.

3. a. Non, ce n'est pas un vieux campus.

    b. Oui, c'est un joli campus.

4. a. Oui, c'est une bonne bibliothèque !

    b. Oui, c'est une mauvaise bibliothèque !

5. a. Oui, c'est un vieux professeur.

    b. Oui, c'est un jeune professeur.

3-31 Une nouvelle vie. Béatrice is on the phone with her family, describing her new lifestyle as a university student. Complete her conversation with the adjectives you hear, paying attention to the form of each adjective. The first sentence has been completed for you as an example.

J'habite un _____*petit*_____ appartement près de l'université. C'est un (1) _____ appartement, mais j'ai une (2) _____ vue sur le campus. Les cours ? Ça va bien… J'ai un très (3) _____ prof de biologie : je l'adore. Il a une (4) _____ moustache, il est assez amusant. Je suis un peu stressée aujourd'hui parce que j'ai mon (5) _____ examen d'italien cet après-midi. Côté vie sociale, j'ai pas mal d'amis. Il y a un (6) _____ étudiant dans mon cours d'économie. Il s'appelle Damien. Il est de Bordeaux. Sa sœur Catherine est une très (7) _____ fille. Tous les garçons de sa classe l'admirent. Bon, je vais travailler pour mon examen. Je te fais un (8) _____ bisou (*kiss*). Au revoir.

2. Les verbes en -re comme vendre

3-32 Combien ? For each statement that you hear, select **1** if the subject of the sentence is one person and **1+** if it is more than one person.

MODÈLE   Vous entendez :   Il attend le bus.

    Vous choisissez :   <u>1</u>   1+

1. 1   1+   **4.** 1   1+

2. 1   1+   **5.** 1   1+

3. 1   1+   **6.** 1   1+

3-33 Au travail. Listen as Florence reads aloud an e-mail she has just written to her parents about her new job and her neighbours. Complete her message with the subject and verb forms that you hear. The first sentence has been completed for you as an example.

Bonjour à tous deux,

___Je réponds___ enfin à votre e-mail. Désolée, mais je suis très occupée avec mon nouveau travail.

(1) _____ des ordinateurs, c'est intéressant. Mon patron n'est pas souvent au bureau. (2) _____ aux clients importants. J'aime beaucoup mon appartement. Mes voisins sont des jeunes mariés : Paul et Jeanne. Paul travaille beaucoup et

(3) _____ son temps non plus. Ils sont très calmes mais quelquefois,

(4) _____ leur radio. Comme ils habitent l'appartement du dessus (*above*), (5) _____ dîner avec moi assez souvent. Bon,

(6) _____ de vos nouvelles avec impatience. Au prochain e-mail !

Bisous, Florence.

Mise en pratique

3-34 Nouvelle sur le campus

A. Avant d'écouter. Think about a typical day at school. Where do you usually go? What do you do?

B. En écoutant. Elsa, a new student, is talking to Cédric. Listen as he shares with her the best places on campus for doing various things.

1. The first time you listen, fill in the first column of the chart below with the places Cédric likes to go on campus.

2. The second time you listen, write down what activity can be done in each location in the second column of the chart.

3. The last time you listen, write down the precise locations of Cédric's favourite places in the last column of the chart.

Some information has been provided for you. You may stop the recording while you write.

	À quel endroit ?	Pour quoi faire ?	Où se trouve… ?
proposition 1	*la bibliothèque*		
proposition 2		1. *discuter avec ses amis* 2.	1. 2.
proposition 3			1. *à droite des terrains de sport* 2.

C. Après avoir écouté. What suggestions would you give Elsa to feel more at ease on her new campus? Write your advice in French, using the command form (**l'impératif**).

MODÈLE   *Joue au tennis avec tes amis !*

_____

_____

Leçon 2 *Une formation professionnelle*

POINTS DE DÉPART

3-35 Des programmes d'études et des cours. Listen as Gilberte tells what courses she and her friends are taking. Write down each course that is mentioned in the appropriate category. Number one has been completed for you as an example.

Lettres	Sciences humaines	Sciences naturelles	Sciences physiques	Sciences économiques	Beaux-arts
	sociologie				
		XXX	XXX	XXX	XXX

3-36 Parlons des cours. Listen as Hervé talks about his schedule at the university of Montpellier, and indicate which courses he has each day. Some information has already been provided for you.

1. lundi ___*biologie, maths*_____

2. mardi _____

3. mercredi _____

4. jeudi _____

5. vendredi _____

SONS ET LETTRES

Les voyelles /o/ et /ɔ/

3-37 /o/ ou /ɔ/ ? Indicate whether the vowel you hear is /o/ as in **beau** or /ɔ/ as in **botte**, by selecting the appropriate symbol.

MODÈLE   You hear: le styl**o**
             You select: /o/   /ɔ/

1. /o/   /ɔ/   6. /o/   /ɔ/

2. /o/   /ɔ/   7. /o/   /ɔ/

3. /o/   /ɔ/   8. /o/   /ɔ/

4. /o/   /ɔ/   9. /o/   /ɔ/

5. /o/   /ɔ/   10. /o/   /ɔ/

3-38 Une berceuse. Listen to the words of this traditional French lullaby, then, as it is read a second time, repeat each phrase in the pause provided.

Fais dodo, Colin, mon p'tit frère,   **Papa est en bas,**
Fais dodo, t'auras du lolo.   **Qui fait du chocolat.**
Maman est en haut   **Fais dodo, Colin, mon p'tit frère,**
Qui fait du gâteau,   **Fais dodo, t'auras du lolo.**

Nom : _____   Date : _____

FORMES ET FONCTIONS

1. Les verbes comme préférer et l'emploi de l'infinitif

3-39 Préférences. Indicate how each person feels about each course mentioned by selecting the appropriate category in the chart below. Number one has been completed for you as an example.

Cours	Likes a lot	Prefers	Doesn't like	Doesn't like at all
1. la danse	✓			
2. l'économie				
3. la psychologie				
4. la peinture				
5. la gestion				
6. l'allemand				
7. la comptabilité				

3-40 Le répondeur. Martine is leaving a message on Muriel's answering machine before her arrival on campus. Write the subject and verb forms that you hear to complete each of her statements. Remember to include all necessary accents. The first sentence has been completed for you as an example. You may stop the recording while you write.

Bonjour Muriel, c'est ta petite sœur. Finalement, _____*nous préférons*_____ arriver vendredi soir

plutôt que samedi matin. Est-ce que (1) _____ dîner au restaurant ce soir-là ?

(2) _____ le petit restaurant près de la fac. Moi, (3) _____

aller à la cafétéria ! Raoul va rester à la maison ce week-end, (4) _____ avec son

groupe pour leur concert de lundi soir. (5) _____ une autre date pour une prochaine

visite avec lui ? C'est toi l'étudiante occupée, pas nous ! Bon, alors à vendredi soir. Si ça ne va pas, téléphone-

moi ! Tu as mon numéro de portable ? C'est le 06.31.23.19.46. (6) _____ :

06.31.23.19.46. Bisous ! À vendredi !

2. Les adjectifs prénominaux au pluriel

3-41 Un ou plusieurs ? Students are sharing their thoughts on campus. Listen to each of their statements and select **un** if they comment on one place on campus; select **plusieurs** if they talk about several things.

MODÈLE   You hear: C'est un grand campus.
         You select: <u>un</u>   plusieurs

1.	un	plusieurs	4.	un	plusieurs
2.	un	plusieurs	5.	un	plusieurs
3.	un	plusieurs	6.	un	plusieurs

3-42 Tom exagère. Tom has a tendency to exaggerate everything. Complete each of his statements with the correct form of the adjective.

MODÈLE   You hear: Il y a beaucoup de jolies filles dans mes cours.
             You write: Il y a beaucoup de _jolies_ filles dans mes cours.

1. Il y a des _____ affiches dans ma résidence.

2. J'ai des _____ notes dans tous mes cours.

3. Il y a beaucoup de _____ étudiants dans mes cours.

4. J'ai trois _____ ordinateurs chez moi.

5. Je mange à la cafétéria tous les midis avec mes _____ amis.

6. J'ai beaucoup de _____ professeurs.

Mise en pratique

3-43 Les Grandes Écoles

A. Avant d'écouter. Think about what kind of career you want to have and what courses you have to take to prepare yourself for this type of career.

B. En écoutant. Now listen as Élodie, François, and Virginie discuss their plans to study at **les Grandes Écoles**. The first time you listen, write down each person's major. As you listen a second time, fill in the second column with courses they have been taking. Some information has already been provided for you.

	Spécialisation	Matières étudiées
Élodie	les sciences économiques	1. l'économie
		2.
		3.
François		1.
		2.
		3.
Virginie		1.
		2.
		3.

C. Après avoir écouté. Complete the chart below, in French, with information about your own studies. Does your own focus most closely resemble that of Élodie, François, or Virginie?

	Spécialisation	Matières étudiées
Vous-même		1.
		2.
		3.

Leçon 3 *Choix de carrière*

POINTS DE DÉPART

3-44 Quel est son métier ? Write the number of each job description you hear beside the appropriate title. Number one has been completed for you as an example.

_____ **a.** acteur

_____ **b.** architecte

_____ **c.** musicien

___1___ **d.** médecin

_____ **e.** professeur

_____ **f.** serveuse

_____ **g.** informaticienne

3-45 Parlons du travail et de la carrière. As you listen, make a logical assumption about each person's career plans, based on what they are studying. You may stop the recording while you write.

MODÈLE   You hear: Ninon suit des cours de biologie et de chimie.
             You write: *Elle va devenir pharmacienne.*

1. _____

2. _____

3. _____

4. _____

5. _____

6. _____

FORMES ET FONCTIONS

1. C'est *et* il est

3-46 Qu'est-ce qu'ils font ? Michel is writing a report on his friends' careers for a journalism class but does not always keep an objective point of view. Help him complete his notes. For each person that you hear about, write a full sentence using **c'est** or **il est**. You may stop the recording while you write.

MODÈLES   You hear: Antoine : informaticien
              You write: *Il est informaticien.*

              You hear: Martine : mauvaise ouvrière
              You write: *C'est une mauvaise ouvrière*

1. _____

2. _____

3. _____

4. _____

5. _____

3-47 Opinions. Confirm what Hélène says about people she knows by combining her thoughts in single sentences, using the appropriate form of **c'est**. You may stop the recording while you write.

MODÈLE   You hear: Lola est musicienne. Elle est excellente.
          You write: *C'est une excellente musicienne.*

1. _____

2. _____

3. _____

4. _____

5. _____

6. _____

2. *Les verbes* devoir, pouvoir *et* vouloir

3-48 Discrimination. Marcel is talking about his own studies and career plans and those of his siblings. Tell whether he is talking about what someone wants to do, can do, or has to do by selecting the correct word or expression.

MODÈLE   You hear: Mon frère Jean veut étudier la médecine.
          You select: <u>wants to</u>   can   has to

1.	wants to	can	has to	5.	wants to	can	has to
2.	wants to	can	has to	6.	wants to	can	has to
3.	wants to	can	has to	7.	wants to	can	has to
4.	wants to	can	has to	8.	wants to	can	has to

3-49 Décision professionnelle. Emma and Fabienne are discussing their career choices. Select the form of the verb **devoir**, **pouvoir** or **vouloir** that you hear.

MODÈLE   You hear: Tu veux devenir médecin ?
          You select: <u>veux</u>   veut

1.	pouvons	pouvez	4.	dois	doit
2.	doivent	doit	5.	veux	veut
3.	peut	peux	6.	veulent	voulons

Mise en pratique

3-50 Chez la conseillère d'orientation

A. Avant d'écouter. What kind of questions should one take into consideration when choosing a career? For example: **Vous voulez aider les gens ? Vous voulez voyager ? Vous voulez gagner beaucoup d'argent ?** Can you think of another possible question?

_____

_____

B. En écoutant. Mélanie is discussing possible career paths with a counsellor. Listen to their conversation and answer the questions below by selecting the correct responses.

1. Pourquoi est-ce que Mélanie prépare un diplôme de médecine ?

   a. Elle adore les maths.

   b. C'est une tradition familiale.

   c. Elle a le tempérament nécessaire.

2. Qu'est-ce que sa conversation avec la conseillère révèle ?

   a. Elle fait un travail médiocre en sciences naturelles.

   b. Elle veut avoir un métier qui a beaucoup de prestige.

   c. Elle est trop solitaire pour être médecin.

3. Quelle nouvelle possibilité se présente à la fin de la conversation ?

   a. Mélanie va étudier la biologie.

   b. Mélanie va faire de la musique.

   c. Mélanie va devenir actrice.

C. Après avoir écouté.

1. What other career choices could Mélanie pursue? List a few in French.

   _____

   _____

2. What career would you yourself like to pursue? Why?

   Je veux devenir _____

   _____

   _____

   _____

Video Manual

3-51 Je suis étudiant. In this clip, three people talk about their work at the **Université de Nice**. Listen and complete each sentence; in some cases, there may be more than one correct answer.

1. Édouard est étudiant en

_____ **a.** histoire-géo.

_____ **b.** chimie.

_____ **c.** communications.

2. Cette année, son emploi du temps est

_____ **a.** peu chargé.

_____ **b.** très chargé.

3. Fadoua étudie

_____ **a.** l'art.

_____ **b.** la communication.

_____ **c.** le marketing.

4. Christian est professeur de

_____ **a.** littérature.

_____ **b.** civilisation française.

_____ **c.** communications.

5. In what ways are these people and their physical surroundings similar to or different from what you might find on your campus?

_____

_____

3-52 Étudier et travailler au Canada. The video montage offers varied images of Québec. As you watch, check off the significant elements of Québécois culture illustrated in this montage.

_____ architecture   _____ language use

_____ climate   _____ leisure activities

_____ diverse populations   _____ natural resources

_____ industries

Can you comment on the significance of each aspect of Québec culture that you have checked off? For those elements listed, but not pictured in the montage, find basic information on the Internet or in a reference book. You may wish to visit MyFrenchLab for this chapter, select Student Resources and click on Web Links to find information. How do these major aspects of Québec culture compare to important aspects of the culture where you live?

_____

_____

_____

_____

OBSERVONS

3-53 Un peu d'histoire. You may already have completed the **Observons** activity in the **Venez chez nous !** lesson of this chapter. If not, you will find it helpful to go back and complete that activity before moving on to the questions below.

A. Avant d'écouter. Watch this clip, in which Marie consults with a professor, without sound. Even without any verbal cues, how can you tell that this professor is a specialist on Canada and Québec?

_____

_____

B. En regardant. As you watch again with sound, notice some of the characteristics of the language that the two people use, and answer the following questions.

1. Do Marie and Marie-Julie use **tu** or **vous** in talking with each other? How might you explain this?

_____

_____

2. Does Marie-Julie use any expressions that are typical of Canadian usage? For examples, see activity 3–37 in the **Venez chez nous !** lesson of your textbook, entitled **Une langue bien de chez nous.**

_____

_____

C. Après avoir regardé. Which major historical figures in Québec's history are mentioned in this conversation? Select one person who is of particular interest to you and learn more about him. Find out when he lived and comment in a couple of sentences on his historical significance. You may visit MyFrenchLab for this chapter, select Student Resources, and click on Web Links for helpful links.

_____

_____

_____

Chapitre 4

Métro, boulot, dodo

Workbook

Leçon 1   *La routine de la journée*

POINTS DE DÉPART

4-1 Cherchez l'erreur ! Help Chris correct the errors in his composition by rewriting the text. The first mistake has been corrected for you.

            se lever

    Demain, Françoise va ^ ~~se coucher~~ à six heures du matin pour aller à son bureau. Elle va d'abord s'essuyer et ensuite prendre sa douche. Après sa douche, elle va se laver les cheveux. Puis, elle va se déshabiller. Ensuite, elle va manger un peu. Finalement, elle va s'essuyer les dents avant d'aller au travail.

4-2 Les articles de toilette. Which object or objects are associated with each expression?

MODÈLE   pour se coiffer : *un peigne*

  1. pour se maquiller :   _____

  2. pour se brosser les dents :   _____

  3. pour se laver :   _____

  4. pour se raser :   _____

  5. pour s'essuyer :   _____

  6. pour se laver les cheveux :   _____

FORMES ET FONCTIONS

1. Les verbes pronominaux et les pronoms réfléchis

4-3 Un matin chez les Jourdain. Imagine a typical morning at the Jourdains' house with their three-year-old daughter, Émilie, and her baby brother Denis. Complete the sentences with one of the following verbs.

| se coucher | s'endormir | s'habiller | se lever |
| se doucher | s'endormir de nouveau | se laver | se réveiller |

MODÈLE   à 4 h 00 : Denis *se réveille pour manger.*

1. à 4 h 05 : M. et Mme Jourdain _____

2. à 4 h 15 : M. Jourdain _____

3. à 7 h 30 : Émilie _____

4. à 8 h 30 : M. Jourdain _____

5. à 10 h : Mme Jourdain _____

6. à 12 h 30 : Émilie et Denis _____

4-4 La routine matinale. Describe your morning routine and the morning routine of someone you live with, for example, a roommate, a spouse, a sibling, or a parent.

MODÈLE   *Mon colocataire se lève tôt le matin. D'abord il se rase et se brosse les dents. Puis il… Moi, je me réveille tard et je…*

_____

_____

_____

_____

4-5 Le baby-sitting. You are babysitting three very energetic little girls: Moyenda, Émilie, and Paméla. Tell them what they should and should not do in the following situations.

MODÈLE   Émilie et Paméla ont les mains très sales.
Lavez-vous les mains !

Moyenda ne veut pas rester au lit.
Ne te lève pas ! Reste au lit !

1. Paméla et Émilie ont les cheveux en désordre.

_____

2. Moyenda joue avec le maquillage de sa mère.

_____

3. Émilie commence à enlever (*take off*) son jean et son tee-shirt.

_____

4. Émilie et Paméla mangent des bonbons (*candy*) et ont la figure assez sale (*dirty*).

_____

5. Paméla a de la gomme dans les cheveux.

_____

6. Vous donnez une serviette de bain à Émilie, Moyenda et Paméla qui sortent de la douche.

_____

7. Les trois filles se disent « Bonne nuit ».

_____

2. Les adverbes : intensité, quantité, fréquence

4-6 Les habitudes. Describe the following people's habits.

MODÈLE   vous : se brosser les dents
Je me brosse souvent les dents.

1. vous : se coucher tard _____

2. votre meilleur/e ami/e : se lever _____

3. votre mère : se maquiller _____

4. vous : se laver les cheveux _____

5. votre ami/e et vous : se coiffer _____

6. votre prof de français : arriver à l'heure (*on time*) _____

4-7 Combien ? Tell how much of the things given each of the following people has.

MODÈLE   Wayne Gretzky / des bâtons de hockey
Il a beaucoup de bâtons de hockey.

1. Shania Twain / des CD _____

2. vous / des devoirs _____

3. votre colocataire / des problèmes _____

4. vous / de l'argent _____

5. vos parents / du travail _____

6. Céline Dion / des prix _____

ÉCRIVONS

4-8 L'amitié. Write a description of one of your friends.

A. Avant d'écrire. To begin, complete these activities.

1. Make a list of three or four adjectives, in French, that describe your friend's appearance.
   (for example: *jolie, grande…*)

2. Make a list of three or four adjectives, in French, that describe your friend's character.
   (for example: *énergique, sportive, sympa…*)

3. Make a list of four or five activities that your friend enjoys.
   (for example: *jouer au tennis, nager, danser, se coucher tard…*)

4. Indicate how often or how well your friend carries out each of the activities mentioned in #3 by supplying an adverb for each verb.
   (for example: *jouer **souvent** au tennis, nager **bien**, danser **beaucoup**…*)

B. En écrivant. Write two brief paragraphs describing your friend. In the first, introduce your friend and describe his or her appearance and character. In the second, talk about your friend's activities.

MODÈLE   *Ma meilleure amie à l'université s'appelle Julie. Elle est blonde, assez mince et très grande. Elle est jolie. Julie est énergique, sportive et très sympa.*

Nous jouons souvent au tennis ensemble. Julie nage bien aussi. Elle adore danser et elle danse beaucoup. Elle va souvent aux fêtes…

C. Après avoir écrit. Reread your paragraphs to make sure that you have included a description of your friend's appearance and character as well as of the activities that he or she enjoys. Look at the adverbs you have used and make sure that each follows the conjugated verb. Have you used a variety of adverbs? If not, change a few to make your paragraphs more interesting.

Leçon 2 À quelle heure ?

POINTS DE DÉPART

4-9 À quelle heure ? Look at the TV guide for SRC to find out when the shows below begin. Write the time using the 24-hour clock and conventional time as shown in the model.

MODÈLE Le téléjournal : *23 h 00* OU *onze heures du soir*

1. La loi et l'ordre :

_____

2. Ricardo :

_____

3. Matin express :

_____

4. La fureur :

_____

5. Smallville :

_____

6. Virginie :

_____

◄SRC► JEUDI 11 AVRIL

09 h 00	Matin express
11 h 00	Ricardo

12

12 h 30	Série. La loi et l'ordre
15 h 30	Film. Comédie. Trois hommes et une jeune demoiselle
17 h 00	La fureur
17 h 30	Série. Aventure. Smallville

20

20 h 00	Série. Virginie
22 h 30	Série. Fantastique. Mutant X
23 h 00	Le téléjournal
00 h 00	Série. Policière. Magnum P.I.

4-10 La routine. At what time do you usually (**d'habitude**) do the following things?

MODÈLE se réveiller : *D'habitude, je me réveille vers huit heures moins le quart.*

1. se réveiller : _____

2. se lever : _____

3. manger le matin : _____

4. aller à l'université : _____

5. avoir votre cours de français : _____

6. rentrer chez vous : _____

7. terminer vos devoirs : _____

8. se coucher : _____

FORMES ET FONCTIONS

1. Les verbes en -ir comme dormir, sortir, partir

4-11 Les vacances. Use the correct form of the verbs **dormir**, **partir**, **servir**, and **sortir** to complete these sentences describing things that happen during a vacation.

MODÈLE   Nous *partons*   demain à 8 h 15.

1. En juillet, nous _____ pour St. Pierre.

2. Le train pour l'aéroport _____ à 7 h 30.

3. Mes parents _____ dans un hôtel de luxe pendant les vacances.

4. Nous les enfants, on _____ sous une tente dans un terrain de camping.

5. Je _____ de la piscine en pleine forme.

6. En vacances, tu _____ tous les soirs dans de bons restaurants ?

7. Dans ce restaurant, on _____ du poulet avec une bonne sauce.

4-12 Les vacances de rêve. Imagine that you are spending your dream vacation on a tropical island with friends. Describe your activities using the verbs **dormir**, **partir**, **servir**, and **sortir**.

Ce sont les vacances et je pars à la Martinique avec… _____

_____

_____

_____

_____

_____

2. *Le comparatif et le superlatif des adverbes*

4-13 Nuances. Compare how the following people do the indicated activities.

MODÈLE   danser énergiquement : Natalie MacMaster et la famille Rankin
   Natalie MacMaster danse plus énergiquement que la famille Rankin.
   OU   *La famille Rankin danse moins énergiquement que Natalie MacMaster.*

1. chanter bien : Michael Bublé et Bryan Adams

   _____

2. jouer bien au ballon-panier : Steve Nash et Vince Carter

   _____

3. sortir souvent : vous et votre prof de français

   _____

4. se coucher tard : vous et vos parents

   _____

5. manger souvent : vous et votre sœur/frère

   _____

6. nager bien : vous et votre meilleur/e ami/e

   _____

7. parler souvent français : vous et votre prof de français

   _____

8. regarder souvent la télé : vous et votre colocataire

   _____

4-14 J'en ai plus ! Decide who has more or less of the things indicated.

MODÈLE   Vous / votre prof d'histoire : livres
   Mon prof d'histoire a plus de livres que moi.
   OU   *J'ai moins de livres que mon prof d'histoire.*

1. vous / Bill Gates : argent _____

2. vous / Martha Stewart : problèmes _____

3. vous / votre prof de français : travail _____

4. vous / votre prof de français : stress _____

5. vous / votre mère : amis _____

6. vous / vos parents : temps libre (*free time*) _____

4-15 Champions ou pas ? Who among your friends, family members, and acquaintances is the champion (best or worst) in the following categories?

MODÈLE   faire du jogging [souvent]
          Ma copine, Anne, fait du jogging le plus souvent.
          Mon père fait du jogging le moins souvent.

1. sortir [souvent]

   _____

   _____

2. se coucher [tôt / tard]

   _____

   _____

3. se lever [tôt / tard]

   _____

   _____

4. dormir [plus / moins]

   _____

   _____

5. se maquiller [plus / moins]

   _____

   _____

6. faire la cuisine [mieux]

   _____

   _____

7. parler français [mieux] ou [souvent]

   _____

   _____

8. partir pour l'université [tôt / tard]

   _____

   _____

ÉCRIVONS

4-16 Dans la résidence universitaire. Whether you are living in a dorm or in an off-campus apartment, your routine must be different from when you lived at home. Write an e-mail to a member of your family explaining your new routine.

A. Avant d'écrire. To begin, complete the following activities.

1. Make a list of the activities that are part of your daily routine.
   (for example: *se lever, manger avec Christine, partir pour l'université, cours de chimie…*)

2. Indicate the time when you do each activity.
   (for example: *se lever à 9 h, manger vers* [around] *9 h 45, partir pour l'université à 10 h, cours de chimie à 10 h 10…*)

3. Look over your list of activities and add some detail by using adverbs and making comparisons.
   (for example: *se lever **généralement** à 9 h, je me lève **plus tard que** ma colocataire Linda, je marche **rapidement** pour aller à l'université parce que mes cours commencent à 10 h 10…*)

B. En écrivant. Compose your e-mail. Use words like **d'abord** (*first*), **après** (*after*), **ensuite** (*next*), and **puis** (*then*) to indicate the sequence of activities that make up your daily routine.

MODÈLE   *Chère Maman,*

Tu vas être surprise. Ma routine ici est très différente. Maintenant, je me lève généralement à neuf heures parce que j'ai mon premier cours à dix heures dix ce semestre. Je me lève plus tard que ma colocataire Linda. Elle a cours à huit heures ! D'abord je prends une douche et ensuite je mange un peu vers dix heures moins le quart. Souvent, je mange avec Christine. Ensuite… Quand je me couche vers minuit, je suis vraiment fatiguée.

Je t'embrasse,
Nicole

C. Après avoir écrit. Reread your letter and make sure that you have talked about all the activities that you listed in Ex. A. Did you use any reflexive verbs in your e-mail? If so, double-check the form and placement of the reflexive pronouns. If someone in your family reads French, consider actually sending your e-mail.

Leçon 3 Qu'est-ce qu'on met ?

POINTS DE DÉPART

4-17 Qu'est-ce que c'est... ? Identify the clothing worn by these people.

1. _____

2. _____

3. _____

4. _____

5. _____

6. _____

7. _____

MODÈLE   _des chaussures à talon_

4-18 Les gens et les vêtements. Based on the following descriptions, suggest what the following people usually wear.

MODÈLE   une jeune fille de 17 ans, sociable et sympa : _un jean, un tee-shirt et des sandales_

1. une jeune fille de 9 ans, énergique et sportive : _____

2. un jeune homme de 24 ans, individualiste et drôle : _____

3. une femme de 35 ans, élégante et sérieuse : _____

4. un homme de 40 ans, travailleur et ambitieux : _____

4-19 Les couleurs et les fêtes. Which colours do you associate with the following holidays?

MODÈLE   le 25 décembre
          le rouge et le vert

1. le 14 février _____

2. le 17 mars _____

3. Pâques _____

4. le 31 octobre _____

5. la fête nationale du Canada _____

FORMES ET FONCTIONS

1. *Le verbe* mettre

4-20 Habillons-nous ! Tell what people normally wear to do the following activities.

MODÈLE   Pour faire du bricolage, je *mets un jean, un tee-shirt large et des souliers de course.*

1. Pour jouer, les enfants _____

2. Pour nager à la piscine, nous _____

3. Pour aller à une fête, vous _____

4. Pour aller à l'église, tu _____

5. Pour sortir le soir, je _____

6. Pour faire du jardinage, ma mère _____

7. Pour chercher du travail, on _____

4-21 Votre style personnel. Using the verb **mettre**, describe your personal clothing style and compare it to the style of a friend or family member.

MODÈLE   *Je ne suis pas très chic. Pour aller en classe, je mets souvent un jean ou un pantalon avec un tee-shirt ou un polo. La fin de semaine, je mets un short et un tee-shirt large. Ma copine est beaucoup plus chic que moi. Elle met toujours un pantalon à la mode avec un joli chemisier. Souvent, elle met aussi un foulard multicolore. Ses copines mettent souvent…*

_____

_____

_____

_____

_____

2. *L'adjectif démonstratif*

4-22 Des photos de famille. Isabelle et Sophie regardent un album de photos. Complétez leur conversation avec la forme appropriée de l'adjectif démonstratif. La première phrase a été complétée pour vous comme modèle.

SOPHIE :   Regarde _cette_ photo. Vous êtes si élégants. C'est qui ?

ISABELLE :   (1) _____ femme, c'est ma sœur Anne. C'est le jour de son mariage.

             Et (2) _____ homme en tuxedo, c'est mon beau-frère.

SOPHIE :   Et (3) _____ deux petites filles adorables ?

ISABELLE :   Ce sont mes nièces et (4) _____ grand garçon, c'est leur frère, mon neveu Antoine.

SOPHIE :   Et (5) _____ photo, c'est toute la famille devant l'église ?

ISABELLE :   Oui, et (6) _____ monsieur, c'est le maire du village. C'est un ami de mes parents.

SOPHIE :   Oh, regarde (7) _____ photos sur (8) _____ page. C'est quoi ?

ISABELLE :   (9) _____ bâtiment, c'est la salle de fêtes de Rimouski. C'est l'endroit où nous avons

               fêté le mariage. Et nous avons pique-niqué dans (10) _____ beau parc, le jour suivant.

               Mais regarde (11) _____ image, c'est ma préférée. C'est la fête de ma fille Cécile ;

               on avait un grand gâteau, et tous les cousins étaient là. (12) _____ fête, c'était

               vraiment super.

4-23 Une surprise.
Avec vos camarades de classe, vous préparez une surprise pour la fête de votre prof de français. Votre colocataire est surpris/e de voir les objets que vous avez mis dans votre sac à dos. Expliquez-lui pourquoi vous avez chaque objet.

MODÈLE   un bouquet de fleurs
             Ce bouquet, c'est pour offrir au professeur.
   OU   *Ce bouquet, c'est pour mettre sur la table.*

1. un gâteau _____

2. des bougies _____

3. un CD de musique québécoise _____

4. un DVD d'un film français _____

5. une affiche de Montréal _____

6. une carte de vœux _____

7. un cadeau _____

8. du chocolat _____

3. *Le comparatif et le superlatif des adjectifs*

4-24 Faisons du shopping !
Compare the following stores and brands of clothes. (*Le Printemps* is a large department store like The Bay, *Monoprix* is similar to Sears, and *Carrefour* is similar to Wal-Mart.)

MODÈLE   les robes de Zellers / les robes de Wal-Mart / cher
             Les robes de Zellers sont aussi chères que les robes de Wal-Mart.

1. les jeans de Banana Republic / les jeans de Old Navy / bon

_____

2. les manteaux de Monoprix / les manteaux du Printemps / cher

_____

3. les chaussures du Printemps / les chaussures de Carrefour / à la mode

_____

4. les costumes de chez Christian Dior / les costumes de The Bay / cher

_____

5. les chemisiers de Holt Renfrew / les chemisiers de Sears / chic

_____

6. les vestes en laine / les vestes en coton / bon

_____

4-25 Comparaisons. Write two or three sentences comparing each group of two people.

MODÈLE deux personnes dans votre famille
Ma sœur est plus petite que mon père. Bien sûr, mon père est plus âgé qu'elle et il est plus sportif qu'elle. Mais ma sœur est la meilleure chanteuse.

1. deux personnes dans votre famille

_____

_____

2. deux de vos professeurs

_____

_____

3. deux de vos camarades de classe

_____

_____

4-26 Qu'est-ce que vous pensez ? Who is the most . . . or the least . . . ?

MODÈLE vous / votre prof de français / le Premier Ministre du Canada   [+ riche]
Le Premier Ministre du Canada est le plus riche.

1. vous / votre père / votre colocataire   [+ grand]

_____

2. la reine (*queen*) d'Angleterre / votre mère / Catherine Zeta-Jones   [+ élégant]

_____

3. vous / votre mère / votre grand-mère   [– conformiste]

_____

4. vous / votre grand-père / votre prof de français   [– sportif]

_____

5. votre meilleur/e ami/e / votre sœur / vous   [+ sociable]

_____

ÉCRIVONS

4-27 Madame Mode. Imagine that you are an intern for the great fashion columnist, Madame Mode. She has asked you to respond to some of her mail.

A. Avant d'écrire

1. Look at the letter from « **Jeune femme désespérée au Québec** » and Madame Mode's response. What is the problem? What does Madame Mode suggest? Do you have any suggestions yourself for solving this young woman's problem?

2. Now, look at the other three letters. Choose the most interesting letter and come up with at least three possible solutions.

3. Choose the best solution.

Chère Madame Mode,

Je pars en vacances avec un groupe d'amis. Nous allons passer dix jours au Maroc. Je veux m'habiller en shorts et en tee-shirts mais un de mes amis dit que ce n'est pas une bonne idée pour le Maroc et que je dois m'habiller plus correctement. C'est très important pour moi d'avoir des vêtements confortables et pratiques. Qu'est-ce que je pourrais faire ?
—**Voyageur troublé**

Chère Madame Mode,

Aidez-moi. Ma sœur va se marier l'été prochain. Je suis demoiselle d'honneur et je dois porter une robe vraiment horrible. Elle est orange et noire. Je suis rousse et l'orange ne me va pas du tout.
Avez-vous des suggestions pour moi ?
— *Jeune femme désespérée au Québec*

Chère Désespérée,
Pas de panique ! Les robes de demoiselles d'honneur sont rarement très jolies. Pour la cérémonie à l'église vous n'avez pas le choix. Mais pour la soirée, je vous suggère d'acheter une jolie veste noire très élégante. Vous pouvez porter la veste avec des perles. Vous serez plus belle que la mariée.
Bon courage !
P.S. Quand vous vous mariez, choisissez une robe verte et violette pour votre sœur !

Chère Madame Mode,

Je vais terminer mes études en communication dans six mois et je commence à chercher un bon poste pour l'avenir. À la fac, je m'habille toujours en jean. En fait, j'adore les vêtements décontractés (*casual*). Je n'ai pas beaucoup d'argent, mais ma mère me dit d'acheter des vêtements plus élégants pour passer les entretiens (*interviews*). Qu'est-ce que vous en pensez ?
—**Inquiète de son avenir**

Chère Madame Mode,

Mon père va se remarier le mois prochain à la Martinique. Nous sommes tous invités au mariage et nous allons passer quatre jours ensemble dans un hôtel de luxe. Je voudrais être élégante mais pas trop chic et je n'ai pas beaucoup d'argent pour acheter de nouveaux vêtements. Avez-vous des suggestions pour moi ?
—**Suzanne S. de Lille**

B. En écrivant. Now, draft a response for Madame Mode. Use her response to **Jeune femme désespérée au Québec** as a model.

C. Après avoir écrit. Reread your letter and make sure that you have carefully presented a solution. If there is something you need to add or to eliminate, make the necessary changes. Next, look at your revised draft with an eye to grammatical accuracy. Do all the verbs agree with their subjects? Do the adjectives agree in number and gender with the nouns they modify? Have you included all the necessary accents?

LISONS

4-28 Poème d'un Africain pour son frère blanc

A. Avant de lire. The text you will read below is a anonymous poem written in Africa and entitled **Poème d'un Africain pour son frère blanc**. In the poem, you will see several different tenses of the verb **être**: **étais** is in the imperfect and means *was* and **serai/seras** in the future tense means *will be*. Before reading, complete the following activities.

1. Based on the title, what do you think the poem will be about? _____
   _____

2. What colours, if any, do you associate with the following states?
   a. newborn baby: _____
   b. getting too much sun: _____
   c. being cold: _____
   d. being afraid: _____
   e. being sick: _____
   f. dying: _____

B. En lisant. As you read, look for and supply the following information.

1. The poem sets up a contrast between the colours associated with **un Africain** and his **frère blanc** at different stages of their lives and different states of being. Fill in the chart below with these colours.

	Un Africain	Son frère blanc
at birth		
growing up		
in the sun		
cold		
afraid		
sick		
at death		

2. What point does the poet make in the last line?

_____

Poème d'un Africain pour son frère blanc

Cher frère blanc
Quand je suis né° j'étais noir.   *was born*
Quand j'ai grandi° j'étais noir.   *grew up*
Quand je vais au soleil° je suis noir.   *sun*
Quand j'ai peur° je suis noir.   *am afraid*
Quand je suis malade je suis noir.
Quand je mourrai° je serai noir.   *will die*
Tandis que toi homme blanc,
Quand tu es né tu étais rose.
Quand tu as grandi tu étais blanc.
Quand tu vas au soleil tu es rouge.
Quand tu as froid tu es bleu.
Quand tu as peur tu es vert.
Quand tu es malade tu es jaune.
Quand tu mourras tu seras gris.
Et après cela tu as le toupet° de   *audacity*
m'appeler « homme de couleur ».

C. Après avoir lu. Complete the following activities.

1. What do you think of the poet's assessment of who should be called **un homme de couleur**? Do you find any humour in the poem? What other emotions do you experience in reading this poem?

2. As you can see from the poem, we use colours metaphorically to describe many different states of being and events. Can you think of any other associations we make with colours? List two or three colours and write down the emotions and/or events you associate with them in your culture.

Venez chez nous !   La vie de tous les jours à travers le monde francophone

4-29   Où s'habiller ? If you were to live in European Francophone countries, where could you go shopping for clothes? First, to learn more about clothing stores in Europe, you can search the Internet or visit MyFrenchLab for links to interesting Websites. Then find the appropriate shop matching the following description or the targeted customers.

_____ 1. Pour les sportifs

_____ 2. Un magasin avec des petits prix pour toute la famille

_____ 3. Un magasin pour les enfants de 2 à 14 ans

_____ 4. Pour les jeunes femmes cherchant un look citadin ou décontracté (*casual*)

_____ 5. La mode pour les hommes jeunes

_____ 6. Un magasin de chaussures et d'accessoires

a. Okaïdi

b. Promod

c. Jules

d. André

e. Decathlon

f. Kiabi

4-30   La vie quotidienne dans un village africain. What is life like in an African village in Senegal? Consult MyFrenchLab for useful links (select Student Resources, and click on Web Links), and select the appropriate answer to each of the following questions.

1. **Les repas :**

   a. The Sunday meal is an important occasion for the whole family.

   b. One of the regular ingredients used during the week is chicken.

2. **Les vêtements :**

   a. Men like to wear colorful articles of clothing.

   b. People only wear the traditional articles of clothing.

3. **L'habitat :**

   a. In villages, most people prefer to live in the traditional huts rather than brick houses.

   b. Even in the city, few people can afford a brick house due to low wages.

4. **La toilette :**

   a. In villages and sometimes even in cities, people get their water from a well.

   b. Most people take a bath in the many rivers existing in Senegal.

5. **Les transports :**

   a. People travel thanks to a community car owned by the head of the village.

   b. People travel thanks to buggies drawn by horses or *taxi brousse*.

6. **La religion :**

   a. Most Senegalese are Muslims.

   b. Most Senegalese are Catholics.

4-31 La haute couture. Visit the Website of a designer or fashion house of your choice, for example: Yves St. Laurent, Chanel, Christian LaCroix, Cerruti, Givenchy, Jean Paul Gauthier, Sonia Rykiel… (First, visit MyFrenchLab for this chapter, select Student Resources, and click on Web Links to find helpful links.) From the Website, choose one or two items from a recent collection and see if you can print them out. On a separate sheet of paper, write a description of the clothes. Also include the address of the Website where you got the information and the date and place where you could see a fashion show of this designer's next collection.

Pour aller plus loin : To learn more about fashion in the francophone world, visit MyFrenchLab for this chapter, select Student Resources, and click on Web Links.

Lab Manual

Leçon 1 *La routine de la journée*

POINTS DE DÉPART

4-32 La routine d'Étienne. Listen as Étienne describes his daily routine. Indicate the order in which he performs the activities listed below by filling in the numbered spaces. Some verbs may be used more than once. Number one has been completed for you as an example.

aller au travail, se brosser les dents, se coiffer, se coucher, se déshabiller, se doucher, s'endormir, s'essuyer, s'habiller, manger, se raser, regarder la télé, se réveiller.

1. _____*se réveiller*_____   9. _____

2. _____   10. _____

3. _____   11. _____

4. _____   12. _____

5. _____   13. _____

6. _____   14. _____

7. _____   15. _____

8. _____

4-33 Avec quoi ? Lise's younger brother is very curious about their morning routine at their house. Answer his questions by selecting the most logical item.

MODÈLE   You hear: Avec quoi Papa se rase ?
              You select: un gant de toilette   <u>un rasoir</u>

1.	du shampooing	du dentifrice	4.	du maquillage	du savon
2.	un gant de toilette	une serviette	5.	un gant de toilette	du dentifrice
3.	une brosse à dents	un peigne	6.	du savon	un peigne

SONS ET LETTRES

La voyelle /y/

4-34 /y/ ou /u/ ? Listen as each pair of words is read. Then listen again as only one of each pair is read. Select the word you hear the second time.

MODÈLE   You hear: du   doux
              You hear: du
              You select: <u>du</u>   doux

1.	bu	boue	5.	vu	vous
2.	lu	loup	6.	rue	roue
3.	dessus	dessous	7.	su	sous
4.	remue	remous	8.	pu	pou

4-35 Répétez. Repeat the following phrases. Be sure to round your lips for the pronunciation of the letter **u**.

1. Bien sûr !

2. Tu fumes (*smoke*) ?

3. Muriel est brune.

4. Luc aime la sculpture.

5. Elle étudie la musique ?

FORMES ET FONCTIONS

1. Les verbes pronominaux et les pronoms réfléchis

4-36 Logique ou illogique. Sarah is babysitting her niece and has invented a game to entertain her. Her niece must decide if the sentences she hears are logical or not. Play the game yourself, selecting **logique** if the statement you hear is logical, or **illogique** if it is illogical.

MODÈLE   You hear: Je me couche, puis je me coiffe.
           You select: logique   <u>illogique</u>

1.   logique   illogique

2.   logique   illogique

3.   logique   illogique

4.   logique   illogique

5.   logique   illogique

6.   logique   illogique

4-37 En visite chez tante Régine. Alexandre and Corinne will be spending the weekend with their aunt Régine. Listen as their aunt speaks with Alexandre on the phone about their early-morning routine and complete their sentences with the subject and verb forms that you hear. The first sentence has been completed for you as an example.

ALEXANDRE : Est-ce que _tu te lèves_ tôt, tante Régine ?

RÉGINE :   En semaine oui, mais pas le week-end. (1) _____ vers 10 h 00.
             Et vous, vous dormez facilement ?

ALEXANDRE : Oh oui, (2) _____ et (3) _____
             tout de suite.

RÉGINE :   Est-ce que (4) _____ avant de prendre votre petit déjeuner
             ou après ?

ALEXANDRE : Moi, (5) _____ avant le petit déjeuner mais Corinne,

             (6) _____ après.

RÉGINE :   D'accord. Bon alors, à ce week-end !

ALEXANDRE : Oui, à bientôt.

2. Les adverbes : intensité, quantité, fréquence

4-38 Intensité ou fréquence. Listen as Renaud describes his sister Céline's daily routine. In the chart below, select **intensité** if Renaud is telling how much she does certain things or **fréquence** if he is indicating how often she does them. Number one has been completed for you as an example.

	Intensité	Fréquence
1.		✓
2.		
3.		
4.		
5.		
6.		

4-39 Le vaniteux. Listen as Clément introduces himself to his new schoolmates. Complete his sentences with the correct adverb of intensity, frequency, or quantity that you hear. Number one has been completed for you as an example.

J'ai _____*beaucoup de*_____ jeux à la maison. Je joue (1) _____ le soir et

(2) _____ le matin. J'ai (3) _____ devoirs, alors j'ai

(4) _____ temps pour jouer. Mon père a (5) _____

argent pour acheter tous les nouveaux jeux. Je (6) _____ ai

_____ frère et ma sœur est à la fac, alors mes parents s'occupent

(7) _____ de moi. Ma grand-mère pense que mes parents achètent

(8) _____ choses inutiles pour moi.

Mise en pratique

4-40 Les commérages de Lucette

A. Avant d'écouter. Do you live in an apartment or in a dorm? What kind of things are you likely to know about your neighbours in these settings?

B. En écoutant. Lucette lives in a Parisian apartment building and is very nosy. Listen as she describes her neighbours' habits to her friend Jacqueline.

1. As you listen the first time, write down one distinctive habit of each tenant in the first column of the chart below.

2. As you listen again, write down one adjective that characterizes each tenant in the second column of the chart.

Some information has been provided for you as an example.

	Routine	**Caractéristique**
M. Barrot	il ne se rase jamais	
Mme Clémence		
Les enfants Millet	–	
	–	
Les Martin		secrets
M. Roussin		
Son fils Sylvain		

C. Après avoir écouté. Imagine that you are one of Lucette's neighbours. What do you do every day that she could gossip about?

Tous les matins, je _____

_____

_____

_____

_____

Leçon 2 À quelle heure ?

POINTS DE DÉPART

4-41 Les rendez-vous. Sylvie works as a secretary and schedules appointments for her boss. Listen as she summarizes the day's appointments, and fill out the chart below with the scheduled time for each activity. The first column has been completed for you as an example.

Déjeuner	M. Klein	Appel du comptable	M. Rolland	Dîner	Présentation	Train
12 h 30						

4-42 Quelle heure est-il ? Listen to the following times and select **officielle** if the speaker gives the official time or **non-officielle** if the speaker gives the time in an informal manner.

MODÈLE   You hear: Il est 14 h 30.
          You select: <u>officielle</u>   non-officielle

1.   officielle   non-officielle
2.   officielle   non-officielle
3.   officielle   non-officielle
4.   officielle   non-officielle
5.   officielle   non-officielle
6.   officielle   non-officielle

FORMES ET FONCTIONS

1. *Les verbes en* -ir *comme* dormir, sortir, partir

4-43 Combien ? Rachid is waiting for his friend in a café and overhears parts of people's conversations. For each sentence that he hears, select **1** if the subject of the sentence is one person and **1+** if it is more than one person. Remember that in the plural forms of these verbs, you can hear a final consonant at the end.

MODÈLE   You hear: Il part tôt le matin.
                    You select: <u>1</u>   1+

1.   1   1+

2.   1   1+

3.   1   1+

4.   1   1+

5.   1   1+

6.   1   1+

7.   1   1+

8.   1   1+

4-44 Projets de groupe. Adeline is describing a typical weekend for herself and her family. For each of her statements, select the infinitive form of the verb that you hear.

MODÈLE   You hear: Samedi soir, je sors avec les amis de mon frère.
                    You select: dormir   partir   servir   <u>sortir</u>

1.   dormir   partir   servir   sortir

2.   dormir   partir   servir   sortir

3.   dormir   partir   servir   sortir

4.   dormir   partir   servir   sortir

5.   dormir   partir   servir   sortir

6.   dormir   partir   servir   sortir

2. Le comparatif et le superlatif des adverbes

4-45 Comparaisons. Christine is comparing her friends. Listen to each of her statements and then select the sentence that has the same meaning.

MODÈLE You hear: Pierre a trois stylos et Aline a deux stylos.
You see: **a.** Pierre a plus de stylos qu'Aline.
              b. Pierre a moins de stylos qu'Aline.
You select: **a.**

1. **a.** Marie se lève moins tard que Robert.

   b. Marie se lève plus tard que Robert.

2. **a.** Nadège joue mieux au volley que sa sœur.

   b. Nadège joue aussi bien au volley que sa sœur.

3. **a.** Charlotte va plus souvent au cinéma que moi.

   b. Charlotte va moins souvent au cinéma que moi.

4. **a.** Frédéric a moins de travail que Raoul.

   b. Frédéric a autant de travail que Raoul.

5. **a.** Sabine se maquille moins rarement qu'Angèle.

   b. Sabine se maquille plus rarement qu'Angèle.

4-46 Je te rassure. Fabrice lacks self-confidence. His friend Rémi tries to reassure him by telling him that he is the best at everything. Complete what Rémi says by selecting the appropriate ending.

MODÈLE You hear: —Je danse moins bien que ma sœur.
                         —Mais non ! Toi, tu danses…
You select: <u>le mieux</u>   le plus

1.   le plus souvent   le moins souvent

2.   le plus d'amis   le moins d'amis

3.   le plus d'argent   le moins d'argent

4.   le mieux   le moins bien

5.   le plus   le moins

6.   le moins de devoirs   le plus de devoirs

Mise en pratique

4-47 Des messages

A. Avant d'écouter. Imagine that you are staying at your French friend's place and he has asked you to check his answering machine messages. Before you listen, think about what kind of information his messages are likely to include.

B. En écoutant.

1. Listen to the messages and, for each one, write down who called in the space labelled **Appel de**.

2. Listen a second time and write down the purpose of the call in the space labelled **Message**.

3. Listen a third time and write down any important details such as phone number, time, meeting place, etc. in the space labelled **À noter**.

Remember, we often listen to messages more than once, even in our native language, particularly when trying to record precise information such as a telephone number. Some information has been filled in as an example.

PENDANT VOTRE ABSENCE

Appel de _ton frère_

Message _le train arrive à_ _____

_____

_____

_____

À noter _appeler au bureau :_ _____

_____

_____

PENDANT VOTRE ABSENCE

Appel de _____

Message _____

_____

_____

_____

À noter _____

_____

_____

PENDANT VOTRE ABSENCE

Appel de _____

Message _____

_____

_____

À noter _____

_____

PENDANT VOTRE ABSENCE

Appel de _____

Message _____

_____

_____

À noter _____

_____

C. Après avoir écouté.

1. Which messages are from close friends and which are from more casual or formal acquaintances? How do you know?

2. If these messages had been left for you, which activity would you most like and why? Write a few sentences below, explaining your preference.

Je préfère _____

_____ *parce que* _____

_____

_____

_____

_____

_____

Leçon 3 *Qu'est-ce qu'on met ?*

POINTS DE DÉPART

4-48 Un cadeau. Madame Capus is deciding what to buy her daughter for her birthday. Write the letter corresponding to each item she considers by the correct number below. Number one has been completed for you as an example.

1. __*d*__   3. _____   5. _____   7. _____

2. _____   4. _____   6. _____   8. _____

4-49 Conseils inattendus. Hervé and Anne's grandmother likes to give advice about what they should wear but she is not always right. For each of her suggestions, select **logique** if her advice is logical and **illogique** if it is illogical.

MODÈLE   You hear: Anne, mets ton short si tu vas nager.
           You select: logique   <u>illogique</u>

1.	logique	illogique	5.	logique	illogique
2.	logique	illogique	6.	logique	illogique
3.	logique	illogique	7.	logique	illogique
4.	logique	illogique	8.	logique	illogique

SONS ET LETTRES

Les voyelles /ø/ et /œ/

4-50 Lequel ? Listen and indicate whether the sound you hear is like the /ø/ in **bleu**, or like the /œ/ in **leur** by selecting the appropriate symbol.

MODÈLE   You hear: fam**eu**x
           You select: <u>/ø/</u>   /œ/

1.	/ø/	/œ/	3.	/ø/	/œ/	5.	/ø/	/œ/
2.	/ø/	/œ/	4.	/ø/	/œ/	6.	/ø/	/œ/

4-51 Répétez. Repeat the following phrases, taken from French poems and traditional songs. Pay careful attention to the sounds /ø/ and /œ/.

1. « Il pl**eu**re dans mon c**œu**r comme il pl**eu**t sur la ville. » (Paul Verlaine)

2. « Tirez-lui la qu**eue**. Il pondra des **œu**fs. » (Chanson enfantine)

3. « Mon enfant, ma s**œu**r songe à la douc**eu**r… » (Charles Baudelaire)

4. « … les charmes si mystéri**eu**x de tes traîtres y**eu**x… » (Charles Baudelaire)

FORMES ET FONCTIONS

1. *Le verbe* mettre

4-52 Qui parle ? Paul's wife is trying on clothes in a department store. Listen to what Paul overhears as he waits for his wife and select the form of the verb that you hear.

MODÈLE   You hear: Elle met trop longtemps !
           You select: <u>met</u>   mettent

1.	mettons	mettent		4.	met	mets
2.	met	mettent		5.	mettent	met
3.	mettent	mettez		6.	mets	met

4-53 Questions / Réponses. Shopping for your Christmas gifts, you overhear parts of other people's conversations. Write the number of each question or statement you hear next to the most appropriate response below. Number one has been completed for you as an example.

_____   **a.** Elle doit faire du 42 / 44.

_____   **b.** Ah non, j'ai déjà trop de vêtements dans mon sac.

_____   **c.** Mais maman ! Je regarde seulement !

___*1*__   **d.** Non ! Je ne veux pas. Il ne fait pas froid dehors !

_____   **e.** Non, pas beaucoup. Elle est un peu démodée.

_____   **f.** Oh, il met bien 45 minutes en voiture.

2. *L'adjectif démonstratif*

4-54 Soyons précis. Listen as Vincent and his sister Mélanie are talking about old family pictures. Select the correct form of the demonstrative adjective that you hear in each of their statements.

MODÈLE   Vous entendez :   Cette photo est très vieille.
           Vous choisissez :   ce   <u>cette</u>

1.	ce	ces		4.	ce	cet
2.	ce	ces		5.	ce	ces
3.	cet	cette		6.	cet	ces

4-55 Un petit désaccord. It's Florent's birthday party and his little brother is jealous. For each of Florent's statements, complete his brother's negative response.

MODÈLE   Vous entendez :   La montre est très jolie.
           Vous lisez :   _____ n'est pas jolie.
           Vous écrivez :   *Cette montre* n'est pas jolie.

1. _____ n'est pas pratique.

2. _____ n'est pas bon.

3. _____ n'est pas bien organisée.

4. _____ n'est pas intéressant.

5. _____ ne sont pas amusantes.

6. _____ n'est pas un beau cadeau.

3. Le comparatif et le superlatif des adjectifs

4-56 Entre frères et sœurs. Jean-Marc is comparing his siblings. Select **son frère** to indicate that his brother has more of the quality he mentions, or **sa sœur** to indicate that his sister has more. Select **les deux** to indicate that brother and sister are alike in the quality mentioned. Listen carefully!

| MODÈLE | You hear: | Mon frère est plus grand que ma sœur. |
| | You select: | <u>son frère</u>   sa sœur   les deux |

1. son frère   sa sœur   les deux

2. son frère   sa sœur   les deux

3. son frère   sa sœur   les deux

4. son frère   sa sœur   les deux

5. son frère   sa sœur   les deux

6. son frère   sa sœur   les deux

7. son frère   sa sœur   les deux

8. son frère   sa sœur   les deux

4-57 Au magasin. Patricia and Delphine are shopping for clothes at the department store **Le Printemps**. Listen as Patricia voices her opinions regarding Delphine's choices, and select the letter of the sentence that most logically completes her thoughts.

MODÈLE	You hear:	La jupe bleue est plus longue que la jupe rouge.
	You see:	**a.** C'est la plus longue.
		b. C'est la moins longue.
	You select:	<u>**a.**</u>

1. **a.** C'est le plus cher.   **b.** C'est le moins cher.

2. **a.** C'est la plus démodée.   **b.** C'est la plus à la mode.

3. **a.** Ce sont les plus petites.   **b.** Ce sont les moins petites.

4. **a.** C'est le moins large.   **b.** C'est le moins petit.

5. **a.** C'est la plus élégante.   **b.** C'est la moins élégante.

6. **a.** C'est la plus fine.   **b.** C'est la moins fine.

Mise en pratique

4-58 La Redoute, j'écoute

A. Avant d'écouter. If you were shopping from a clothing company's catalogue, what kind of information would you probably need to provide when you called to place an order?

B. En écoutant. Delphine has decided to order items from **La Redoute**'s catalogue. As you listen to the sales representative taking her order over the phone, complete the order form as follows:

1. The first time you listen, fill in the information about the customer: name, address, and phone number.

2. The second time you listen, list the items ordered by the customer, including the colours.

3. The third time you listen, indicate the size and the price of the items ordered.

Some information has been provided for you.

BON DE COMMANDE

Nom : _____

Adresse : _rue Laclos_ _____

_____

Téléphone : _____

Description de l'article	Couleur	Taille	Prix
un tee-shirt Adidas	bleu et blanc	38 / 40	6,40 euros

C. Après avoir écouté. Do you ever order clothes from a catalogue? What type of clothes do you order from a catalogue and what type of clothes do you buy from a store?

MODÈLE   *Je préfère acheter mes vêtements au magasin parce que j'aime comparer les couleurs.*

_____

_____

_____

_____

_____

Video Manual

4-59 La routine du matin. In this amusing clip, two sisters talk about their morning routine. Reorder the activities below to reflect their statements about habits. Be careful! You may not need to include every activity that is listed.

_____ Elles se brossent les dents.

_____ Elles se coiffent.

_____ Elles se disputent.

_____ Elles s'habillent.

_____ Elles se lèvent.

_____ Elles se maquillent.

_____ Elles prennent le petit-déjeuner.

___1___ Elles se réveillent.

_____ Elles vont au collège.

Listen again to check your answers. Is there anything that surprises you? Why or why not?

_____

_____

4-60 La mode. In this montage, you see the boutiques of a number of high fashion designers in Paris. How many do you recognize? Do you see any styles of clothing that you like? Which ones?

_____

_____

_____

_____

OBSERVONS

4-61 Mon style personnel. You may already have completed the **Observons** activity in the **Venez chez nous !** lesson of this chapter. If not, you will find it helpful to go back and complete that activity before moving on to the questions below.

A. Avant de regarder. What effect do climate and social context typically play in the choice of clothing? Think about this question as you watch two people talk about what they like to wear and demonstrate the ways in which they vary their wardrobe.

_____

_____

B. En regardant. As you watch, look for answers to the following questions.

1. How does Fadoua choose to represent her ethnic origin in the way she dresses?

_____

_____

2. Fadoua says that her tunic is inspired by a Morrocan garment called a **djellaba**; what are its main characteristics, as she describes them? Have you seen this garment before? If not, try to find a picture of one.

_____

_____

3. Marie-Julie describes the clothes she typically wears in three different contexts; list the contexts and the articles of clothing she names:

Context #1: _____ Clothing: _____

Context #2: _____ Clothing: _____

Context #3: _____ Clothing: _____

4. What article of clothing does she most enjoy personalizing? How would you describe her choices for this item of clothing?

_____

_____

C. Après avoir regardé. Now consider the following questions.

1. Ethnically-inspired garments are often fashionable. Provide some examples.

_____

_____

2. One element of Arab dress, **le voile**, or traditional women's headdress, has been quite controversial in France for some time. Do a little research to find out why. You may visit MyFrenchLab for this chapter and select Student Resources and then click on Web Links.

_____

_____

Chapitre

5

Workbook

Activités par tous les temps

Leçon **1**   *Il fait quel temps ?*

POINTS DE DÉPART

5-1 La météo. Regardez les images et indiquez la saison et le temps qu'il fait.

MODÈLE

C'est l'été. Il fait chaud et humide.

1. _____

2. _____

3. _____

4. _____

5. _____

5-2 On est bien habillé pour le temps qu'il fait. D'après les vêtements que ces personnes portent, dites quel temps il fait chez eux.

MODÈLE Julie porte une jupe en laine, deux chandails, un foulard et un collant.
   Il fait assez froid.

1. Romain porte un jean, un chandail et un foulard.

_____

2. Sophie porte un imperméable et elle emporte (*takes*) son parapluie.

_____

3. Clara porte un costume de bain et des sandales.

_____

4. Maxime porte un short et un tee-shirt.

_____

5. Stéphanie porte un anorak, des bottes et des gants.

6. Cyril porte un pantalon et un chandail léger.

_____

5-3 Quel temps est-ce que vous préférez ? Expliquez vos préférences.

MODÈLE La saison que j'aime le moins est *l'hiver. Il fait trop froid et il n'y a pas beaucoup de soleil. En plus, il neige souvent en hiver et je n'aime pas la neige.*

1. Ma saison préférée est _____

_____

_____

2. Le mois que j'aime le moins est _____

_____

_____

3. Le mois que je préfère est _____

_____

_____

FORMES ET FONCTIONS

1. *Le passé composé avec* avoir

5-4 Aujourd'hui et hier. Aujourd'hui, c'est lundi. Imaginez ce que ces personnes ont fait hier.

MODÈLE   Aujourd'hui Pauline fait attention en classe. Hier, *elle a regardé un film à la télé.*

1. Aujourd'hui, Julien travaille à la bibliothèque. Hier, _____

2. Aujourd'hui, je prépare un examen. Hier, _____

3. Aujourd'hui, tu prépares le souper. Hier, _____

4. Aujourd'hui, nous jouons au tennis. Hier, _____

5. Aujourd'hui, vous terminez vos devoirs. Hier, _____

5-5 C'est normal. D'après la description du temps, dites ce que vous et vos amis et les membres de votre famille avez fait. Pour chaque phrase, utilisez un ou deux verbes de cette liste.

dormir	inviter des amis	nager	rendre visite à
écouter	jouer à	regarder	terminer

MODÈLE   Hier, il y a eu un orage, *alors j'ai écouté de la musique chez moi et j'ai terminé mes devoirs. Mon colocataire a dormi !*

1. Avant-hier, il a plu, _____

_____

2. La semaine dernière, il a fait très beau, _____

_____

3. L'hiver dernier, il a beaucoup neigé, _____

_____

4. Dimanche dernier, il y a eu du soleil, _____

_____

5-6 Samedi dernier. Dites quel temps il a fait chez vous samedi dernier et décrivez ce que vous avez fait et ce que vous n'avez pas fait.

MODÈLE   *Samedi dernier, il a plu toute la journée. Avec un ami, j'ai regardé un film à la télé. Ensuite j'ai préparé un bon souper et nous avons mangé ensemble. Nous n'avons pas pu sortir, donc nous avons…*

_____

_____

_____

_____

2. *Le passé composé avec* être

5-7 L'amour dans les îles. Quand Claire était à la Guadeloupe, elle a écrit une lettre à sa colocataire pour décrire ses vacances. Complétez sa lettre avec l'un des verbes suivants. Utilisez chaque verbe seulement une fois.

aller	descendre	rentrer	revenir	tomber
~~arriver~~	passer	rester	sortir	venir

Chère Julie,

Je ___*suis arrivée*___ à la Guadeloupe la semaine dernière. Ma sœur et sa meilleure amie

(1) _____ aussi. Après l'arrivée à l'aéroport, nous

(2) _____ à l'hôtel, où ma sœur et Diane

(3) _____ pendant une heure pour faire la sieste. Quant à moi, je

(4) _____ en ville pour faire quelques courses. Un beau garçon

(5) _____ devant moi et je me suis retournée pour le regarder.

Malheureusement j'ai eu un petit accident. Le beau garçon m'a demandé : « Vous

(6) _____, ça va ? » Avec son aide, je

(7) _____ à l'hôtel. Exactement deux jours plus tard, il

(8) _____ à l'hôtel pour me voir, et cet après-midi, nous

(9) _____ ensemble. On a fait une longue promenade sur la plage.

Maintenant nous sommes de très bons amis et je pense que je suis tombée amoureuse (*in love*) de lui ! Vive la

Guadeloupe !

5-8 Les devinettes. D'après leurs goûts, dites où ces personnes sont probablement allées pendant leurs vacances.

MODÈLE Antoine adore la nature.
Il est probablement allé à la campagne ou à la montagne.

1. Amandine et Sandra aiment bien manger dans de bons restaurants.

   _____

2. Laura préfère inviter des amis chez elle.

   _____

3. Yannick aime bien voyager à l'étranger.

   _____

4. Nathalie adore les livres. C'est une très bonne étudiante.

   _____

5. Vous êtes très sportif/-ive.

   _____

5-9 Dimanche dernier. Racontez comment ces personnes ont passé la journée de dimanche.

MODÈLE   votre mère : *Dimanche dernier, ma mère est allée à la messe* (mass). *Ensuite elle a dîné avec des amis. Le soir, elle est restée à la maison et elle a regardé un film à la télé.*

1. vos parents : _____

_____

2. vous : _____

_____

3. un/e ami/e : _____

_____

4. un/e ami/e et vous : _____

_____

5-10 Ah ! Les vacances. Dites ce que ces personnes ont fait pendant leurs vacances.

MODÈLE   D'habitude, je me couche de bonne heure.
   Pendant les vacances, je me suis couchée après minuit.
OU   *Pendant les vacances, je ne me suis pas couchée avant une heure du matin.*

1. D'habitude, Paul se réveille vers six heures du matin.

_____

2. D'habitude, Marie-Laure et Lucie se lèvent à sept heures moins le quart.

_____

3. D'habitude, nous ne nous endormons pas devant la télé.

_____

4. D'habitude, tu te rases tous les jours.

_____

5. D'habitude, je _____

ÉCRIVONS

5-11 Chez nous. Vous continuez l'échange par courriel avec un groupe d'étudiants de français dans une autre université. Maintenant, vous allez présenter le climat de la région où vous faites vos études à votre correspondant/e.

A. Avant d'écrire. Pour commencer, complétez ces activités.

1. Il y a combien de saisons dans cette région ? Faites une liste de ces saisons.
   (par exemple : *Il y a quatre saisons : le printemps, l'été, l'automne et l'hiver.*)

2. Décrivez le climat pendant chaque saison.
   (par exemple : *En été, la saison chaude, il fait très chaud et…*)

3. Nommez votre saison préférée et dites pourquoi.
   (par exemple : *Je préfère l'été parce que j'adore aller à la plage et nager.*)

4. Faites une liste des vêtements que les étudiants mettent normalement pendant chaque saison sur votre campus.
   (par exemple : *en été : des shorts, des tee-shirts, des jupes, des robes courtes, des sandales…*)

5. Préparez quelques questions sur le climat de la région de votre correspondant/e que vous pouvez poser à la fin de votre message.
   (par exemple : *Est-ce qu'il pleut beaucoup ?*)

B. En écrivant. Rédigez votre courriel avec les éléments que vous avez préparés dans l'exercice A. N'oubliez pas de diviser votre texte en plusieurs paragraphes et de l'organiser selon un ordre logique.

MODÈLE   *Salut Céline,*

À Toronto, le climat est assez variable. Il y a les quatre saisons. Pendant l'été, la saison chaude, il fait chaud et très humide. Les étudiants sur le campus mettent des shorts et des tee-shirts. Les femmes mettent aussi des robes et des jupes. Tous les étudiants mettent des sandales…

Pendant l'hiver, il neige beaucoup. Il fait froid et il y a souvent des tempêtes de neige. Les gens mettent des bottes et des manteaux quand ils sortent. Il ne neige pas tous les jours mais…

Je préfère l'été parce que j'adore aller à la plage. Nous allons souvent à la plage pour nager et pour…

Et le climat dans ta région ? Est-ce qu'il neige souvent ?…

Amitiés, Sylvia

C. Après avoir écrit. Relisez votre message. Est-ce que vous avez décrit les saisons dans votre région et le temps qu'il fait pendant chaque saison ? Avez-vous parlé des vêtements que les gens mettent normalement suivant les saisons ? Avez-vous parlé de votre saison préférée en vous justifiant ? Regardez attentivement la forme de votre lettre. Avez-vous bien écrit tous les mots ? Est-ce que les verbes s'accordent avec leurs sujets ?

Leçon 2   *On part en vacances !*

POINTS DE DÉPART

5-12 Ça dépend du temps. Suivant le temps, dites ce qu'on peut faire dans votre région.

MODÈLE   Quand il fait bon, on peut *jouer au rugby ou faire du tennis.*

1. Quand il fait chaud, on peut _____

2. En été, on peut _____

3. Quand il fait très froid, on peut _____

4. En automne, on peut _____

5. Au printemps, on peut _____

5-13 Vos activités préférées. Qu'est-ce que vous faites dans les endroits suivants ?

MODÈLE   À la montagne : *Je fais de la planche à neige en hiver et des randonnées en été.*

1. À la montagne : _____

2. À la plage : _____

3. À la campagne : _____

4. En ville : _____

5. Au gymnase : _____

6. Au terrain de sport : _____

7. À la maison : _____

FORMES ET FONCTIONS

1. Les questions avec quel et Lequel

5-14 Des détails. Posez des questions avec **quel** pour avoir plus de détails sur les personnes suivantes. Essayez d'utiliser un verbe différent pour chaque question que vous posez.

MODÈLE   Je suis assez sportive. J'aime le football, le ballon-panier, la natation et le hockey.
          Oui, mais quel sport est-ce que tu fais le plus souvent ?
     OU   *Oui, mais quel sport est-ce que tu aimes le plus ?*

1. J'adore la musique. J'écoute du rap, du hip-hop et du reggae.

   _____

2. J'adore magasiner. J'aime beaucoup The Gap et Eddie Bauer.

   _____

3. Ma mère adore les chaussures. Elle a des chaussures à talon, des souliers de course et des sandales.

   _____

4. J'ai beaucoup de cours difficiles ce semestre : la sociologie, les maths, l'anglais et l'histoire.

   _____

5. J'aime bien faire des activités en plein air au printemps, en été et en automne.

   _____

6. Mon frère a trop de vêtements : des jeans, des shorts, des chemises, des polos.

   _____

5-15 Le correspondant. Vous avez un nouveau correspondant du Togo. Préparez des questions que vous pouvez poser pour découvrir plus sur son pays (*country*) et ses habitudes.

MODÈLE   sports : *Quels sports est-ce que vous faites ?*

1. langues : _____

   _____

2. temps : _____

   _____

3. vêtements : _____

   _____

4. professeur : _____

   _____

5. cours : _____

   _____

6. métier : _____

   _____

7. animal domestique : _____

   _____

5-16 Le correspondant. You are answering a letter from your new pen pal from Togo. Select the appropriate form of the interrogative adjective **quel** or of the interrogative pronoun **lequel** to complete the following questions.

1. Tu aimes beaucoup les sports mais [lequel / quel] est-ce que tu pratiques ?

2. Dis-moi, [lesquelles / quelles] langues est-ce que tu parles ?

3. Tu portes des vêtements traditionnels de temps en temps ? [Lesquels / Quels] est-ce que tu mets pour un mariage ?

4. Tu fais la cuisine quelquefois ? [Lequel / Quel] plat est-ce que tu prépares bien ?

5. [Laquelle / Quelle] est la capitale du Togo ?

6. Tu écoutes les chansons de *Magic System*, n'est-ce pas ? [Laquelle / Quelle] chanson est-ce que tu préfères ?

2. *Les expressions de nécessité*

5-17 Les bons conseils. Donnez des conseils appropriés aux personnes suivantes. Utilisez les expressions de nécessité comme **il faut, il ne faut pas, il est important de, il est nécessaire de, il est utile de**.

MODÈLE   Votre mère a mal à la tête.
           Il faut prendre de l'aspirine. Il est important de te reposer un peu.

1. Votre colocataire a trois examens la semaine prochaine.

_____

2. Votre sœur et son ami de longue date viennent de se séparer. Elle est malheureuse.

_____

3. Votre colocataire a une bronchite et tousse tout le temps.

_____

4. Un/e ami/e boit trop d'alcool.

_____

5. Votre prof de français est enrhumé/e.

_____

5-18 Avis aux nouveaux arrivés. Donnez des conseils aux étudiants qui viennent d'arriver sur le campus pour leur première année d'études. Utilisez les expressions de nécessité comme **il faut, il ne faut pas, il est important de, il est nécessaire de, il est utile de**.

MODÈLE   Pour avoir de bons rapports avec les profs, *il est important de ne pas rater de cours, de faire attention en classe, de faire les devoirs tous les jours et d'aller voir les profs dans leurs bureaux pendant les heurs de permanence.*

1. Pour être en forme, _____

_____

2. Pour avoir de bonnes notes, _____

_____

3. Pour ne pas grossir, _____

_____

4. Pour ne pas tomber malade, _____

_____

5. Pour ne pas être stressé/e, _____

_____

6. Pour ne pas s'ennuyer, _____

_____

7. Pour s'amuser, _____

_____

ÉCRIVONS

5-19 L'agence de tourisme. Imaginez que vous travaillez pour une agence de tourisme et qu'on vous demande de rédiger une brochure publicitaire.

A. Avant d'écrire. Pour commencer, complétez ces activités.

1. D'abord, choisissez une destination dans cette liste : **sur la Côte d'Azur**, **au Nouveau Brunswick**, **dans les Alpes**, **à Montréal**.

2. Puis, allez à la bibliothèque et consultez des ouvrages de références ou consultez MyFrenchLab pour trouver des liens intéressants.

3. Complétez le tableau avec les informations que vous avez trouvées.

la meilleure saison	
le temps qu'il fait pendant cette saison	
les activités possibles	
les vêtements qu'on doit emporter (*bring*)	

B. En écrivant. Ensuite, rédigez la brochure.

MODÈLE   *Sur la Côte d'Azur, il fait très beau au printemps et en automne. Il ne pleut pas beaucoup et il fait… En été, il fait assez chaud.*

À la plage, on peut faire du ski nautique, de la planche à voile et… On peut aussi faire une promenade ou… Il y a aussi beaucoup d'endroits pour faire du tourisme.

Le climat est très agréable, donc vous devez emporter des shorts, des sandales, et des robes d'été…

C. Après avoir écrit. Relisez votre brochure et vérifiez que vous avez inclus tous les renseignements demandés. Pour rendre votre brochure plus intéressante, vous pouvez ajouter des images ou l'organiser comme une vraie brochure avec des listes et des sections différentes pour parler de chaque sujet.

Leçon 3 *Je vous invite*

POINTS DE DÉPART

5-20 Qu'est-ce qu'on peut faire ? Dites ce qu'on peut faire dans ces endroits.

MODÈLE   Au théâtre, *on peut assister à un ballet.*

1. Au cinéma, _____

2. Au café, _____

3. Au théâtre, _____

4. Au musée, _____

5. Chez des amis, _____

5-21 Des invitations. Suivant vos goûts, répondez aux invitations suivantes.

MODÈLE   « Tu veux nous accompagner au théâtre pour voir une pièce de Tremblay ? »
             Non, je regrette, mais je n'aime pas beaucoup les pièces de Tremblay.
       OU   *Oui, avec plaisir, j'adore Tremblay.*

1. « Tu es libre samedi ? On va au ciné pour voir un film comique avec Mike Myers. »

   _____

2. « On organise une fête vendredi soir. Tu es libre ? »

   _____

3. « On sort ensemble cette fin de semaine ? Je veux aller danser. »

   _____

4. « Vous êtes libre jeudi à midi ? Le département organise une petite réception. »

   _____

5. « Tu ne veux pas nous accompagner au musée pour voir l'exposition de sculpture ? »

   _____

5-22 Vous êtes libre ? Proposez des activités aux personnes suivantes.

MODÈLE   votre père
             Papa, tu veux m'accompagner au stade ? Il y a un match de soccer.

1. votre colocataire

   _____

2. votre prof de français

   _____

3. un/e camarade de classe

_____

4. des amis

_____

5. votre voisin

_____

FORMES ET FONCTIONS

1. Les verbes comme acheter *et* appeler

5-23 Qu'est-ce qu'on achète ? Indiquez ce que chaque personne achète d'après ses projets.

MODÈLE   Lise (une fête au musée des beaux-arts)
          Elle achète une robe noire en soie.

1. Léon (des vacances à Tahiti)

_____

2. Gilles et Audrey (un concert de rock)

_____

3. Vous (une soirée avec des amis chez vous)

_____

4. Sabrina et vous (un après-midi à la plage)

_____

5. Toi (des vacances d'hiver dans les Rocheuses canadiennes)

_____

5-24 Des questions personnelles. Répondez à ces questions indiscrètes.

MODÈLE   Combien de fois par semaine est-ce que vous appelez vos parents ?
          En général, j'appelle mes parents une fois par semaine.

1. Où est-ce que vous achetez vos vêtements ?

_____

2. Qui lève le doigt (_finger_) le plus souvent dans votre classe de français ?

_____

3. Qui est-ce que vous amenez aux fêtes ?

_____

4. Est-ce que vos profs épellent correctement votre nom ?

_____

5. Est-ce que vous jetez vos examens et devoirs corrigés à la fin du semestre ?

_____

6. Est-ce que votre colocataire et vous achetez des choses en commun ?

_____

7. Combien de fois par semaine est-ce que vous appelez votre meilleur/e ami/e ?

_____

2. *Les questions avec les pronoms interrogatifs :* qui, que, *et* quoi

5-25 La bonne réponse. Pour chaque question, trouvez la bonne réponse. La première réponse est donnée comme modèle.

__c__	**1.** Qui est-ce que tu vois là-bas ? Une star ?	**a.** Avec mes colocataires.
_____	**2.** À qui est-ce que tu as donné les places ?	**b.** Un ballet. J'adore la danse.
_____	**3.** Qu'est-ce qu'on joue au théâtre ?	**c.** Oui, c'est Jim Carrey.
_____	**4.** Avec qui est-ce que vous êtes allé au concert ?	**d.** Avec son nouvel ordinateur.
_____	**5.** Qui a réservé les places ?	**e.** À ma sœur et son mari.
_____	**6.** Qu'est-ce que vous préférez voir ?	**f.** Mon copain.
_____	**7.** Avec quoi est-ce qu'il a fait l'affiche ?	**g.** Une pièce de Racine, je pense.

5-26 Des questions personnelles. Répondez aux questions suivantes d'une façon personnelle.

MODÈLE   Qu'est-ce que vous aimez faire la fin de semaine ?
J'aime bien faire de la bicyclette et faire des randonnées.

1. Qu'est-ce que vous aimez faire en hiver ?

_____

2. De quoi est-ce que vous parlez avec vos meilleurs amis ?

_____

3. D'après vous, qu'est-ce qui est essentiel pour passer de bonnes vacances ?

_____

4. À qui est-ce que vous parlez au téléphone le plus souvent ?

_____

5. Chez vous, qui fait du bricolage le plus souvent ?

_____

6. Qui est-ce que vous admirez le plus ?

_____

5-27 Les vacances de Claire.

Claire parle de ses vacances merveilleuses à la Guadeloupe. D'après ses réponses — et les mots en italique, posez une question appropriée.

MODÈLE   Je vais parler *de mes vacances à la Guadeloupe*.
             De quoi est-ce que tu vas parler ?

1. Je suis allée à la Guadeloupe *avec ma sœur et une amie à elle*.

_____

2. Elles *ont fait de la planche à voile*.

_____

3. *J'ai magasiné* et j'ai eu un accident.

_____

4. J'ai marché *avec une canne*.

_____

5. Après, j'ai rencontré *un beau garçon*.

_____

6. J'ai fait une promenade sur la plage *avec ce beau garçon*.

_____

ÉCRIVONS

5-28 Une fin de semaine typique. Vous travaillez pour le bureau des inscriptions de votre université et vous devez écrire une lettre pour les élèves qui veulent faire leurs études dans votre université. Décrivez une fin de semaine typique sur votre campus en racontant les activités de la fin de semaine dernière.

A. Avant d'écrire. Complétez ces activités.

1. Faites une liste de vos activités de la fin de semaine dernière.
   (par exemple : *aller au ciné, discuter dans un petit café, manger du maïs soufflé*)

2. Faites une liste des endroits où vous êtes allé/e.
   (par exemple : *au cinéma, au café, rester à la résidence universitaire*)

3. Décrivez le temps qu'il a fait.
   (par exemple : *il a plu*)

4. Donnez votre opinion sur les activités offertes aux étudiants sur votre campus.
   (par exemple : *Il y a beaucoup d'activités.*)

B. En écrivant. Écrivez une lettre.

MODÈLE *Vous voulez étudier à l'Université de… ? C'est une bonne idée. Nous faisons beaucoup de choses la fin de semaine. Par exemple, la fin de semaine dernière a été très typique. Il a plu comme toujours au printemps. Je suis allée au cinéma avec mes colocataires. On joue beaucoup de films sur le campus. Après, nous avons discuté dans un petit café. Ensuite…*

  Il y a vraiment beaucoup d'activités pour les étudiants sur notre campus. Vous pouvez faire beaucoup de choses l'an prochain.

                                                              Amicalement, Anne-Marie

C. Après avoir écrit. Relisez votre lettre. Avez-vous commencé et terminé d'une manière appropriée ? Avez-vous inclus tous les détails que vous avez rassemblés dans l'exercice A ? Regardez tous les verbes que vous avez utilisés au passé composé et vérifiez que vous avez choisi le bon auxiliaire, **avoir** ou **être**, pour chaque verbe. Vérifiez que vous avez la forme correcte des participes passés. Enfin, vérifiez que vous avez utilisé des mots comme **d'abord**, **ensuite**, **puis** et **après** pour parler de vos activités. Si vous ne les avez pas employés, ajoutez-en quelques-uns maintenant.

LISONS

5-29 La pluie

A. Avant de lire. This passage is from a collection of short stories about a mischievous little boy and his friends. A game similar to dodgeball, **la balle au chasseur**, figures prominently in this excerpt. Before you read the text, answer the following questions in English.

1. Describe the behaviour of a typical little boy in school on a normal day.

   _____

   _____

2. How might that same little boy behave on a day when it is raining outside and the children can't go out for recess?

   _____

   _____

B. En lisant. As you read, answer the following questions about the passage. (Note: You will also see a few unfamiliar verb forms such as **il ne pleuvait pas** and **c'était**. These are simply past-tense forms for two verbs you should recognize: **pleuvoir** and **être**.)

1. What weather does Nicolas prefer? Why? _____

2. What does Eudes suggest that they do? _____

3. How does Rufus react to Eudes' suggestion? _____

4. What does Joachim suggest as a solution to the problem about the window? _____

5. What does Agnan do while the others play? _____

_____

6. What is the teacher's reaction to the boys? _____

La pluie

Moi, j'aime bien la pluie quand elle est très, très forte, parce qu'alors je ne vais pas à l'école et je reste à la maison et je joue au train électrique. Mais aujourd'hui, il ne pleuvait pas assez et j'ai dû aller en classe…
Ce qui est embêtant, c'est que pour la récré on ne nous laisse pas descendre dans la cour pour qu'on ne se mouille[1] pas…. Et puis la cloche[2] a sonné, et la maîtresse nous a dit : « Bon, c'est la récréation : vous pouvez parler entre vous, mais soyez sages. »
—Allez, a dit Eudes. On joue à la balle au chasseur ?
—T'es pas un peu fou ? a dit Rufus. Ça va faire des histoires avec la maîtresse, et puis c'est sûr, on va casser une vitre[3] !
—Ben, a dit Joachim, on n'a qu'à ouvrir les fenêtres !
Ça, c'était une drôlement bonne idée, et nous sommes tous allés ouvrir les fenêtres, sauf[4] Agnan qui repassait sa leçon d'histoire en la lisant tout haut, les mains[5] sur les oreilles[6]. Il est fou, Agnan ! Et puis, on a ouvert la fenêtre ;… on s'est amusés à recevoir l'eau sur la figure, et puis on a entendu un grand cri : c'était la maîtresse….
—Mais vous êtes fous ! elle a crié, la maîtresse. Voulez-vous fermer ces fenêtres tout de suite !
—C'est à cause de la balle au chasseur, mademoiselle, a expliqué Joachim.

Source : Sempé / Goscinny, *Le petit Nicolas et les copains.* © Éditions Denoël, 1963.

[1]*get wet* [2]*bell* [3]*break a windowpane* [4]*except* [5]*hands* [6]*ears*

C. Après avoir lu. Now that you've read the text, complete the following activities.

1. Did you find the text entertaining or humourous? Why? Do you think this incident is typically French, or is it universal? Provide examples to support your answer.

2. Imagine a day in your childhood when it rained or snowed. Write four sentences in French about what you did that day and how that day was special or different from days when it was nice outside.

Venez chez nous !   *Vive les vacances !*

5-30 C'est où ? Trouvez la capitale des îles francophones indiquées. Vous pouvez consulter des atlas, des encyclopédies ou consulter *MyFrenchLab* pour ce chapitre, choisissez *Student Resources* et cliquez sur *Web Links* pour trouver des liens utiles. La première réponse est donnée comme exemple.

__c__	1. La Guadeloupe	**a.** Victoria
_____	2. Les Seychelles	**b.** Saint-Denis
_____	3. Haïti	**c.** Basse-Terre
_____	4. L'île Maurice	**d.** Port-au-Prince
_____	5. La Polynésie française	**e.** Fort-de-France
_____	6. La Martinique	**f.** Port Louis
_____	7. La Réunion	**g.** Papeete

5-31 Les DOM. Complétez le tableau suivant sur la Martinique et la Guyane française. Vous pouvez consulter votre manuel, des atlas, des encyclopédies, des guides touristiques ou *MyFrenchLab* (choisissez *Student Resources* et cliquez sur *Web Links*) pour trouver des liens utiles.

	la Martinique	la Guyane française
Situation géographique		
Climat		
Chef-lieu		
Population		
Langues		
Économie		

5-32 Vacances sur une île tropicale. Imaginez que vous pouvez passer des vacances sur une île francophone. Quelle île est-ce que vous allez choisir ? Pourquoi ? Faites un peu de recherche pour pouvoir décrire le climat, les attractions touristiques, la bonne saison pour visiter et les activités que vous pouvez faire sur cette île. Visitez *MyFrenchLab* pour ce chapitre, choisissez *Student Resources* et cliquez sur *Web Links* pour des liens utiles. Ensuite, écrivez quelques paragraphes sur la destination de votre choix avec les détails que vous avez découverts.

Pour aller plus loin : Pour en savoir plus sur les vacances et les collectivités et départements d'outre-mer, consultez *MyFrenchLab* pour ce chapitre, choisissez *Student Resources* et cliquez sur *Web Links* pour trouver des liens utiles.

Lab Manual

Leçon **1**   *Il fait quel temps ?*

POINTS DE DÉPART

5-33 Le temps par toutes les saisons. You will hear six weather forecasts. Write the number of each of forecast below the drawing to which it corresponds. Number one has been completed for you as an example.

a. _____

b. _1_

c. _____

d. _____

e. _____

f. _____

5-34 Autres prévisions. Listen to the evening weather report from a French radio station. Complete the chart below by summarizing the information that is given for each city. Number one has been completed for you as an example. You may stop the recording while you write. Where would you prefer to be this evening?

1. Lille	*Il y a du brouillard et du verglas.*
2. Paris	
3. Caen	
4. Strasbourg	
5. Toulouse	
6. La Guadeloupe	

SONS ET LETTRES

Les voyelles nasales

5-35 Nasale ou orale ? First, listen as each pair of words shown below is pronounced. Then, listen a second time when only one of each pair of words is pronounced and select the word that you hear.

MODÈLE   Vous entendez :   fin   fine
                 Vous entendez :   fin
                 Vous choisissez :   <u>fin</u>   fine

1.   beau   bon   **5.**   sans   ça

2.   bon   bonne   **6.**   attendre   entendre

3.   château   chaton   **7.**   non   nos

4.   planche   plage   **8.**   vent   va

5-36 Phrases. Repeat the following sentences in the pauses provided, paying careful attention to the nasal vowels.

1. **Mon enfan**t aime le v**ent**.

2. Voilà un b**on** restaur**ant**.

3. Jacqueline et sa cousine f**ont** de la natati**on**.

4. **Ton** gr**an**d-père a quatre-v**in**gt-**on**ze **an**s ?

5. Mes par**ent**s **ont** c**in**qu**an**te et **un an**s.

1. *Le passé composé avec* avoir

5-37 Aujourd'hui ou hier ? Listen as Alice explains why she cannot go to the concert with Janine. For each activity she mentions, mark **aujourd'hui** to indicate that the activity is taking place today, or **hier** to indicate that it occurred yesterday. Number one has been completed for you as an example.

	Aujourd'hui	**Hier**
1. inviter au concert	✓	_____
2. préparer un grand dîner	_____	_____
3. jouer aux cartes	_____	_____
4. aller au cinéma	_____	_____
5. préparer mon sac	_____	_____
6. aller à la bibliothèque	_____	_____

5-38 L'été passé. Laure is describing her summer vacation. Complete her sentences with the correct form of the subject and the verb that you hear. The first sentence has been completed for you as an example.

L'été passé, __*j'ai visité*__ le Sud de la France. (1) _____ visite à mon

amie Stéphanie à Cahors. (2) _____ Cahors ensemble pour aller au

concert en plein air de Johnny Hallyday à Toulouse. (3) _____

cinq heures en voiture. Heureusement, (4) _____ un peu dans la voiture.

À peu près une heure avant le concert, (5) _____ très fort. Résultat :

(6) _____ chanter. (7) _____ partir.

Mais finalement (8) _____ d'aller passer le week-end en Espagne à la

place. Quelles vacances !

2. Le passé composé avec être

5-39 Hier ou aujourd'hui ? Jamel is talking with his parents. Listen to each of his statements and select **hier** if he is describing something that took place in the past, or **aujourd'hui** if he is telling about something in the present.

MODÈLE   Vous entendez :   Je suis arrivé en retard au rendez-vous.
            Vous choisissez :   <u>hier</u>   aujourd'hui

1. hier   aujourd'hui   4. hier   aujourd'hui
2. hier   aujourd'hui   5. hier   aujourd'hui
3. hier   aujourd'hui   6. hier   aujourd'hui

5-40 Dictée. Listen to Nicole and Paul talking about their vacations. Select the verb form that you hear in each sentence, being careful of agreement.

MODÈLE   Vous entendez :   Salut, Nicole. Tu es déjà rentrée de Nice ?
            Vous choisissez :   <u>es rentrée</u>   es rentré

1. suis arrivée   suis arrivé   5. avons rendus   avons rendu
2. es parti   es partie   6. sont revenus   sont revenues
3. suis allé   suis allée   7. avons téléphoné   ont téléphoné
4. a fait   as fait   8. n'ont pas parlé   n'a pas parlé

Mise en pratique

5-41 La météo

A. Avant d'écouter. Look at the weather map for France and study the accompanying weather symbols, so that you will be able to reproduce them yourself. Then listen to the day's forecast.

B. En écoutant.

1. As you listen the first time, underline on the map the place names that you hear.

2. Listen a second time and draw in the weather symbols where appropriate.

3. As you listen a final time, write down the temperatures mentioned for the various areas.

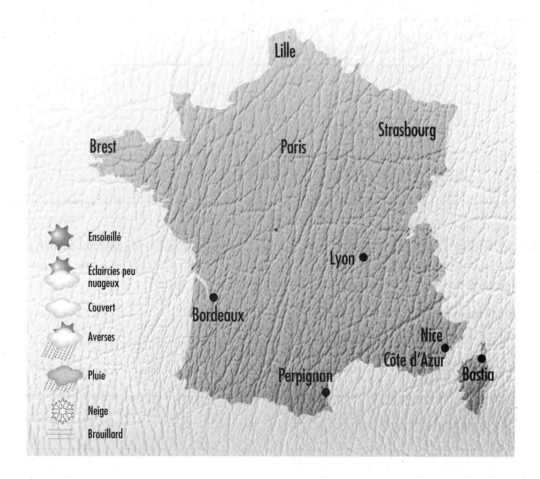

C. Après avoir écouté. Write three to four sentences explaining where in France you would prefer to be today and why.

Je préfère être à _____

parce que _____

_____

_____

POINTS DE DÉPART

5-42 Activités diverses. Natacha and Frédéric are discussing their favourite vacation activities. Indicate where each activity mentioned is most likely to take place by completing the chart below. Number one has been completed for you as an example. You may stop the recording while you write.

	À la montagne	À la plage	À la campagne	En ville
1.		*faire de la natation* *faire du surf*		
2.				
3.				
4.				
5.				

5-43 Des activités par tous les temps. Listen as Yves, Marguerite, and Hong talk about their favourite activities. Write down the activities that each person enjoys next to his or her name. Some information has already been provided for you. You may stop the recording while you write.

YVES :   *faire des pique-niques,* _____

_____

MARGUERITE : _____

_____

HONG : _____

_____

SONS ET LETTRES

Les voyelles nasales et les voyelles orales plus consonne nasale

5-44 Discrimination. Listen as each pair of words is pronounced and select the word that has a nasal vowel.

MODÈLE   Vous entendez :   **a.** Simon   **b.** Simone
              Vous choisissez :   <u>**a**</u>   **b**

1.   a   b   4.   a   b

2.   a   b   5.   a   b

3.   a   b   6.   a   b

5-45 Où sont les nasales ? Select the number of nasal vowels you hear in each of the following expressions.

MODÈLE   Vous entendez :   le printemps
              Vous choisissez :   0   1   <u>2</u>

1.   0   1   2   4.   0   1   2

2.   0   1   2   5.   0   1   2

3.   0   1   2   6.   0   1   2

FORMES ET FONCTIONS

1. *Les questions avec* quel

5-46 Qu'est-ce que tu dis ? Listen to the following exchanges. Select **logique** if the answer is a logical response to the question, or **illogique** if it is an illogical response.

MODÈLE   Vous entendez :   —Quelle heure est-il ?
                             —Il est 16 h 30.
          Vous choisissez :   <u>logique</u>   illogique

1.   logique   illogique
2.   logique   illogique
3.   logique   illogique
4.   logique   illogique
5.   logique   illogique
6.   logique   illogique

5-47 Au pair. Before Florence's departure as an au pair in Nice, her mother peppers her with questions. Write the number of each question you hear next to the most likely response. Number one has been completed for you as an example.

_____ **a.** le 31 août   _____ **d.** Grasse et Cannes

_____ **b.** six et huit ans   _____ **e.** à 14 h 30

__1__ **c.** M. et Mme Leblanc   _____ **f.** Ils sont dentistes.

2. *Les expressions de nécessité*

5-48 À l'infirmerie. While waiting at the school infirmary, you overhear other students' conversations. For each statement that you hear, select the letter corresponding to the most logical response.

MODÈLE   Vous entendez :   Je ne me sens pas bien.
           Vous lisez :   **a.** Il est nécessaire d'appeler vos parents.
                               b. Il est utile de travailler plus sérieusement.
          Vous choisissez :   <u>**a.**</u>

1. **a.** Il faut aller voir votre dentiste.

    b. Il est important de bien manger.

2. **a.** Il faut prendre du sirop.

    b. Il est important de mettre vos lunettes.

3. **a.** Il faut téléphoner à vos amis.

    b. Il ne faut pas vous coucher si tard.

4. **a.** Il est nécessaire de boire de la tisane.

   b. Il est important de porter un pull-over.

5. **a.** Il faut prendre de l'aspirine.

   b. Il ne faut pas prendre votre température.

6. **a.** Il est nécessaire de prendre des gouttes pour le nez.

   b. Il faut vous coucher plus tôt.

5-49 Les conseils de tante Marie. Carole is telling her aunt how she feels. Based on Carole's statements, write down a possible response using one of the expressions of necessity: **il faut, il ne faut pas, il est important de, il est nécessaire de, il est utile de**. You may stop the recording while you write.

MODÈLE   Vous entendez :   J'ai souvent des maux d'estomac.
           Vous écrivez :   *Il faut prendre de la tisane.*

1. _____

2. _____

3. _____

4. _____

5. _____

6. _____

Mise en pratique

5-50 Des vacances ratées

A. Avant d'écouter. Think about your ideal vacation and write down, in French, five things that it would include.

_____

_____

B. En écoutant. Now, listen to Patrick as he talks about his vacation on the Côte d'Azur and complete the chart below. The first day's entries have been filled in for you as an example.

	Temps	Activités	Où ?
jeudi	froid	achats	centre-ville
vendredi			
samedi			
dimanche			

C. Après avoir écouté. Imagine that you were in Nice at the same time as Patrick. You had the same weather but did the things you love to do. Write a note to a friend, in French, telling how you spent your time each day.

Cher/ Chère _____,

Ça va ? J'ai passé le week-end à Nice. Jeudi, il a fait froid et j'ai _____

_____

_____

_____

_____

_____

Amitiés,

_____

Leçon 3 *Je vous invite*

POINTS DE DÉPART

5-51 Comment inviter. You are in a café and overhear people suggesting various activities to their friends. Select the most appropriate reply to each invitation or suggestion that you hear.

MODÈLE   Vous entendez : On va au musée dimanche après-midi ?
           Vous lisez :   **a.** Non, je n'aime pas beaucoup le théâtre.
                              b. Je regrette, je suis prise.
                              c. Oui, c'est impossible.
           Vous choisissez : <u>**b.**</u>

1. **a.** Désolé, mais je dois travailler.
   b. Oui, mais je dois travailler.
   c. Si, mais mon mari ne peut pas.

2. **a.** Oui, on va au cinéma ?
   b. C'est très gentil à vous.
   c. Merci, mais j'ai trop faim.

3. **a.** Je regrette. J'ai un rendez-vous ce matin.
   b. D'accord. À quelle heure ?
   c. Non, je n'aime pas beaucoup les musées.

4. **a.** Si, mais je travaille jusqu'au soir.
   b. Oui, c'est impossible.
   c. Oui, c'est vrai.

5. **a.** D'accord. Je ne suis pas libre.
   b. Bonne idée. Je passe chez toi à 19 h 30.
   c. Pourquoi pas au café à 19 heures ?

6. **a.** Non, je préfère aller danser.
   b. Chouette ! J'adore ça.
   c. D'accord. À ce soir.

5-52 Invitations. Jérôme is inviting his friends to do various things with him. Listen to each invitation, and then write down the most likely reply, on the basis of the cue provided. You may stop the recording while you write.

MODÈLE   Vous entendez : Karine, tu veux faire une randonnée ce week-end ?
           Vous lisez :   Karine aime la nature :
           Vous écrivez : *Oui, avec plaisir.*

1. Rachel va au cinéma demain soir : _____

_____

2. Monique et Jacqueline travaillent samedi soir : _____

_____

3. Marcel aime les arts : _____

_____

4. Patrick doit aller chez le dentiste après les cours : _____

_____

5. M. et Mme Boilot sont très sociables : _____

_____

6. Charlotte est sportive : _____

_____

FORMES ET FONCTIONS

1. *Les verbes comme* acheter *et* appeler

5-53 On fait la queue. Listen to the snatches of conversation that Françoise overhears as she waits in line to purchase concert tickets. For each statement, write the infinitive form of the verb you hear.

MODÈLE   Vous entendez :   Ma sœur achète beaucoup de vêtements.

              Vous écrivez :   *acheter*

1. _____

2. _____

3. _____

4. _____

5. _____

6. _____

5-54 Problèmes de compréhension. Marine is talking to her grandfather who can't quite hear everything she says. Complete their exchanges by filling in the subject and verb forms that you hear.

MODÈLE   Vous entendez :   —Tu achètes un nouveau chapeau ?

                         —Non, papi ! Nous achetons un nouveau vélo.

             Vous écrivez :   — *Tu achètes* un nouveau chapeau ?

                         —Non, papi ! *Nous achetons* un nouveau vélo.

1. —_____ son nom quand il est stressé ?

   —Non, papi ! _____ son nom avec un C !

2. —_____ votre téléphone ?

   —Non, papi ! _____ mes vieilles factures de téléphone (*phone bills*) !

3. —_____ un jeu quand je vais au restaurant ?

   —Non, papi ! Toi et mamie, _____ souvent votre neveu avec vous quand vous allez au restaurant !

4. —_____ ta sœur Corinne tous les jours !

   —Non, papi ! _____ Corinne toutes les semaines !

2. Les questions avec les pronoms interrogatifs : qui, que *et* quoi

5-55 Une excursion. Listen to Stéphane's questions about his friend's weekend. Write the number of each question next to the phrase that best answers it. Number one has been completed for you as an example.

_____ **a.** Nous avons mangé avec Hélène et Sabine.

_____ **b.** Nous avons acheté des vêtements : un pull et un jean.

_____ **c.** Nous avons parlé des vacances.

___1___ **d.** Nous avons fait une promenade en ville.

_____ **e.** C'est Éric.

_____ **f.** Nous avons porté nos imperméables à cause du mauvais temps.

5-56 Comment ? Liliane is talking with her friend Robert at the airport. Each time he tries to say something, however, she misses part of his sentence because it's so noisy. Indicate the questions she would ask for clarification. You may stop the recording while you write.

MODÈLE   Vous entendez : J'ai fait du… hier.
              Vous écrivez :   *Qu'est-ce que tu as fait hier ?*

1. _____

2. _____

3. _____

4. _____

5. _____

Mise en pratique

5-57 Des projets pour ce soir. Your friend Denise has left several messages on your answering machine proposing possible activities for this evening. You pick them up when you get home and must sort them out.

A. Avant d'écouter. Remember, we often listen to messages more than once, even in our native language, particularly when trying to record precise information. What sorts of precise information might you expect Denise's messages to include? Write your responses in French in the space provided below.

_____

_____

B. En écoutant. Now listen to Denise's messages and note the important information below. Some information has been provided for you as an example.

1. Activité N° 1

   Type of activity: _Festival de ciné en plein air_   Time: _22 h 00_   Cost: _____

   Additional information: _____

   _____

2. Activité N° 2

   Type of activity: _____   Time: _____   Cost: _____

   Additional information: _____

   _____

3. Activité N° 3

   Type of activity: _____   Time: _____   Cost: _gratuit_

   Additional information: _____

   _____

C. Après avoir écouté. Decide which of the three activities you would prefer. Write down three to four sentences in French to explain your choice.

Je préfère _____

_____ _parce que_ _____

_____

_____

Video Manual

5-58 La Côte d'Azur, destination de rêve. In this clip, Fabienne explains why Nice and the Côte d'Azur are a "dream destination."

1. What do you already know about this region, which we call "the Riviera?"

_____

_____

2. Now listen to her description, and note three positive features that she mentions:

a. _____

b. _____

c. _____

3. Were any of these features surprising to you? Why, or why not? Are any unique to the Côte d'Azur?

_____

_____

5-59 Vive les vacances ! This video montage presents a wide variety of vacation activities in francophone regions. Check off all the activities that you see in the clip. If any of the expressions is unfamiliar, use familiar words you know or recognize, the context, and the process of elimination to make educated guesses about their meaning.

_____ danser

_____ faire du bateau

_____ faire du bronzage

_____ faire une course de chiens en traineau

_____ faire de la luge

_____ faire de la natation

_____ faire de la pêche

_____ faire des promenades

_____ faire du shopping

_____ faire du ski

_____ faire une visite touristique

_____ goûter des spécialités régionales

_____ jouer aux boules

OBSERVONS

5-60 Des superbes vacances. You may already have completed the **Observons** activity in the **Venez chez nous !** lesson of this chapter. If not, you will find it helpful to go back and complete that activity before moving on to the questions below.

A. Avant de regarder. In this video clip, Marie-Julie describes her homeland, Québec.

1. List two facts that you already know about Québec.

a. _____

b. _____

2. What cities or other places in Québec have you heard of, or visited?

_____

_____

B. En regardant. Watch the video clip and answer the following questions.

1. Which of the following locations are mentioned by Marie-Julie?

_____ la Gaspésie   _____ le Rocher Percé

_____ l'île Bonaventure   _____ la région de Montréal

_____ le lac St-Jean   _____ la région de Québec

Find each of these places on a map of Québec.

2. Look at the photos of *le Rocher Percé* and *l'île Bonaventure*. Why might tourists be interested in visiting these places, in your opinion?

Le Rocher Percé en Gaspésie

L'île Bonaventure avec ses oiseaux

_____

3. Marie-Julie recommends la Gaspésie particularly for its…

_____ a. beauty.   _____ b. cities.   _____ c. sports activities.

C. Après avoir regardé. Have you visited any of the places that Marie-Julie describes? If not, would you like to? Why or why not?

_____

_____

_____

_____

Chapitre

6

Nous sommes chez nous

Workbook

Leçon **1**   *La vie en ville*

POINTS DE DÉPART

6-1 Chez nous. Indiquez l'endroit où on fait les activités suivantes.

MODÈLE   regarder la télé   *le séjour*

1. préparer le dîner _____

2. garer la voiture _____

3. dormir _____

4. dîner _____

5. se laver les cheveux _____

6. faire un barbecue _____

6-2 Échange de logements. Vous voulez faire un échange de logements cet été avec un/e étudiant/e francophone qui va habiter chez vous pendant que vous habitez chez lui ou chez elle. Écrivez deux ou trois phrases qui décrivent votre logement (ou celui de vos parents).

MODÈLE   *J'habite un deux et demi avec une grande salle de bains et une petite cuisine. Je n'ai pas de terrasse, mais il y a une cour derrière mon immeuble. J'aime bien mon appartement, mais attention, j'habite au cinquième étage et l'ascenseur ne marche pas toujours.*

_____

_____

_____

_____

_____

FORMES ET FONCTIONS

1. Les verbes en -ir comme choisir

6-3 C'est juste ! Complétez chaque phrase avec un des verbes suivants : **choisir, désobéir, finir, grandir, grossir, maigrir, pâlir, obéir, réfléchir, réussir, rougir.**

MODÈLE   Entre l'âge de 7 et 15 ans, les enfants _grandissent_ ; donc ils doivent bien manger.

1. Tu es stressé parce que tu _____ trop à ce choix d'appartement.

2. Mes parents _____ toujours rapidement quand ils cherchent un nouveau logement.

3. On _____ quand on prend les escaliers et pas l'ascenseur.

4. Ce sont de bons voisins. Ils _____ toujours aux règlements.

5. Si je mange trop de sucre, je _____.

6. Vous _____ à vendre rapidement votre maison. Bravo !

7. Nous _____ bientôt le travail de réparation dans la maison.

6-4 Causes et effets. Dites ce qui peut provoquer l'effet exprimé par le verbe indiqué.

MODÈLE   rougir / moi   *Je rougis quand je fais une faute devant la classe.*

1. grossir / nous _____

2. maigrir / on _____

3. rougir / toi _____

4. pâlir / mon ami/e _____

5. réussir / les étudiants _____

2. *Les pronoms compléments d'objet direct :* le, la, l', les

6-5 Comment tu trouves l'appartement ? Vous visitez le nouvel appartement d'un ami. Dites-lui comment vous trouvez les éléments suivants.

MODÈLE   Comment tu trouves mon appartement ? C'est super, non ?
Oui, je le trouve super.

1. Comment tu trouves la cuisine ? Elle est grande, hein ?

   _____

2. Comment tu trouves les chambres ? Elles sont un peu petites, non ?

   _____

3. Comment tu trouves la terrasse ? Elle est bien ensoleillée (*sunny*), hein ?

   _____

4. Comment tu trouves l'immeuble ? Il est bien situé, non ?

   _____

5. Comment tu trouves les toilettes ? Bien pratiques, non ?

   _____

6. Comment tu trouves la salle de bains ? Elle est très moderne, hein ?

   _____

6-6 La vie à l'université. Répondez aux questions avec des pronoms compléments d'objet direct. Si la phrase est au passé composé, n'oubliez pas de faire l'accord du participe passé avec le complément d'objet direct.

MODÈLE   Quand est-ce que vous appelez *votre mère* ? *Je l'appelle le samedi.*

1. Où est-ce que vos amis ont acheté *leurs livres* au début du semestre ? _____

   _____

2. Qui perd souvent *la clé* (key) *de sa chambre* ? _____

3. Où est-ce que vous avez fait *vos devoirs* hier soir ? _____

4. Quand est-ce que votre prof rend *les devoirs* ? _____

5. Où est-ce que vous avez préparé *l'examen final* le semestre dernier ? _____

   _____

6. Pourquoi est-ce que vous admirez *votre prof* ? _____

7. Quand est-ce que vous avez visité votre université pour la première fois ? _____

   _____

8. Comment est-ce que vous avez trouvé vos notes le semestre dernier ? _____

   _____

ÉCRIVONS

6-7 La maison de vacances. Imaginez que vous passez des vacances à la plage avec des amis ou avec votre famille. Envoyez un courriel à des amis dans lequel vous décrivez la maison ou l'appartement que vous louez.

A. Avant d'écrire. Commencez par ces activités.

1. Faites une liste d'adjectifs pour décrire la maison ou l'appartement.
   (par exemple : *grande, neuve, moderne...*)

2. Ajoutez d'autres caractéristiques marquantes.
   (par exemple : *beaucoup de fenêtres, deux étages, un grand jardin...*)

3. Faites une liste des pièces.
   (par exemple : *une grande cuisine, quatre chambres, une terrasse*)

B. En écrivant. Rédigez votre courriel. Faites un paragraphe de cinq à six phrases.

MODÈLE   *Chers Donna et Sean,*
La maison que nous louons est très grande avec deux étages et beaucoup de fenêtres. Cette maison est neuve et très moderne. Il y a une grande cuisine et quatre chambres. Comme ça, nous pouvons recevoir des invités sans problème... Quand est-ce que vous allez passer une fin de semaine avec nous ?...

Amitiés, Paul

C. Après avoir écrit. Relisez votre lettre. Avez-vous inclus tous les éléments mentionnés dans l'exercice A ? Est-ce que votre description de la maison est intéressante ? Vous pouvez ajouter d'autres adjectifs ou d'autres détails pour la rendre plus vivante. Regardez attentivement votre lettre pour vérifier qu'il n'y a pas de fautes d'orthographe et que les adjectifs s'accordent avec les noms et que les verbes s'accordent avec les sujets.

Leçon 2 *Je suis chez moi*

POINTS DE DÉPART

6-8 Ce qu'il y a chez moi. Dites ce que vous avez et ce que vous n'avez pas chez vous.

MODÈLE   un réfrigérateur ?   *Oui, il y a un petit réfrigérateur chez moi.*

             OU   *Non, je n'ai pas de réfrigérateur.*

1. un grand lit ? _____

2. un beau tapis ? _____

3. une armoire ? _____

4. des placards ? _____

5. des rideaux ? _____

6. un grand fauteuil ? _____

7. un coin cuisine ? _____

6-9 La résidence universitaire. Décrivez une chambre typique dans les résidences universitaires sur votre campus. Si vous habitez la résidence, décrivez votre chambre. Si vous n'habitez pas la résidence, demandez à des amis comment c'est.

MODÈLE   *Dans les résidences universitaires à l'Université X, il y a deux étudiants par chambre. Les chambres n'ont pas de salle de bains. Mais, il y a une ou deux salles de bains avec des toilettes à chaque étage. Les chambres sont assez petites et...*

_____

_____

_____

_____

_____

_____

6-10 Mais non ! Changez les mots en italique pour corriger ces phrases illogiques.

MODÈLE   Ma mère a un grand réfrigérateur et deux fours dans *la salle de bains*.
Ma mère a un grand réfrigérateur et deux fours dans la cuisine.

1. Mes parents habitent *la résidence universitaire*.

_____

2. Mon lit est *sur* mon fauteuil.

_____

3. Dans ma chambre, j'ai beaucoup de vêtements *sous* mon armoire.

_____

4. Mon chat Minou dort *sous la porte de ma chambre*.

_____

5. Chez moi, il y a un beau tapis *sur* mon bureau.

_____

FORMES ET FONCTIONS

1. *Les pronoms compléments d'objet indirect* lui *et* leur

6-11 Vos habitudes au téléphone. Imaginez que vous répondez à un sondage fait par TELUS Québec pour déterminer vos habitudes au téléphone.

MODÈLE   Est-ce que vous téléphonez souvent à votre mère ?
Oui, je lui téléphone tous les jours.

1. Quand est-ce que vous téléphonez à vos parents ?

_____

2. Est-ce que vous téléphonez à votre père la fin de semaine ?

_____

3. Est-ce que vous téléphonez souvent à vos amis ?

_____

4. Quand est-ce que vous téléphonez à votre grand-mère ?

_____

5. Combien de fois par semaine est-ce que vous téléphonez à votre meilleur/e ami/e ?

_____

6-12 Des questions personnelles. Répondez aux questions suivantes d'une façon personnelle. Utilisez un pronom complément d'objet indirect dans votre réponse.

MODÈLE   Quand est-ce que vous écrivez à vos parents ?
        Je leur écris quand j'ai besoin d'argent !

1. Combien de fois par semestre est-ce que vous parlez à vos profs dans leurs bureaux ?

   _____

2. Qu'est-ce que vous aimez offrir à votre copain / copine pour Noël ?

   _____

3. Qu'est-ce que vous préférez apporter à vos amis quand vous êtes invité/e ?

   _____

4. Qu'est-ce que vous dites au prof de français quand vous n'avez pas fait vos devoirs ?

   _____

5. Qu'est-ce que vous empruntez souvent à votre colocataire ?

   _____

2. *Les pronoms compléments d'objet* me, te, nous, vous

6-13 On va tout savoir. Répondez à ces questions d'une manière personnelle.

MODÈLE   Qu'est-ce que votre meilleur/e ami/e vous apporte quand il/elle part en vacances ?
        Elle m'apporte des petits souvenirs et elle me montre ses photos.

1. Quand est-ce que votre mère vous écrit ?

   _____

2. Qu'est-ce que le prof de français vous dit quand vous et vos camarades de classe n'avez pas fait vos devoirs ?

   _____

3. Qu'est-ce que votre colocataire vous prête de temps en temps ?

   _____

4. Qu'est-ce que votre colocataire ne vous prête jamais ?

   _____

5. Combien de fois par mois est-ce que vos parents vous téléphonent ?

   _____

6-14 La générosité. Dites aux personnes suivantes les objets que vous voulez bien leur prêter.

MODÈLE   À votre sœur : « *Je te prête volontiers mon chandail noir et mes sandales.* »

1. À votre petit frère : « _____ »

2. À vos camarades de classe : « _____ »

3. À votre meilleur/e ami/e : « _____ »

4. À vos parents : « _____ »

5. À votre prof de français : « _____ »

6. À votre copain/copine : « _____ »

ÉCRIVONS

6-15 Une nouvelle résidence. Votre arrière grand-tante est décédée et elle vous a laissé une petite somme d'argent. Vous pouvez enfin acheter une maison. Écrivez une lettre qui précise ce que vous cherchez à un agent immobilier (*real estate agent*).

A. Avant d'écrire. Pour commencer, complétez ces activités.

1. Précisez la situation géographique de la maison que vous voulez.
   (par exemple : *dans un quartier résidentiel*)

2. Précisez la taille de la maison.
   (par exemple : *assez grande*, *avec trois chambres…*)

3. Faites une liste des caractéristiques que vous recherchez dans une maison.
   (par exemple : *une grande cuisine bien équipée…*)

4. Faites une liste de trois ou quatre activités que vous allez faire dans votre maison.
   (par exemple : *faire la cuisine, aller faire du jogging tous les jours…*)

B. En écrivant. Rédigez votre lettre.

MODÈLE   *Madame/Monsieur,*
          Je cherche une maison dans un quartier résidentiel où je peux faire du jogging et de la natation. Je voudrais une maison avec un jardin et…
          J'aime bien faire la cuisine, donc une grande cuisine bien équipée est essentielle…
          En attendant votre réponse, je vous adresse mes salutations les meilleures.
                                                                      Mademoiselle Dumont

C. Après avoir écrit. Relisez votre lettre pour vérifier que vous avez inclus tous les éléments que vous avez mentionnés dans l'exercice A. Est-ce que vous avez commencé et terminé la lettre avec une des formules appropriées ? Relisez votre lettre de nouveau et vérifiez que les adjectifs que vous avez employés s'accordent bien avec les noms, et que les verbes s'accordent avec leurs sujets.

Leçon 3 *La vie à la campagne*

POINTS DE DÉPART

6-16 On aime la nature. D'après leurs goûts, dites où ces personnes vont passer leurs vacances.

MODÈLE   Guy et Anne aiment se promener sur la plage.   *Ils vont aller à la mer.*

1. Anaïs aime faire de l'alpinisme. _____

2. Vous adorez aller à la pêche. _____

3. Tu aimes bien te promener au milieu des arbres. _____

4. Paul est sportif ; il aime les randonnées. _____

5. On veut faire du canoë. _____

6. Ma grand-mère adore s'occuper de ses carottes et de ses tomates. _____

6-17 Au choix. Choisissez un endroit et dites pourquoi vous voudriez passer une journée là.

MODÈLE   dans un champ ou près d'une rivière ?
          Je préfère passer ma journée près d'une rivière parce que j'adore nager quand il fait chaud.

1. à la montagne ou à la campagne ? _____

_____

2. dans la vallée ou au sommet d'une montagne ? _____

_____

3. au bord d'un lac ou au bord d'une rivière ? _____

_____

4. en ville ou à la campagne ? _____

_____

5. dans la forêt ou dans un champ ? _____

_____

6. au lac ou à la mer ? _____

_____

FORMES ET FONCTIONS

1. Faire des suggestions avec l'imparfait

6-18 Des suggestions. En classe, votre prof de français préfère les suggestions plutôt que les ordres autoritaires. Transformez ces ordres en suggestions.

MODÈLE   Regardez le tableau !   *Si vous regardiez le tableau ?*

1. Faites attention ! _____

2. Fermez vos livres ! _____

3. Préparez l'examen ! _____

4. Parlez en français ! _____

Vous essayez la même technique avec votre petit frère à la maison.

MODÈLE   Range ta chambre !   *Si tu rangeais ta chambre ?*

5. Ferme la porte ! _____

6. Mange ta salade ! _____

7. Mets la table ! _____

8. Va au lit ! _____

6-19 Il n'y a rien à faire ! Votre famille et vos amis n'ont pas beaucoup d'idées. Proposez-leur des activités qu'ils peuvent faire seuls ou avec vous.

MODÈLE   un ami :   *Si on allait à la campagne cette fin de semaine ?*
             un petit cousin :   *Si tu faisais de la bicyclette avec tes copains ?*

1. une sœur : _____

2. des camarades de classe : _____

3. un prof de français : _____

4. une amie sportive : _____

5. des grands-parents : _____

6. un ami sérieux : _____

2. *L'imparfait : la description au passé*

6-20 Les habitudes. Dites ce que votre famille et vous faisiez quand vous étiez enfant.

MODÈLE   Souvent *j'allais à la pêche avec mon grand-père quand il faisait beau.*

1. Quelquefois mon père _____

2. Souvent, ma sœur _____

3. La fin de semaine, ma famille et moi _____

4. D'habitude, ma mère _____

5. Tous les vendredis soirs, je _____

6-21 Les activités d'hier. Décrivez ce que vous faisiez hier à l'heure indiquée.

MODÈLE   À 6 h 30 *je dormais tranquillement chez moi.*

1. À 8 h 00 _____

2. À 9 h 30 _____

3. À 12 h 00 _____

4. À 17 h 45 _____

5. À 21 h 15 _____

3. *Les nombres à partir de cent*

6-22 Les montants. Practise writing out cheques for the following amounts.

MODÈLE   58 $: Payez contre ce chèque _____*cinquante-huit dollars*_____
                                                   somme en toutes lettres

1.   1 201 $: Payez contre ce chèque _____
                                                      somme en toutes lettres

2.   295 $: Payez contre ce chèque _____
                                                      somme en toutes lettres

3.   489 $: Payez contre ce chèque _____
                                                      somme en toutes lettres

4.   176 $: Payez contre ce chèque _____
                                                      somme en toutes lettres

5.   200 $: Payez contre ce chèque _____
                                                      somme en toutes lettres

6-23 Les annonces. In formal invitations or announcements, the date is often written out. Complete these invitations and announcements with the date indicated. Remember that in French, the day comes first followed by the month and then the year.

MODÈLE   *Le mariage de Marie-Hélène et André* (le 18-08-1990)
le dix-huit août mille neuf cent quatre-vingt-dix

1. *la naissance de Katherine* (le 09-05-1991)

_____

2. *le mariage de Line et David* (le 04-05-2002)

_____

3. *la naissance de Stéphanie* (le 07-05-1992)

_____

4. *la naissance de Chérie* (le 13-09-1996)

_____

5. *le mariage de Stéphanie et Guillaume* (le 18-07-1998)

_____

6. *la naissance de Pauline* (le 14-02-2004)

_____

ÉCRIVONS

6-24 Un mystère. Vous voulez écrire un polar (*un roman à suspense*). Rédigez le premier paragraphe dans lequel vous décrivez la scène du crime.

A. Avant d'écrire. Pour commencer, faites les activités suivantes.

1. Complétez le tableau avec les détails de la scène :

L'heure du crime	
L'endroit où le crime a eu lieu	
Le temps qu'il faisait	

2. Faites une liste de deux ou trois adjectifs qui décrivent l'apparence physique d'un passant qui observe le crime.
   (par exemple : *jeune, bien habillé, portait un costume noir…*)

3. Ajoutez deux ou trois adjectifs de plus qui décrivent les émotions de ce passant.
   (par exemple : *troublé, anxieux…*)

B. En écrivant. Rédigez le début de votre polar.

MODÈLE   *Il était une heure du matin, et il y avait du brouillard dans les rues de... Un homme passait dans la rue. Il était jeune et assez bien habillé. Il portait un costume noir,... et il avait un parapluie noir à la main...*

C. Après avoir écrit. Relisez votre paragraphe. Est-ce qu'il y a du suspense ? S'il n'y en a pas, pensez aux changements que vous pouvez faire pour rendre votre paragraphe plus intéressant. Est-ce que vous avez inclus plusieurs détails sur l'heure, l'endroit et le temps qu'il faisait ? Vérifiez que les verbes qui décrivent la scène et le (ou les) passant/s au passé sont à l'imparfait. Vérifiez que la forme de ces verbes est correcte.

LISONS

6-25 À la recherche d'un logement

A. Avant de lire. This excerpt is from a novel *L'Emploi du Temps*, by Michel Butor. The main character is a Frenchman who is working in London for a year. The novel is written as a journal in which he records his daily activities. Before you read, answer these questions in English.

1. The main character repeatedly attempts and fails to find a place to stay. How do you think this makes him feel about his search? _____
   _____

2. This man is single and doesn't make much money. What type of lodging do you think he might be looking for? _____
   _____

B. En lisant. As you read, select the description which best fits the story in each chart.

Over and over . . .		
Doors	open	closed
Conversations	difficult	friendly
Problems	his accent	strange questions
Availability	available	already taken

This time . . .		
The woman	speaks to him	doesn't speak to him
The heat	exists	doesn't exist
Restrictions	none	some
The room	sad	comfortable

L'emploi du temps
MARDI 27 MAI

Il m'a fallu° toute la semaine pour épuiser° ma liste de chambres…
I needed/terminer

Souvent j'ai trouvé les portes fermées, et quand on m'ouvrait, après une conversation pénible° sur le seuil°, pénible non seulement à cause de mon mauvais accent et des particularités dialectales de mes interlocuteurs, mais aussi, la plupart du temps, de leur air soupçonneux°, de leurs questions bizarres, on m'apprenait que j'étais venu trop tard, que la place était déjà prise.
difficile
on the doorstep
suspicious

Une fois seulement, je crois, cette semaine-là, une femme m'a fait entrer, … qui après m'avoir dit : « il n'y a pas de chauffage, mais vous pouvez acheter un radiateur à pétrole ; vous serez tout à fait libre, la seule chose que je vous demande, c'est de ne pas rentrer après dix heures du soir », et d'autres phrases que je n'ai pas comprises, ou dont je ne me souviens plus°, sur le même ton sans réplique, m'a fait visiter une chambre sans table, plus mal meublée encore, plus étroite et plus triste encore que celle que j'occupais à « l'Ecrou », où je ne parvenais pas° à me réchauffer.
no longer remember
n'arrivais pas

Il me fallait recommencer les travaux préliminaires, de nouveau déchiffrer° l'*Evening News*, repérer° d'autres rues sur le plan, relever° d'autres numéros de bus.
décoder, comprendre/trouver
écrire

Michel BUTOR, *L'Emploi du Temps* © Editions de Minuit.

C. Après avoir lu. Now that you've read the passage, complete the following activities.

1. Based on the text, do you believe the Frenchman will take the room? Why or why not?

2. Remember (or imagine) a time when you were looking for a place to live and were not having much luck. Were your feelings similar to those of the main character? In what ways?

3. Thinking back on the episode described in (1), write a short paragraph, in French, that describes either the best or the worst place you visited during your search for a place to live.

Venez chez nous !   *À la découverte de la France : les provinces*

6-26 Les langues régionales. Pour chaque langue régionale, identifiez la région où elle est parlée. Vous pouvez consulter des encyclopédies, votre manuel, un moteur de recherche sur l'Internet ou *MyFrenchLab* pour ce chapitre (choisissez *Student Resources* et cliquez sur *Web Links*) pour trouver des liens utiles. La première réponse vous est donnée comme exemple.

__*e*__ 1. l'alsacien	**a.** dans le Languedoc-Roussillon
_____ 2. le basque	**b.** à Nice
_____ 3. le breton	**c.** en Corse
_____ 4. le catalan	**d.** en Bretagne
_____ 5. le corse	**e.** en Alsace
_____ 6. le niçois	**f.** dans le Sud de la France
_____ 7. l'occitan	**g.** au Pays Basque

6-27 Encore des langues. Pour chaque langue régionale de l'exercice 6-26, donnez une phrase en exemple. Pour trouver ces phrases, vous pouvez consulter votre manuel, un moteur de recherche sur l'Internet ou *MyFrenchLab* pour ce chapitre (choisissez *Student Resources* et cliquez sur *Web Links*) qui propose des liens utiles. Écrivez ces phrases accompagnées de leur traduction en français sur une feuille séparée.

6-28 La région de... Choisissez une région de France (par exemple l'Alsace, la Bretagne, la Corse, la Normandie, la Provence, la Touraine) et complétez le tableau suivant. Vous pouvez consulter des atlas, des encyclopédies, des guides touristiques, votre manuel ou *MyFrenchLab* pour ce chapitre (choisissez *Student Resources* et cliquez sur *Web Links*) pour trouver des liens utiles.

LA RÉGION :	
Situation géographique	
Paysage	
Population	
Superficie	
Plats traditionnels	
Langue(s)	
Attractions touristiques	

6-29 La France. Avez-vous déjà visité la France ? Quelle/s région/s est-ce que vous avez visitée/s ? Rédigez un paragraphe où vous décrivez votre séjour en France et les régions que vous avez visitées. Qu'est-ce que vous avez vu (*seen*) ? Quel temps faisait-il ? Qu'est-ce que vous avez fait ? Avec qui est-ce que vous avez voyagé ? Si vous n'avez pas encore visité la France, écrivez un paragraphe sur la région que vous voulez visiter. Donnez les raisons pour lesquelles vous avez choisi cette région.

Pour aller plus loin : Pour en savoir plus sur les régions de France ou pour préparer un voyage en France, consultez *MyFrenchLab* pour ce chapitre, choisissez *Student Resources* et cliquez sur *Web Links* pour découvrir des liens utiles.

Lab Manual

Leçon 1   *La vie en ville*

POINTS DE DÉPART

6-30 Une grande maison. Madeleine is showing her new house to her friends. Listen to each of her statements and select the letter corresponding to the room or place she is probably describing.

MODÈLE   Vous entendez :   Tu peux garer ta voiture ici.
　　　　　Vous lisez :   **a.** le garage
　　　　　　　　　　　　b. la salle de bains
　　　　　Vous choisissez :   <u>**a.**</u>

1. **a.** la cuisine
   b. la salle à manger

2. **a.** la chambre
   b. la salle de bains

3. **a.** la salle de séjour
   b. la salle à manger

4. **a.** la salle de séjour
   b. la cuisine

5. **a.** le garage
   b. la chambre

6. **a.** la terrasse
   b. les toilettes

6-31 Les petites annonces. Mélèdge, an African student living in Paris, is looking for a new place to live. Listen to the message a friend has left on his answering machine about two different apartments that are available. For each apartment, write down the information specified. Some information has been filled in for you as an example.

1. Type d'appartement : *un studio en centre-ville* _____

   Description de pièces : _____

   Étage : _____   Loyer : _____

   Autre(s) information(s) : _____

2. Type d'appartement : _____

   Description de pièces : _____

   Étage : _____   Loyer : _____

   Autre(s) information(s) : _____

6-32 À quel étage ? Laurent works as a concierge in a large apartment building. Listen as he provides information to visitors about where the residents live. Complete the chart below by writing the correct floor and the apartment number next to the name of each resident. The first line has been completed for you as an example.

Nom	Étage	Appartement
M. et Mme Philippou	cinquième	508
Docteur Mevégand		
Mlle Thomas		
M. Camus		
Mme Truong		
Professeur Garcia		
M. et Mme Sarr		

SONS ET LETTRES

La consonne l

6-33 Discrimination. Listen to the following pairs of words. For each pair, select the letter that corresponds to the word which has the sound /l/.

MODÈLE   Vous entendez :   **a.** Gilles   **b.** fille
              Vous choisissez :   **a.**   **b.**

1. a   b   4. a   b

2. a   b   5. a   b

3. a   b   6. a   b

6-34 Phrases. Pronounce the following sentences, being sure to place your tongue against the back of your upper front teeth to form the final **l**.

1. Quelle école ?   5. Pas mal !

2. Il gèle !   6. Elles sont drôles !

3. Quelle belle ville !   7. Elles sont jumelles.

4. Il est difficile !

FORMES ET FONCTIONS

1. Les verbes en -ir comme choisir

6-35 Changements. Céline and Michelle are discussing their children over lunch. Select the verb form that you hear in each of their sentences.

MODÈLE   Vous entendez :   Julie grandit beaucoup.
Vous choisissez :   grandis   <u>grandit</u>

1.   rougissent   rougissons
2.   désobéis   désobéit
3.   punissent   punissez
4.   réfléchissons   réfléchissent
5.   choisis   choisit
6.   grossis   grossit

6-36 Sondage. A survey is being conducted to learn more about people's views of living in the city. Write the number of each question you hear next to the most appropriate response below. Number one has been completed for you as an example.

_____ **a.** Non, les gens n'obéissent pas aux règles en général !

_____ **b.** Je choisis la maison parce qu'il y a plus de place.

_____ **c.** Je finis à 17 h 00, pourquoi ?

___1___ **d.** Pas vraiment, mes voisins sont très discrets.

_____ **e.** Le trois-pièces sans ascenseur ! Comme cela on maigrit !

2. Les pronoms compléments d'objet direct le, la, l', les

6-37 Répliques. You are in your apartment building lobby and you overhear people talking. Select the most appropriate reply to each of the comments that you hear. Pay attention to the gender of the object pronoun.

MODÈLE   Vous entendez :   Tu vas préparer le repas ce soir ?
Vous lisez :   **a.** Ah non, c'est à toi de le préparer ce soir.
b. Ah non, c'est à toi de la préparer ce soir.
Vous choisissez :   <u>a.</u>

1.   **a.** Non, je ne l'attends pas.
     b. Non, je ne les attends pas.

2.   **a.** Je l'ai dans ma poche.
     b. Je ne les ai pas.

3.   **a.** Je vais la rendre à la bibliothèque.
     b. Je vais le rendre à la bibliothèque.

4.   **a.** Mais je ne la regarde pas !
     b. Mais je ne les regarde pas !

5.   **a.** Elle les a garées au coin.
     b. Elle l'a garée au coin.

6.   **a.** Oui, ils vont les acheter.
     b. Oui, ils vont l'acheter.

6-38 Chacun son goût. Buying a new home is stressful, and Patrick and his wife Élise do not seem to agree about anything. For each statement, write a negative response using the appropriate object pronoun to avoid repetition. You may stop the recording while you write.

MODÈLE   Vous entendez : J'aime bien le deux-pièces de la rue Kléber.

Vous écrivez :   Et bien moi, *je ne l'aime pas.*

OU   Et bien moi, *je le déteste.*

1. Et bien moi, _____

2. Et bien moi, _____

3. Et bien moi, _____

4. Et bien moi, _____

5. Et bien moi, _____

Mise en pratique

6-39 L'agent immobilier

A. Avant d'écouter. Laure is looking for a new place to live, and a real estate agent is presenting several possibilities to her. Before you listen, think about the type of information he is likely to provide: for example, location, size, etc.

B. En écoutant.

1. The first time you listen, indicate in each case whether he is describing a studio or a full-sized apartment, and where it is located. You may stop the recording while you write.

2. The second time you listen, write down a brief description of each apartment, and tell what the rent is.

3. Then, listen a third time and add any other important details. Some information has been provided for you as an example.

	Type of dwelling	Location	Description	Rent	Details
1.	Studio	*à l'extérieur de la ville*	*2 chambres,…*		
	<u>Appartement</u>	*6ᵉ étage*			
2.	Studio				
	Appartement				
3.	Studio				
	Appartement				

C. Après avoir écouté. Write down three to four sentences, in French, to describe where you live.

J'habite _____

_____

_____

_____

Leçon 2 *Je suis chez moi*

POINTS DE DÉPART

6-40 Un studio. Fabienne is looking for a furnished apartment. She has located a sketch of a potential studio online and has called the agent to ask a few questions. Pretend that you are the agent and answer **oui** or **non** to Fabienne's questions based on the sketch of the studio below.

1. oui   non   4. oui   non

2. oui   non   5. oui   non

3. oui   non   6. oui   non

6-41 Une mauvaise ligne. Salima is describing her new apartment to her father over the phone but her sentences sound incomplete because of a bad connection. Listen to and complete her sentences by selecting the letters corresponding to the most logical possibilities from the choices below.

MODÈLE   Vous entendez :   L'immeuble est assez…
          Vous lisez :   **a.** moderne
                             b. confortable
          Vous choisissez : <u>**a.**</u>

1. **a.** meublé

   b. agréable

2. **a.** bien équipée

   b. vieille

3. **a.** désagréable

   b. nouveau

4. **a.** petite

   b. abîmée

5. **a.** grande

   b. chère

6. **a.** rénové

   b. confortable

SONS ET LETTRES

La consonne r

6-42 Répétez. Repeat the following words, during the pauses, being sure to keep the tip of your tongue pointing down. Do not move it up or back.

1. j'arrive

2. orange

3. le garage

4. sérieux

5. vous p**r**éférez

6. la guita**r**e

7. fai**r**e

8. le soi**r**

6-43 Liaisons et enchaînements. Repeat the following sentences during the pauses, paying attention to the linking across words.

1. La chamb**r**e à coucher est pa**r**faite.

2. Pourquoi mes affaires sont pa**r** terre ? **R**ange-les dans le placard !

3. Pierre leur a offert un **r**éfrigérateur et une cuisinière pour leur mariage.

4. L'appartement du dernier étage est t**r**ès agréable et entièrement **r**énové.

FORMES ET FONCTIONS

1. Les pronoms compléments d'objet indirect lui et leur

6-44 La crémaillère. Christelle and Gérard are giving a housewarming party (**pendre la crémaillère**). Listen to the conversations of their guests, and select **logique** if the second statement is a logical response to the first and **illogique** if it is illogical. Pay particular attention to the choice of indirect-object pronouns in the responses.

MODÈLE   Vous entendez :   —Qu'est-ce que tu as offert à Christelle et Gérard pour la crémaillère ?
                                                    —Je lui ai offert un vase.
                    Vous choisissez :   logique   <u>illogique</u>

1.	logique	illogique		**4.**	logique	illogique
2.	logique	illogique		**5.**	logique	illogique
3.	logique	illogique		**6.**	logique	illogique

6-45 Recommandations. Your mother is concerned because you are about to move into your first apartment. Reassure her by answering her questions affirmatively, using indirect-object pronouns. You may stop the recording while you write.

MODÈLE   Vous entendez :   Tu as parlé au propriétaire ?
                    Vous écrivez :   Mais oui Maman, *je lui ai parlé.*

1. Mais oui Maman, _____ ma nouvelle adresse.

2. Mais oui Maman, _____ .

3. Mais oui Maman, _____ le loyer.

4. Mais oui Maman, _____ .

5. Mais oui Maman, _____ de m'aider.

6. Mais oui Maman, _____ un double des clés (*keys*).

2. *Les pronoms compléments d'objet* me, te, nous, vous

6-46 **Logique ou illogique ?** While waiting in a real estate agent's office, Marcel overhears assorted conversations. After listening to each conversation, select **logique** if the second statement is a logical response to the first, and **illogique** if it is an illogical response.

MODÈLE   Vous entendez :   —Pourquoi est-ce que tu ne m'as pas donné ton adresse ?

—Mais je t'ai donné mon adresse. Voyons !

Vous choisissez :   <u>logique</u>   illogique

1.   logique   illogique   4.   logique   illogique

2.   logique   illogique   5.   logique   illogique

3.   logique   illogique   6.   logique   illogique

6-47 **Entente cordiale.** The family has gathered at Christian's new house and he is on his best behaviour. Write down his affirmative answer to each person's request. You may stop the recording while you write.

MODÈLE   Vous entendez :   Tu nous montres le jardin ?

Vous écrivez :   Bien sûr, *je vous montre* le jardin.

1. Bien sûr, _____ le séjour.

2. Bien sûr, _____ mon CD.

3. Bien sûr, _____ du champagne ce soir.

4. Bien sûr, _____ au restaurant.

5. Bien sûr, _____ dans la cuisine.

6. Bien sûr, _____ un gâteau.

Mise en pratique

6-48 Un nouveau logement

A. Avant d'écouter. What kind of home would you like to live in? Complete the chart below to indicate what you would look for in a home.

Type of dwelling	
Location	
Rooms	
Furnishings	

B. En écoutant. Pierre and Denise Gagné have moved recently. Listen as Denise describes their new home.

1. The first time you listen, write down what type of home they have chosen and where it is located.

2. The second time you listen, check off which rooms—and how many of each—their new home includes.

3. Next, listen carefully to the description of each room and check off what furnishings there are and in what quantity.

4. Finally, listen again and write down two advantages and two disadvantages of their new home.

Some information has been provided for you as an example.

1. Type of dwelling: _____

2. Location: _____

3. __3__ pièces _____ chambre(s) _____ cuisine(s)

 _____ garage _____ W.-C. _____ salle(s) de bains

 _____ salle(s) à manger _____ salle(s) de séjour

4. _____ douche(s) _____ baignoire(s) _____ lit(s)

 _____ frigo _____ placard(s) _____ cuisinière

 _____ table(s) _____ chaise(s) _____ canapé(s)

 _____ fauteuil(s) _____ bureau(x) _____ armoire(s)

5. Advantages: _____

 _____

6. Disadvantages: _____

 _____

C. Après avoir écouté. Write three to four sentences, in French, to indicate how the features of Pierre and Denise's home compare to what you yourself would look for in a home.

MODÈLE   *L'appartement de Denise et Pierre est dans le centre-ville, et moi je préfère un quartier résidentiel...*

_____

_____

_____

_____

_____

Leçon 3 *La vie à la campagne*

POINTS DE DÉPART

6-49 Une maison à la campagne. Karine and Olivier have different perspectives about life in the country as opposed to life in the city. Listen to each of their statements, selecting **campagne** if the statement describes life in the country, or **ville** if it describes city life.

MODÈLE   Vous entendez :   On peut aller au bord du lac.
         Vous choisissez :   <u>campagne</u>   ville

1.	campagne	ville	**4.**	campagne	ville
2.	campagne	ville	**5.**	campagne	ville
3.	campagne	ville	**6.**	campagne	ville

6-50 Tout près de la nature. A geography professor is describing various geographical features to her class. Write the number of each description you hear next to the name of the feature. Number one has been completed for you as an example.

_____ **a.** un bois   _____ **d.** un lac

_____ **b.** un champ   _____ **e.** une vallée

___1___ **c.** une colline   _____ **f.** une plage

FORMES ET FONCTIONS

1. *Faire des suggestions avec l'imparfait*

6-51 Suggestion ou demande ? Aline is getting bored at a family gathering and keeps interrupting her parents. Each time she speaks to her parents, select **demande** if she is asking a question, or **suggestion** if she is making a suggestion.

MODÈLE   Vous entendez :   Si on allait en ville ?
               Vous choisissez :   demande   <u>suggestion</u>

1.	demande	suggestion	4.	demande	suggestion
2.	demande	suggestion	5.	demande	suggestion
3.	demande	suggestion	6.	demande	suggestion

6-52 Dimanche à la campagne. Bertrand is spending the day at his country house with his friends Martine and François. Listen to their comments, writing down a logical suggestion in response to each one. You may stop the recording while you write.

MODÈLE   Vous entendez :   J'aime écouter de la musique.
               Vous écrivez :   *Si on écoutait de la musique classique ?*

1. _____

2. _____

3. _____

4. _____

5. _____

6. _____

2. L'imparfait : la description au passé

6-53 Les histoires de grand-mère. Joël is visiting his grandmother who lives in the country. Listen as she tells him about her younger days and select the letters that correspond to Joël's most likely responses.

MODÈLE   Vous entendez :   Mon frère et moi allions souvent au bord du lac.
Vous lisez :   **a.** Vous aimiez aller à la pêche.
b. Vous n'aimiez pas aller à la pêche.
Vous choisissez : <u>**a.**</u>

1.   **a.** Tu détestais te promener dans les champs.

   b. Tu aimais te promener dans les champs.

2.   **a.** Vous deviez lire beaucoup.

   b. Vous deviez vous amuser.

3.   **a.** Vous ne faisiez jamais de pique-nique.

   b. Vous faisiez souvent des pique-niques.

4.   **a.** Ton père aimait faire la cuisine.

   b. Ta mère aimait faire la cuisine.

5.   **a.** Tu aimais travailler dans le potager.

   b. Tu détestais travailler dans le jardin.

6.   **a.** Ton père ne voulait jamais se détendre.

   b. Ton père refusait de travailler le week-end.

6-54 Souvenirs. Chantal is describing the vacations she used to spend in the country as a little girl. Complete her story with the correct subject and verb forms that you hear. The first sentence has been completed for you as an example.

Chaque été _nous partions_ le premier août, comme tout le monde. (1) _____ y _____ toujours beaucoup de circulation à la sortie de la ville, mais quand (2) _____ en Auvergne, (3) _____ calme. Le premier jour, (4) _____ jamais grand-chose. Mon frère et moi (5) _____ faire une randonnée dans les bois, s' (6) _____ pas. (7) _____ de bonne heure, car (8) _____ l'air de la campagne fatigant.

3. Les nombres à partir de cent

6-55 Le code postal. Before leaving on her summer vacation, Christiane double checks her friends' addresses. Select the postal code that you hear in each address.

MODÈLE   You hear: 2 rue Faidherbe, 59800 Lille
              You select: <u>59800</u>   69800

1.	81600	81500	4.	62180	72180
2.	85710	95710	5.	46090	48090
3.	34230	34330	6.	61540	71540

6-56 Faisons les comptes. Lucien is a sales representative. Listen as he calculates his monthly commissions and write down the numbers that you hear.

MODÈLE   You hear: Pour janvier, ça fait 450 euros.
              You write: janvier : ___450___ euros

1. février : _____ euros   4. mai : _____ euros

2. mars : _____ euros   5. juin : _____ euros

3. avril : _____ euros   6. juillet : _____ euros

Mise en pratique

6-57 Contrastes

A. Avant d'écouter. Write down, in French, the activities you enjoy when you spend a weekend in the country.

faire une promenade, _____

_____

_____

B. En écoutant. It is Monday morning and everybody is back at work. Mme Chapon and M. Lefort are talking about their weekend activities.

1. The first time you listen, write down the weekend activities of Mme Chapon and those of her husband. Some information has been provided for you as an example.

   Mme Chapon : *Elle s'est occupée du potager,* _____

   _____

   Son mari : _____

   _____

2. The second time you listen, write down what M. Lefort and his wife did last weekend, as well as what their daughter did.

M. Lefort et sa femme : _____

_____

Leur fille : _____

_____

3. The third time you listen, write down one advantage of spending a weekend in the country.

Avantage : _____

_____

C. Après avoir écouté.

What do you do in general on the weekend? Write down three to four sentences to describe your weekend activities. How do they compare with the weekend activities of M. and Mme Chapon and M. and Mme Lefort?

La fin de semaine, je _____

_____

_____

_____

_____

Video Manual

6-58 Mon quartier. In this clip, Pauline describes her favourite part of Paris—her own neighbourhood.

1. Paris is divided into sections called **arrondissements**. Look at the map of Paris below: how many **arrondissements** are there?

_____

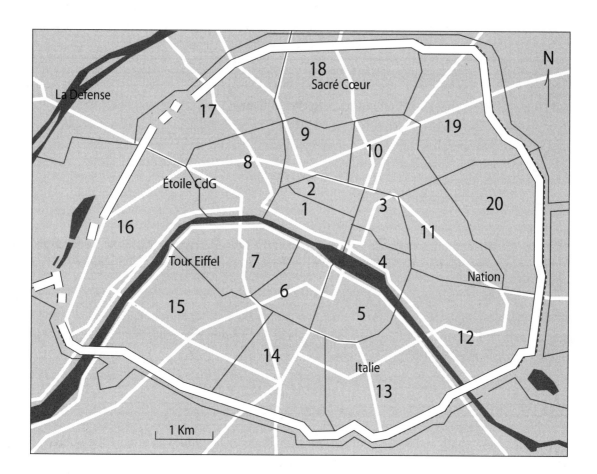

2. Now listen and watch as Pauline describes and visits different places in her neighbourhood. Indicate the order in which you see each place.

_____1_____ son appartement

_____ la boulangerie

_____ le cinéma

_____ le marché

_____ le métro

_____ le parc

3. What three aspects of her neighbourhood does Pauline highlight?

_____   _____   Date : _____

6-59 À la découverte de la France : les provinces. Use this montage showing different regions in France to get an idea of the country's geographic diversity. Begin by looking at the map of France on the inside cover of your textbook; notice that there are twenty different regions in France.
Now watch the montage:

1. What regions can you recognize?

_____

_____

2. Are there any sites or monuments that you recognize? Which ones?

_____

_____

3. Did you see any places that you would like to visit? If so, which ones?

_____

_____

OBSERVONS

6-60 Visitons Seillans. You may already have completed the **Observons** activity in the **Venez chez nous !** lesson of this chapter. If not, you will find it helpful to go back and complete that activity before moving on to the questions below.

A. Avant de regarder. Find the link on MyFrenchLab (select Student Resources and click on Web Links) to the **villages classés de France**. Select Seillans, and read the description provided. What makes this village charming, according to the Website?

_____

_____

B. En regardant. Now watch and listen to the mayor of Seillans as he guides us around the village. Compare his description to the one you found on the Internet. What common elements do you find in the two descriptions?

1. _the small shady squares_____

2. _____

3. _____

C. Après avoir regardé. Return to the Website you found to visit other **villages classés**. Which villages would you be interested in visiting, and why? Is there any designation equivalent to the French **villages classés** where you live? Is it a good idea to single out villages in this way? Why or why not?

_____

_____

_____

Chapitre

Les relations personnelles

Workbook

Leçon **1** *Les jeunes et la vie*

POINTS DE DÉPART

7-1 Les définitions. Pour chaque mot ou expression, trouvez une définition. La première réponse vous est donnée comme exemple.

___*h*___ 1. être bien dans sa peau

_____ 2. être autoritaire

_____ 3. être célibataire

_____ 4. avoir de bons rapports avec ses parents

_____ 5. avoir le goût du travail

_____ 6. avoir des racines multiculturelles

_____ 7. être rebelle

_____ 8. une famille recomposée

_____ 9. une femme au foyer

a. une femme qui ne travaille pas hors de la maison

b. ne pas avoir de problèmes avec ses parents

c. être travailleur/travailleuse

d. avoir un beau-père/une belle-mère et des demi-frères et sœurs

e. être strict, exigeant

f. ne pas toujours obéir

g. ne pas être marié/e

h. avoir confiance en soi

i. avoir des parents de cultures différentes

7-2 Qu'est-ce que vous en pensez ? Dites si vous êtes d'accord (*in agreement*) ou pas d'accord (*in disagreement*) avec les déclarations suivantes et expliquez vos réponses.

MODÈLE Avoir des grands-parents, c'est important pour des jeunes.

D'accord : Les grands-parents sont très importants pour les jeunes. Ils ont souvent plus de patience que les parents, et ils peuvent aider leurs petits-enfants. Ils ont beaucoup de choses à apprendre aux jeunes.

1. Avoir des racines multiculturelles, c'est une richesse.

_____

_____

_____

2. Avoir une famille traditionnelle, c'est très important pour les jeunes.

_____

_____

3. Avoir une famille recomposée, c'est difficile pour les enfants.

_____

_____

4. La vie était plus facile pour mes parents quand ils avaient mon âge.

_____

_____

FORMES ET FONCTIONS

1. *Les verbes de communication* écrire, lire *et* dire

7-3 On écrit. Ces personnes cherchent le moyen le plus efficace pour exprimer leurs idées à l'écrit. À partir de la liste ci-dessous, déterminez quel moyen elles vont utiliser.

une autobiographie	une critique	une pièce de théâtre	un rapport
un article	une lettre	un poème	un roman

MODÈLE   Vous devez décrire le système politique en France pour votre prof de sciences-politiques.
Vous écrivez un rapport.

1. Justine veut décrire son séjour en Afrique à une amie.

_____

2. Je veux raconter ma vie quand j'étais enfant.

_____

3. Tu veux critiquer l'ONU (l'Organisation des Nations unies).

_____

4. Vos profs veulent publier leur recherche en linguistique appliquée.

_____

5. Un ami veut critiquer la société moderne d'une façon créative.

_____

7-4 La lecture. D'après la situation indiquée, dites ce que ces gens lisent. Vous pouvez consulter la liste de mots de l'exercice 7–3 pour vous donner des idées.

MODÈLE   Vous vous intéressez aux événements politiques actuels.
            Vous lisez des journaux comme Le Devoir *ou* Le Monde.

1. Elle adore les œuvres de Shakespeare et de Molière. _____

2. Nous n'avons pas beaucoup de temps pour lire. _____

3. Ils préparent un rapport sur les élections. _____

4. Tu aimes les histoires d'amour. _____

5. Je _____

7-5 Et vous ? Répondez aux questions suivantes.

MODÈLE   Qu'est-ce que votre mère vous dit quand vous êtes triste ?
            Elle me dit : « Ne sois pas triste, ma chérie/mon chéri. Ça va aller. »

1. Quand est-ce que votre copain/copine vous écrit ?

_____

2. Qu'est-ce que vos amis vous disent quand ils ont envie de sortir ?

_____

3. Combien de livres est-ce que vous avez lus l'été dernier ?

_____

4. Qu'est-ce que vous préférez lire ?

_____

5. À qui est-ce que vous écrivez le plus souvent ?

_____

2. *Imparfait et passé composé : description et narration*

7-6 La Famille-ours et une petite fille curieuse.

Voici un extrait d'une histoire pour enfants que vous connaissez sans doute. Décidez si on doit mettre les verbes au passé composé ou à l'imparfait en soulignant la forme appropriée. Le premier verbe a été souligné pour vous comme exemple.

Il [a été / <u>était</u>] une fois une famille d'ours qui [a habité / habitait] une jolie maison dans les bois. Tous les matins, Maman-ours [a préparé / préparait] des céréales chaudes pour sa famille. Un matin, Papa-ours [a dit / disait] : « C'est trop chaud. Attendons avant de manger. » La Famille-ours [a décidé / décidait] de faire une promenade dans les bois avant de manger.

De l'autre côté de la forêt, une petite fille [s'est réveillée / se réveillait]. Il [a fait / faisait] beau. Elle [a décidé / décidait] de faire une promenade dans les bois. Elle [a découvert / découvrait] la maison de la Famille-ours. Elle [a ouvert / ouvrait] la porte et elle [est entrée / entrait] dans la maison. Elle [a eu / avait] faim (*hungry*). Elle [a goûté / goûtait] (*tasted*) aux trois bols de céréales sur la table. Celui de Papa-ours [a été / était] trop chaud. Celui de Maman-ours [a été / était] trop froid. Mais celui de Bébé-ours [a été / était] parfait. La petite fille [a mangé / mangeait] le bol entier !

Après le petit déjeuner, elle [a été / était] fatiguée, donc elle [a monté / montait] l'escalier pour trouver un lit confortable. Dans la chambre, il y [a eu / avait] trois lits. Elle [a essayé / essayait] (*tried*) le lit de Bébé-ours ; [ça a été / c'était] parfait. La petite fille [s'est endormie / s'endormait] tout de suite. Elle [a dormi / dormait] tranquillement quand les trois ours [sont rentrés / rentraient] à la maison…

7-7 Le courrier électronique.

Imaginez que vous envoyez un message par courrier électronique à un/e ami/e. Décrivez votre fin de semaine.

MODÈLE *Salut Sébastien, Quelle fin de semaine ! Je voulais faire de la planche à voile avec des amis, mais il a plu toute la fin de semaine. Nous avons dû rester chez nous. Samedi soir, nous avons regardé un DVD à la télé et ensuite nous avons joué aux cartes… Dimanche il faisait assez beau, et…*
Amitiés, Laurent

_____

_____

_____

_____

_____

ÉCRIVONS

7-8 Mon enfance. Rédigez un ou deux paragraphes qui parlent d'une activité que vous faisiez souvent quand vous étiez jeune.

A. Avant d'écrire. Pour commencer, complétez ce tableau pour vous aider à vous organiser.

L'activité :	
Quand ?	
Où ?	
Avec qui ?	
Autres détails :	

B. En écrivant. Maintenant, rédigez un paragraphe qui raconte l'activité que vous avez décrite dans l'exercice A.

MODÈLE

Quand j'avais douze ans, je jouais au softball tout l'été. Mon père était l'entraîneur de notre équipe. J'aimais beaucoup les filles qui jouaient avec moi... Un jour il y a eu un match spécial. Il faisait beau ce jour-là. Nous jouions contre nos rivales, les Hornet. Pour une fois, nous gagnions, quand soudainement il a commencé à pleuvoir. Nous avons attendu quelques minutes, mais il a continué à pleuvoir. Ils ont décidé d'annuler le match. Quand nous avons recommencé à jouer quelques jours plus tard, nous avons perdu !

C. Après avoir écrit. Relisez votre texte et soulignez chaque verbe. Avez-vous utilisé les verbes à l'imparfait pour parler des actions habituelles et pour les détails descriptifs comme le temps, l'heure et les états psychologiques ? Quels verbes est-ce que vous avez mis au passé composé ? Pourquoi ? Vérifiez que vous avez fait le bon choix entre le passé composé et l'imparfait pour chaque verbe du texte. Vérifiez également que vous avez utilisé la forme correcte des verbes à l'imparfait et que, pour les verbes au passé composé, vous avez choisi le bon auxiliaire (**avoir** ou **être**). Enfin, vérifiez que la forme du participe passé est correcte.

Leçon 2 *Les grands événements de la vie*

POINTS DE DÉPART

7-9 Les vœux. Vous travaillez comme traducteur/traductrice (*translator*) pour la société *Hallmark*. Vous devez trouver des expressions françaises appropriées pour les situations suivantes.

MODÈLE   le 25 décembre : *Joyeux Noël !*

1. une femme qui fête ses 40 ans : _____

2. un couple qui vient d'avoir un bébé : _____

3. le 31 décembre : _____

4. un couple qui annonce ses fiançailles : _____

5. un jeune homme qui finit ses études : _____

7-10 Les fêtes. Complétez ces phrases.

MODÈLE   La fête que je préfère, c'est *Noël parce que j'adore offrir des cadeaux à ma famille et à mes amis. J'aime bien aussi les chants de Noël et le sapin de Noël, surtout quand il est très décoré.*

1. La fête que je préfère, c'est…

   _____

   _____

   _____

2. La fête que mes parents préfèrent, c'est…

   _____

   _____

   _____

3. Une fête que je n'aime pas du tout, c'est…

   _____

   _____

   _____

4. La fête la plus importante pour ma famille, c'est…

   _____

   _____

   _____

FORMES ET FONCTIONS

1. L'imparfait et le passé composé : d'autres contrastes

7-11 Des explications raisonnables. Imaginez ce que ces personnes faisaient hier au lieu de faire ce qui est indiqué.

MODÈLE   Jean-Patrick ne m'a pas téléphoné à huit heures.
              Il parlait au téléphone avec sa nouvelle copine.

1. Sophie n'a pas travaillé au McDo hier après-midi.

   _____

2. Nicolas et Laurence n'ont pas fait leurs devoirs entre sept heures et huit heures hier soir.

   _____

3. Marc n'a pas joué au hockey avec ses copains à quatre heures de l'après-midi, comme prévu.

   _____

4. Vous n'avez pas rendu visite à votre grand-mère hier après-midi.

   _____

5. Nous n'étions pas à la piscine hier matin.

   _____

6. Tu n'as pas fait la cuisine.

   _____

7-12 La dernière semaine du semestre. C'est la dernière semaine du semestre avant les examens finals. Bien sûr, votre routine a un peu changé. Précisez ces changements en comparant votre routine pendant le semestre avec les activités de cette semaine.

MODÈLE   Le vendredi, *je travaillais au département de mathématiques.*
              Ce vendredi, *j'ai préparé mon examen de français à la bibliothèque.*

1. Le lundi, _____

   Ce lundi, _____

2. Le mardi, _____

   Ce mardi, _____

3. Le jeudi, _____

   Ce jeudi, _____

4. La fin de semaine, _____

   Cette fin de semaine, _____

2. Le plus-que-parfait

7-13 Qu'est-ce qu'ils ont dit ? C'est Noël ! Vous assistez au réveillon. Votre grand-père est un peu malentendant (*hard of hearing*). Aidez-le à comprendre ce que tout le monde a dit.

MODÈLE   Nathalie / acheter une nouvelle auto
*Nathalie a dit qu'**elle avait acheté** une nouvelle auto.*

1. Frédéric / demander à Marie-Claire de l'épouser

   _____

2. Patricia / faire un voyage à Vancouver en octobre

   _____

3. Monique / ses parents / se séparer cet été

   _____

4. Jean-Claude et sa femme / s'amuser pendant les grandes vacances

   _____

5. Luc / voir un grand défilé le 24 juin

   _____

7-14 Quelle énergie ! Votre cousin Michel raconte tout ce qu'il a fait avant de venir au réveillon.

MODÈLE   se lever à six heures du matin
*Il a dit qu'il **s'était levé** à six heures du matin.*

1. se promener avec son chien pendant deux heures

   _____

2. répondre à 20 courriels

   _____

3. lire le journal

   _____

4. écrire 15 cartes de vœux

   _____

5. s'amuser à compléter deux mots croisés

   _____

ÉCRIVONS

7-15 Un événement important. Choisissez une photo d'une fête passée en famille. Écrivez quelques paragraphes pour décrire la fête et les personnes qui étaient là.

A. Avant d'écrire. Pour commencer, complétez ces activités.

1. Écrivez une phrase pour identifier l'événement.
   (par exemple : *C'était le jour du baptême de mon cousin.*)

2. Regardez la photo et faites une liste des gens qui sont là.
   (par exemple : *mon petit cousin, ses parents, ma sœur (la marraine), mon beau-frère...*)

3. Pensez à ce jour-là et faites une liste d'autres activités qui ne sont pas représentées sur la photo.
   (par exemple : *la cérémonie à l'église, la fête chez ma grand-mère, le match de soccer avec mes cousins et mes oncles...*)

4. Écrivez une phrase de conclusion qui donne votre impression à propos de cette fête.
   (par exemple : *C'était une journée très agréable.*)

B. En écrivant. Maintenant rédigez votre description.

MODÈLE   *C'était le jour du baptême de mon petit cousin, James. Ma sœur, Stéphanie, était la marraine, et le parrain, c'était mon beau-frère Frank. Les parents de mon cousin étaient un peu stressés ce jour-ci, surtout la maman. Mais, mon cousin était très sage et très calme...*

   D'abord, nous étions à l'église pour la cérémonie. Après nous sommes allés chez ma grand-mère pour une fête avec toute la famille. Il faisait beau et nous avons fait un match de soccer avec mes cousins et mes oncles. Le match était très drôle...

   En tout, c'était une journée très agréable.

C. Après avoir écrit. Relisez votre description de l'événement et comparez-la avec la photo. Est-ce que vous avez bien décrit l'image ? Est-ce que vous avez ajouté d'autres détails sur la journée et toutes les activités ? Vérifiez que vous avez utilisé l'imparfait et le passé composé pour parler de cette fête passée. Est-ce que vous avez utilisé l'imparfait pour la description et le passé composé pour les actions qui font avancer le récit ? Vérifiez que vous avez utilisé l'auxiliaire correct pour tous les verbes au passé composé.

Leçon 3 *Les émotions*

POINTS DE DÉPART

7-16 L'humeur qui change. Donnez une explication possible pour les sentiments de ces personnes.

MODÈLE   votre frère : *Il est heureux parce qu'il a rencontré la femme idéale !*

1. votre père : _____

2. votre colocataire : _____

3. votre oncle : _____

4. votre ami : _____

5. vous : _____

7-17 Les émotions. Décrivez une situation qui provoque ces émotions chez les personnes indiquées.

MODÈLE   votre mère : fâchée
         Elle est fâchée quand je ne range pas ma chambre.

1. votre colocataire : anxieux/anxieuse

_____

2. votre prof : heureux/heureuse

_____

3. votre meilleur/e ami/e : gêné/e

_____

4. votre ami/e : stressé/e

_____

5. vous-même : ?

_____

FORMES ET FONCTIONS

1. Les verbes pronominaux

7-18 Autrement dit. Trouvez une autre manière d'exprimer ces phrases avec des verbes pronominaux.

MODÈLE   Anne arrive toujours en retard. *Elle ne se dépêche jamais.*

1. Nous parlons au téléphone chaque jour. _____

2. Vous aimez beaucoup le cinéma. _____

3. Elle n'oublie jamais les noms. _____

4. Jeremy et Gregory ne trouvent rien à faire. _____

5. Margaux et Sarah sont de bonnes amies. _____

6. Tu es assez nerveux. _____

7-19 C'est prévisible. Dites à quel moment ou dans quelle situation il arrive à ces personnes de...

MODÈLE   s'inquiéter : Ma mère *s'inquiète quand j'arrive un peu en retard.*

1. se fâcher : Mon père _____

2. s'énerver : Mon prof de français _____

3. s'amuser : Mes amis _____

4. s'embrasser : Ma mère et moi _____

5. s'ennuyer : Mes amis et moi _____

6. se dépêcher : Je _____

2. Les verbes connaître et savoir

7-20 C'est logique. Trouvez une suite logique pour chaque phrase. La première réponse vous est donnée comme modèle.

_c_	1. Mon prof de français connaît	**a.** où ils se sont rencontrés ?
_____	2. Nous connaissons	**b.** que son mari a eu un accident.
_____	3. J'ai connu	**c.** bien Baie-Comeau.
_____	4. Ce matin, elle a su	**d.** calmer les enfants. C'est un bon prof.
_____	5. Est-ce que vous savez	**e.** les voisins qui habitent en face.
_____	6. Il sait	**f.** la fiancée de mon frère ?
_____	7. Est-ce que tu connais	**g.** Sabrina l'été dernier.

7-21 Du talent. Quels sont les talents de vos amis et de vos parents ?

MODÈLE   votre prof de chorale : *Il sait bien chanter. Il sait aussi composer un chœur.*

1. vos parents : _____

2. votre grand-père : _____

3. votre colocataire : _____

4. votre ami/e et vous : _____

5. vous-même : _____

7-22 Les connaissances. Précisez si les personnes suivantes se connaissent personnellement.

MODÈLE   moi / les gens qui habitent en face
          Je les connais personnellement.
OU   *Je ne les connais pas personnellement.*

1. mon prof de français / le président de la France _____

2. mes grands-parents / Don Cherry _____

3. ma sœur et moi / nos cousins _____

4. moi / mon prof de français _____

5. mes amis et moi / le président de l'université _____

6. mes amis / le lieutenant-gouverneur _____

ÉCRIVONS

7-23 Les études à l'étranger. Imaginez que vous vous préparez à passer une année au Québec comme étudiant/e. Écrivez un courriel à un/e ami/e qui vous connaît très bien.

A. Avant d'écrire. Pour commencer, complétez ces activités sur une feuille séparée.

1. Faites une liste des émotions que vous pouvez avoir en ce moment.
   (par exemple : *content, stressé, un peu anxieux*)

2. Faites une liste de vos incertitudes et de vos craintes (*fears*).
   (par exemple : *Est-ce que je vais pouvoir comprendre les Québécois ? Est-ce que je vais aimer la cuisine ?*)

3. Faites une liste de vos espoirs (*hopes*) pour cette expérience.
   (par exemple : *parler mieux français, connaître des étudiants français, visiter la ville de Québec*)

B. En écrivant. Rédigez votre lettre.

MODÈLE   *Cher Carl,*
          Comme tu le sais, je vais partir dans quelques semaines pour étudier au Québec. Je suis très content, mais il reste encore beaucoup de choses à faire. Je suis un peu anxieux… Et parfois je me pose des questions. Est-ce que je vais comprendre les gens quand ils parlent français ? Est-ce que…
          Je connais beaucoup de personnes qui ont bien aimé leur séjour au Québec, mais je connais aussi des gens qui ont eu des expériences difficiles…
          J'espère (hope) que je vais parler mieux français après mon séjour et…
                                                                          Amitiés,
                                                                          Richard

C. Après avoir écrit. Relisez votre courriel. Avez-vous mentionné vos émotions et vos incertitudes ? Est-ce que vous avez parlé également de vos espoirs ? Est-ce que votre courriel est en général positif ou négatif ? Renseignez-vous sur les possibilités pour partir étudier au Québec ou dans un pays francophone qui existent à votre université.

LISONS

7-24 La détresse et l'enchantement

A. Avant de lire. You are going to read an excerpt from the autobiography of a French-Canadian writer, Gabrielle Roy. This passage describes the shopping trips she often took with her mother when she was a little girl. Before you read the passage, answer these questions in English.

1. Think about a memorable shopping excursion with an older family member when you were a child. What kind of feelings are evoked by this memory?

   _____

   _____

2. Gabrielle Roy discusses her experience growing up francophone in a non-francophone region of Canada (Manitoba). What kind of things would you expect her to discuss?

   _____

   _____

B. En lisant. As you read, look for the following information. (Note: You will see the verb *demanda* in the literary past tense. You should recognize this as the verb *demander*.)

1. Fill in the following chart to describe the shopping excursions:

Shopping trips	
When did they leave?	
How did they travel?	
What was her mother's mood when they started off?	

2. The author mentions two possible scenarios for how the day would unfold once they had arrived at Eaton's. Tell what determined whether it would be a good or a bad day and describe what would happen on each type of day.

   determining factor: _____

   on a good day: _____

   on a bad day: _____

Nous partions habituellement de bonne heure, maman et moi, et à pied[1] quand c'était l'été… En partant, maman était le plus souvent rieuse[2], portée à l'optimisme et même au rêve[3], comme si de laisser derrière elle la maison, notre ville, le réseau[4] habituel de ses contraintes et obligations, la libérait…

C'était à notre arrivée chez Eaton seulement que se décidait si nous allions oui ou non passer à la lutte[5] ouverte. Tout dépendait de l'humeur de maman…

Si maman était dans ses bonnes journées, le moral haut… elle passait à l'attaque. Elle exigeait[6] une de nos compatriotes pour nous venir en aide. Autant maman était énergique, autant, je l'avais déjà remarqué, le chef de rayon était obligeant. Il envoyait vite quérir[7] une dame ou une demoiselle une telle, qui se trouvait souvent être de nos connaissances, parfois même une voisine. Alors s'engageait… la plus aimable et paisible des conversations…

Mais il arrivait à maman de se sentir vaincue[8] d'avance, lasse[9] de cette lutte toujours à reprendre, jamais gagnée une fois pour toutes, et de trouver plus simple, moins fatigant de « sortir », comme elle disait, son anglais.

Nous allions de comptoir en comptoir. Maman ne se débrouillait[10] pas trop mal, gestes et mimiques aidant. Parfois survenait une vraie difficulté comme ce jour où elle demanda « a yard or two of chinese skin to put under the coat… », maman ayant en tête[11] d'acheter une mesure de peau de chamois pour en faire une doublure[12] de manteau.

[1]on foot   [2]laughing   [3]dream   [4]network   [5]struggle   [6]demanded   [7]demander   [8]conquered
[9]fatiguée   [10]get by   [11]in her head   [12]lining

Gabrielle Roy, *La détresse et l'enchantement*. © Fonds Gabrielle Roy.

C. Après avoir lu. Now that you've read the article, answer these questions.

1. The author recounts one episode involving a linguistic misunderstanding. Her mother wanted to buy some chamois cloth to line a coat but asked for something different. Why would the author think this situation was difficult? Why do you think the author chose to include this particular example?

2. What do you think about the mother's choice to use the French language or the English language when she goes shopping? Do you think one approach was better than the other? Why or why not?

3. Do you think linguistic situations similar to those evoked in this passage arise in present-day Canada? If so, where might they occur and why? If not, why not?

4. Have you ever been in a situation where you were speaking a foreign language and had a big misunderstanding due to something that you said the wrong way? Or have you ever been in a situation where a foreign person trying to communicate with you said something very strange? Describe the situation(s).

Venez chez nous ! *Les rituels*

7-25 La fête nationale. Complétez le tableau suivant avec des informations sur la fête nationale au Québec, en France et dans un autre pays francophone de votre choix. Vous pouvez consulter votre manuel, des ouvrages de référence ou *MyFrenchLab* pour ce chapitre (choisissez *Student Resources* et cliquez sur *Web Links*) pour trouver des liens utiles.

Les fêtes nationales			
	au Québec	**en France**	**???**
Le jour :			
Des activités typiques :			
Autres détails (par exemple, l'origine historique) :			

7-26 Le Mardi gras en Louisiane. Est-ce que vous connaissez la fête du Mardi gras en Louisiane ? Est-ce que vous avez déjà participé à cette fête ? Quand ? Avec qui ? Est-ce que c'était intéressant ? Pourquoi ? Écrivez un ou deux paragraphes pour décrire vos expériences. Si vous ne la connaissez pas, faites un peu de recherche pour mieux la comprendre. Vous pouvez consulter *MyFrenchLab* pour ce chapitre (choisissez *Student Resources* et cliquez sur *Web Links*) pour des liens utiles. Ensuite, écrivez un ou deux paragraphes pour décrire cette fête à un/e correspondant/e francophone qui ne la connaît pas non plus.

7-27 Le Mali et le Maroc. Voice deux pays africains francophones. C'est à vous de présenter ces deux pays comme si vous vous adressiez à des gens qui voudraient y aller comme touristes. Vous pouvez consulter des atlas, des encyclopédies, d'autres ouvrages de référence à la bibliothèque, des guides touristiques ou *MyFrenchLab* pour ce chapitre (choisissez *Student Resources* et cliquez sur *Web Links*) pour trouver des liens utiles pour compléter ces tableaux.

	le Mali	le Maroc
Capitale		
Chef d'état		
La monnaie		
Langues		
Visas		*Passeport en cours de validité et visa*
Climat		
Précautions médicales conseillées	*Prophylaxie contre…*	
Activités touristiques		

Pour aller plus loin : Pour en savoir plus sur les rites et les rituels dans le monde francophone, consultez *MyFrenchLab* pour ce chapitre, choisissez *Student Resources*, et cliquez sur *Web Links*.

Lab Manual

Leçon 1 *Les jeunes et la vie*

POINTS DE DÉPART

7-28 La famille. Valérie, a seven-year-old, is talking about her friends and their families. Match each of her statements with a logical restatement, chosen from the list below. Number one has been completed for you as an example.

_____ **a.** Alors, ils vivent en union libre.

_____ **b.** Ce sont des parents autoritaires sans doute.

_____ **c.** Alors, elle a de bons rapports avec ses parents.

___1___ **d.** Donc, il a un père absent.

_____ **e.** Ah, c'est une mère célibataire.

_____ **f.** Donc, c'est un père au foyer.

7-29 Les jeunes parlent. After interviewing a group of young people, a counsellor reviews his notes. Select the letter corresponding to the sentence that most logically follows each of his statements.

MODÈLE   Vous entendez :   La mère de Martine est absente.
                    Vous lisez :   **a.** Elle a un père au foyer.
                                        b. Elle a un père célibataire.
                    Vous choisissez :   **b.**

1. **a.** Elle vient d'une famille monoparentale.

    b. Elle a des racines multiculturelles.

2. **a.** Elle a une famille recomposée.

    b. Elle a une famille étendue.

3. **a.** Il n'a pas de frères ni de sœurs.

    b. Il a seulement un parent au foyer.

4. **a.** Elle est bien dans sa peau.

    b. C'est une rebelle.

5. **a.** Elle vient d'une famille recomposée.

    b. Elle vit avec ses grands-parents.

6. **a.** Ses parents sont autoritaires.

    b. Ses parents sont indulgents.

FORMES ET FONCTIONS

1. *Les verbes de communication* écrire, lire *et* dire

7-30 Combien ? Listen as two students talk about their reading assignments. For each statement that you hear, select **1** if the subject of the sentence is one person and **1+** if it is more than one person.

MODÈLE   Vous entendez :   Il décrit les personnages.
           Vous choisissez :   <u>1</u>   1+

1.   1   1+   4.   1   1+
2.   1   1+   5.   1   1+
3.   1   1+   6.   1   1+

7-31 Les garçons. Two teenage girls are talking about boys their own age. Listen to each of their comments and questions, and select the correct form of the verb **dire**, **écrire**, or **lire** that you hear.

MODÈLE   Vous entendez :   Ils n'écrivent pas bien.
           Vous choisissez :   écris   <u>écrivent</u>

1.   lis   lisent   4.   dis   dit
2.   lisons   lisent   5.   lis   lit
3.   dit   dites   6.   écris   écrit

2. *Imparfait et passé composé : description et narration*

7-32 Paroles. Maurice is telling his grandchildren a story. Listen to each of his statements and select **action** if the statement describes a completed event or **information** if the statement provides background information.

MODÈLE   Vous entendez :   Il faisait très froid ce soir là.
           Vous choisissez :   action   <u>information</u>

1.   action   information   4.   action   information
2.   action   information   5.   action   information
3.   action   information   6.   action   information

7-33 Questions personnelles. Karine wants to learn more about your childhood. Answer her questions in writing. You may stop the recording while you write.

MODÈLE   Vous entendez :   Comment étaient tes parents quand tu avais dix ans ?
           Vous écrivez :   *Ils étaient assez indulgents avec moi.*

1. _____

2. _____

3. _____

4. _____

5. _____

6. _____

Mise en pratique

7-34 La vie de famille en francophonie

A. Avant d'écouter. Do you believe there is such a thing as a "typical family"? Why or why not? Make a list in French of different ways to describe the family unit.

_____

_____

_____

B. En écoutant. An international family conference for youths from francophone countries is being held in Montreal. Listen as Jan, Catherine, and Amina introduce themselves and describe their experiences.

1. The first time you listen, write down the country each person comes from.

2. The second time you listen, indicate each person's family situation and the sort of relationship he/she has with both parents.

3. The third time you listen, write down what memories each of them has about their childhood.

Some information has been provided for you.

	Jan	Catherine	Amina
Country of origin		*Suisse*	
Family situation	*– parents divorcés*	–	–
	–	–	–
	–		
Thoughts about childhood	–	–	*– n'aimait pas être différente parce qu'elle a des racines maghrébines*

C. Après avoir écouté. If you were attending the international family conference for youths, how would you introduce yourself and describe your own experience? Write three to four sentences in French, following the examples of Jan, Catherine, and Amina.

Je m'appelle _____

_____

_____

_____

Leçon 2   *Les grands événements de la vie*

POINTS DE DÉPART

7-35 Les photos. Valérie is looking at Isabelle's family photos. Listen as she describes each picture, and write down its number next to its title. Number one has been completed for you as an example.

_____ **a.** le baptême

_____ **b.** Noël

_____ **c.** mon anniversaire

___1___ **d.** là, c'est quand je suis née

_____ **e.** en vacances

_____ **f.** le jour des Rois

7-36 Qu'est-ce que c'est ? Thierry is helping an American friend learn a few French phrases. Select the letter corresponding to the occasion when each expression would most likely be used.

MODÈLE   Vous entendez :   Joyeux anniversaire !
            Vous lisez :   **a.** C'est un anniversaire.
                            b. C'est Pâques
            Vous choisissez : **a.**

1. **a.** C'est le Nouvel An.

   b. C'est la Chandeleur.

2. **a.** C'est le jour des Rois.

   b. C'est Noël.

3. **a.** C'est la Toussaint.

   b. C'est un mariage.

4. **a.** C'est un mariage.

   b. C'est Pâques.

5. **a.** C'est un anniversaire.

   b. C'est la fête du Travail.

6. **a.** C'est le Nouvel An.

   b. C'est Noël.

SONS ET LETTRES

La semi-voyelle /j/

7-37 Discrimination. Listen to the following pairs of words and select the letter of the word that contains the semi-vowel /j/.

MODÈLE   Vous entendez :   **a.** mari
                                b. mariage
             Vous choisissez :   **b.**

1.	a	b		**4.**	a	b
2.	a	b		**5.**	a	b
3.	a	b		**6.**	a	b

7-38 Répétition. Repeat the following sentences in the pauses provided.

1. Le mariage est mieux considéré que l'union libre.

2. Certains pensent que le mariage est ennuyeux.

3. Les étudiants ont une vision pessimiste de leur avenir professionnel.

4. C'est idiot de dire que Mireille n'est pas travailleuse.

FORMES ET FONCTIONS

1. L'imparfait et le passé composé : d'autres contrastes

7-39 Conversations. While waiting for class, Laurie overhears other students talking. Listen to what they are saying, and select **habitude** if a statement describes a habitual action or enduring state in the past, or **événement** if it tells about an event that occurred at a specific time in the past.

MODÈLE   Vous entendez :   Mes parents ont acheté une nouvelle maison la semaine dernière.
             Vous choisissez :   habitude   <u>événement</u>

1.	habitude	événement		**4.**	habitude	événement
2.	habitude	événement		**5.**	habitude	événement
3.	habitude	événement		**6.**	habitude	événement

7-40 Interruptions. Explain why you were very late for class this morning. Use the cues that you will hear to tell what you were doing when various interruptions occurred. You may stop the recording while you write.

MODÈLE   Vous entendez :   Le réveil a sonné.
                Vous lisez :   dormir
                Vous écrivez :   *Je dormais quand le réveil a sonné.*

1. s'habiller : _____
2. manger : _____
3. neiger : _____
4. aller à la fac : _____
5. parler avec lui : _____
6. courir : _____

Mise en pratique

7-41 Souvenirs d'enfance

A. Avant d'écouter. Think about your childhood, then note two pleasant memories and two not-so-pleasant memories.

_____

_____

_____

_____

B. En écoutant. Now, listen as Robert and Denise compare childhood memories. Select the letter that corresponds to the phrase that best completes each statement below.

1. Quand il était petit, Robert

    a. faisait du camping en été.

    b. jouait au foot.

    c. regardait le sport à la télé avec son frère et son père.

2. Contrairement à Robert, Denise

    a. rendait souvent visite à sa famille.

    b. rendait rarement visite à ses grands-parents.

    c. préférait être seule.

3. Le dimanche, Robert

    a. jouait du piano.

    b. sortait avec ses amis.

    c. écoutait de la musique dans sa chambre.

4. Le dimanche, Denise ne pouvait pas accompagner ses parents parce qu'elle

    a. ne voulait pas.

    b. avait trop de devoirs.

    c. regardait la télé.

C. Après avoir écouté. How do your childhood experiences compare to those of Robert and Denise? Write three to four sentences about your own childhood.

Le dimanche, nous _____

_____

_____

_____

_____

Leçon 3 *Les émotions*

POINTS DE DÉPART

7-42 Les ennuis. Listen as family members reassure each other. Write the number of each statement you hear under the scene to which it corresponds. Number one has been completed for you as an example.

a. ___1___

b. _____

c. _____

d. _____

e. _____

7-43 Dans le bus. Listen to the comments made by passengers on a crowded city bus. Write the number of each comment next to the most appropriate reaction. Number one has been completed for you as an example.

_____ **a.** Calme-toi, voyons !

_____ **b.** C'est pas vrai !

_____ **c.** Formidable !

_____ **d.** Ça m'est égal.

___1___ **e.** Ah, mince !

_____ **f.** Pardon, je suis désolé(e) !

Sons et lettres

Les semi-voyelles /w/ et /ɥ/

7-44 Contrastes. Repeat the following pairs of words. The second word in each pair begins with a semi-vowel. To pronounce it well, make sure to begin with your lips and tongue in the same position as for the vowel in the first word of the pair.

1. nous / noir
2. joue / jouer
3. chou / chouette
4. où / oui

5. j'ai pu / puis
6. j'ai eu / huit
7. salut / saluer
8. j'ai su / la Suisse

7-45 Phrases. Repeat the following sentences during the pauses, paying careful attention to the semi-vowels.

1. Louis est joyeux aujourd'hui.
2. J'ai envie de suivre un cours de linguistique.
3. On fait beaucoup de bruit dans la cuisine.
4. Il fait froid et il y a des nuages.
5. C'est bien ennuyeux. Ma voiture ne marche pas.

FORMES ET FONCTIONS

1. Les verbes pronominaux

7-46 C'est logique ? Karim is talking about couples who live in his building. Each time he makes a comment, select the letter corresponding to the statement most compatible with his description.

MODÈLE   Vous entendez :   Les Garcia ont beaucoup de petits-enfants.
         Vous lisez :   **a.** Ils s'occupent souvent d'eux.
                           b. Ils se dépêchent.
         Vous choisissez : <u>**a.**</u>

1. **a.** Ils vont bientôt divorcer.

   b. Ils s'entendent bien.

2. **a.** Ils viennent de tomber amoureux.

   b. Ils habitent ensemble depuis deux ans.

3. **a.** Ils n'ont rien en commun.

   b. Ils s'entendent bien.

4. **a.** Ils veulent se détendre.

   b. Ils ne se rappellent pas.

5. **a.** Elle se promène souvent.

   b. Elle se fâche facilement.

6. **a.** Les Valois s'inquiètent.

   b. Les Valois se promènent.

7-47 Réactions. Listen to Geoffroy recount the day's events. Choosing from the verbs listed below, indicate his probable reaction to each situation. You may stop the recording while you write.

s'amuser, se dépêcher, s'ennuyer, se fâcher, s'inquiéter, se reposer

MODÈLE   Vous entendez :   Il est en retard pour son cours d'économie.
         Vous écrivez :   *Il se dépêche.*

1. _____

2. _____

3. _____

4. _____

5. _____

2. Les verbes connaître et savoir

7-48 Conversations. Didier's grandmother does not always respond logically to his questions. For each statement that you hear, select **logique** if her response is logical, or **illogique** if it is illogical.

MODÈLE   Vous entendez :   —Est-ce que tu sais que Maman fait du yoga ?
                                     —Oui, elle connaît très bien Mme Horta.
              Vous choisissez :   logique   <u>illogique</u>

1.   logique   illogique   4.   logique   illogique

2.   logique   illogique   5.   logique   illogique

3.   logique   illogique   6.   logique   illogique

7-49 Curiosité. Claire wants to get better acquainted with her new friend Ozoua, who is from Togo. For each cue that you hear, write down a question Claire can ask Ozoua, using **connaître** or **savoir**. You may stop the recording while you write.

MODÈLE   Vous entendez :   Paris
              Vous écrivez :   *Est-ce que tu connais Paris ?*

1. _____

2. _____

3. _____

4. _____

5. _____

6. _____

Mise en pratique

7-50 Des émotions bien variées

A. Avant d'écouter. Indicate briefly, in English, the situations in which you experience the emotions specified. Number one has been completed for you as an example.

1. la colère : *when a friend misses an appointment*

2. l'inquiétude : _____

3. la surprise : _____

4. l'embarras : _____

5. la joie : _____

B. En écoutant. Now listen as Sandrine's friends confide in her, expressing their feelings about various events in their lives.

1. The first time you listen, write down the emotion each person expresses in the first column of the chart.

2. The second time you listen, write down the reason for each emotion in the second column of the chart.

Some information has been provided for you as an example.

	Émotions	**Raisons**
1. Marie	*Elle est fâchée.*	
2. Corinne		*Bernard n'appelle pas et ne répond pas aux messages.*
3. Odile		
4. Michelle		
5. Sabine		

C. Après avoir écouté. Do any of the stories you heard correspond to an experience you have had? Write three to four sentences in French describing an emotional experience of your own.

MODÈLE *Un dimanche, mes parents sont sortis, mais je suis restée à la maison parce que j'avais des devoirs. Il y a eu un gros orage et plus d'électricité. J'étais inquiète parce que j'étais toute seule.*

_____

_____

_____

_____

Video Manual

7-51 Une famille, style marocain. Listen and watch as Fadoua describes her family, using a map and photos. She tells where various members of the family now live and where her parents originally came from.

1. Fadoua's immediate family consists of five people—who are they?

   _____

   _____

2. Who currently lives in . . .

   a. Casablanca? _____

   b. Nice? _____

   c. Auvergne? _____

3. Which of her parents is originally from Meknés, and which is from Nice?

   _____

4. What are the elements of a traditional Moroccan family, according to Fadoua?

   _____

   _____

7-52 Les rituels. The montage presents images of ceremonies or rituals that take place in the francophone world. What elements do you see that suggest each of the following events?

1. a national holiday: _____

2. a wedding: _____

3. a family gathering: _____

4. a religious service or celebration: _____

5. a celebration of Christmas and the New Year: _____

Are these the same elements you would expect to see for similar celebrations where you live? Explain your answer.

_____

_____

OBSERVONS

7-53 Rites et traditions. You may already have completed the **Observons** activity in the **Venez chez nous !** lesson of this chapter. If not, you will find it helpful to go back and complete that activity before moving on to the questions below.

A. Avant de regarder. In the clip that you will see, Corinne describes two important events in her life, her baptism and first communion. What do you know about these customs in the Catholic Church? If the nature and symbolic meaning of these rituals are unfamiliar to you, you might wish to do a little basic research before viewing the clip. Visit MyFrenchLab, select Student Resources, and click on Web Links for helpful links.

_____

_____

_____

B. En regardant. As you watch and listen, look for the answers to the following questions.

1. Corinne parle d'abord … de sa petite cousine.

_____ **a.** de la naissance   _____ **b.** du baptême   _____ **c.** de la première communion

2. Pour Corinne, c'était différent ; elle a demandé ce rituel à l'âge de

_____ **a.** 4 ans.   _____ **b.** 14 ans.   _____ **c.** 15 ans.

3. Cela s'est passé le jour de

_____ **a.** Noël.   _____ **b.** Pâques.   _____ **c.** la Saint-Patrice.

4. Pour sa première communion, Corinne était habillée en

_____ **a.** rose.   _____ **b.** bleu.   _____ **c.** blanc.

5. Après, il y a eu un grand

_____ **a.** repas.   _____ **b.** voyage.   _____ **c.** mariage.

6. La pièce-montée, c'est

_____ **a.** une fête.   _____ **b.** un gâteau.   _____ **c.** un cadeau.

C. Après avoir regardé. Corinne remarks that even non-practising Catholics in France tend to celebrate baptisms and first communions. Why might this be so, in your opinion? Can you compare these traditions with any traditions in your own family or community?

_____

_____

_____

_____

Chapitre 8

Du marché à la table

Workbook

Leçon 1 Qu'est-ce que vous prenez ?

POINTS DE DÉPART

8-1 Les boissons et les sandwichs. Identifiez chaque image.

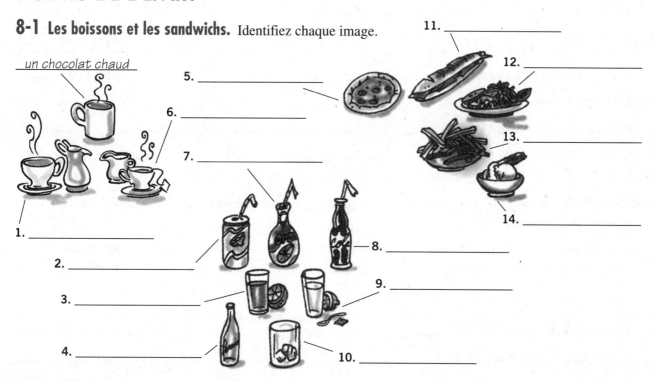

un chocolat chaud

11. _____

5. _____

6. _____

7. _____

12. _____

13. _____

14. _____

1. _____

2. _____

3. _____

4. _____

8. _____

9. _____

10. _____

8-2 Qu'est-ce qu'on prend ? Pour chaque situation, nommez deux boissons appropriées.

MODÈLE   en hiver : _du chocolat chaud, du thé_

1. en été : _____

2. quand on est fatigué : _____

3. avec un sandwich au jambon : _____

4. quand il fait froid : _____

5. pour son anniversaire : _____

FORMES ET FONCTIONS

1. *Les verbes* prendre *et* boire

8-3 Ils ont soif. Dites ce que ces personnes boivent aux moments de la journée indiqués.

MODÈLE mon père / le matin   *Il boit un café au lait.*

1. moi / le soir _____

2. toi / quand il fait chaud _____

3. vous / à quatre heures de l'après-midi _____

4. nous / la fin de semaine _____

5. elles / quand il fait froid _____

8-4 Les langues. Complétez les phrases avec un verbe (**apprendre** ou **comprendre**) et une langue appropriés.

MODÈLE Elle est prof de français. Elle *comprend le français.*

1. Ils étudient en Italie. Ils _____

2. Tu as un cours d'espagnol. Tu _____

3. Ma mère parle toujours anglais. Je _____

4. Nous avons étudié au Maroc. Nous _____

5. Vous travaillez au Portugal. Vous _____

8-5 Les préférences. Dites ce que vos amis et vous prenez aux moments indiqués suivant la liste des collations et des boissons.

| de la bière | des crudités | des frites | une crème glacée | une salade |
| du café noir | du coke | des fruits | une pizza | un sandwich |

MODÈLE Le matin, mon père *prend du café noir.*

1. Comme collation, ma sœur _____

2. Hier soir, mes amis et moi _____

3. La fin de semaine, mes copains _____

4. Hier après-midi, j' _____

5. Après le souper, mes parents _____

2. L'article partitif

8-6 Au café. Vous êtes au café avec des amis. Répondez aux questions de vos amis en expliquant que vous aimez ou que vous n'aimez pas la boisson ou le plat en question.

MODÈLE   Tu veux des frites ?   *Non merci, je n'aime pas les frites.*
                    OU   *Oui. Je veux bien. J'adore les frites.*

1. Tu voudrais du sucre avec le café ? _____

2. Tu prends du lait ? _____

3. Tu veux manger de la pizza ? _____

4. Tu bois de l'eau minérale ? _____

5. Tu veux de la crème glacée ? _____

8-7 La nourriture. Dites ce que ces personnes prennent et ce qu'elles ne prennent pas d'habitude au restaurant.

MODÈLE   votre sœur   *Elle prend du coke, des frites, des hamburgers et de la crème glacée. Elle ne prend pas de crudités.*

1. votre mère _____

_____

2. votre meilleur(e) ami(e) _____

_____

3. votre frère ou sœur _____

_____

4. vos grands-parents _____

_____

5. vous _____

_____

ÉCRIVONS

8-8 Les cafés canadiens. Vous avez appris dans cette leçon que le café joue un rôle important dans la vie des Français. Est-ce qu'il y a un café sur votre campus ou dans la ville près du campus ? Est-ce qu'il y a un autre endroit (une librairie peut-être) qui fonctionne comme un café ? Décrivez cet endroit pour un/e ami/e français/e.

A. Avant d'écrire. Pour commencer, complétez ces activités.

1. Indiquez le nom de cet endroit et précisez ce que c'est. Est-ce un vrai café, un restaurant, un petit magasin où on vend du café, une librairie avec un espace café ?
   (par exemple : *Cooke's. C'est un magasin.*)

2. Faites une liste de quelques adjectifs qui décrivent cet endroit.
   (par exemple : *assez petit, intime, animé*)

3. Faites une liste des aliments qu'on sert dans cet endroit.
   (par exemple : *du café, du thé, des boissons rafraîchissantes, des biscuits*)

4. Donnez votre appréciation de cet endroit.
   (par exemple : *J'aime bien ce petit café dans le centre-ville. Je vais souvent à ce café pour parler avec mes amis. Ce n'est pas trop cher...*)

B. En écrivant. Maintenant, rédigez votre description de ce « café ».

MODÈLE

Sur notre campus, il y a un petit café qui s'appelle Cooke's. Ce n'est pas exactement comme un café en France. C'est en fait un magasin où on vend du café, des choses pour préparer le café et des objets pour la cuisine. Il y a aussi une salle avec des tables. C'est joli et assez animé...

C'est un peu comme un restaurant, mais ils ne servent pas beaucoup de choses. On peut prendre du café, du thé et...

J'aime beaucoup ce café. Mes amis et moi allons souvent chez Cooke's pour discuter et pour prendre un bon café pas trop cher...

C. Après avoir écrit. Relisez votre description du café. Avez-vous inclus tous les éléments que vous avez mentionnés dans l'exercice A ? Regardez de nouveau les boissons et les collations que vous avez citées et vérifiez que vous utilisez correctement les articles partitifs.

Leçon 2 *À table !*

POINTS DE DÉPART

8-9 Au restaurant. Commandez des repas d'après les indications.

MODÈLE   un dîner : *Je désire un sandwich, des frites, un coke et une tarte aux pommes.*

1. un déjeuner léger : _____

2. un souper d'anniversaire : _____

3. un dîner élégant : _____

4. un déjeuner copieux : _____

8-10 Un régime spécial. Vous êtes médecin et vous préparez un régime spécial pour l'un de vos patients. Précisez ce que la personne doit manger pendant une journée typique. Choisissez parmi les patients suivants : un homme qui veut maigrir ; une femme qui va avoir un bébé ; une femme très active ; un enfant de 3 ans.

MODÈLE	patient choisi :	*un enfant de 3 ans*
	au déjeuner :	*des céréales avec du lait ou des rôties avec un fruit*
	au dîner :	*un sandwich, une pomme et du lait*
	comme collation :	*des biscuits et un jus de fruit*
	au souper :	*du poulet avec du riz et des haricots verts ; du lait ou de l'eau*
Vous :	patient choisi :	_____
	au déjeuner :	_____
	au dîner :	_____
	comme collation :	_____
	au souper :	_____

FORMES ET FONCTIONS

1. Les expressions indéfinies et négatives

8-11 Un invité difficile. Imaginez les réponses, toujours contraires, d'un invité très difficile. Utilisez une des expressions négatives **ne... rien**, **ne... personne** et **ne... jamais** dans vos réponses.

MODÈLE   Tu veux boire un coke ?   *Non, je ne bois rien.*
              Tu veux discuter avec nous ?   *Non, je ne discute avec personne.*

1. Tu veux manger une crème glacée ? _____

2. Tu veux regarder un film à la télé ? _____

3. Tu veux boire du thé ? _____

4. Tu veux sortir avec mon frère et ses amis ? _____

5. Tu veux écouter de la musique à la radio ? _____

6. Tu veux boire l'apéritif avec mes parents ? _____

8-12 D'accord. Vous avez décidé d'accepter les réponses négatives de votre invité, mais il a changé d'avis ! Utilisez une des expressions indéfinies **quelque chose**, **quelqu'un** ou **quelquefois** dans vos réponses.

MODÈLE   D'accord, je ne te sers rien à boire.   *Mais non ! Sers-moi quelque chose à boire !*
              D'accord, on ne regarde rien à la télé.   *Mais non ! Regardons quelque chose à la télé !*

1. D'accord, je ne te sers rien à manger. _____

2. D'accord, on n'écoute rien à la radio. _____

3. D'accord, on ne sort avec personne. _____

4. D'accord, on ne discute avec personne. _____

5. D'accord, on ne prend l'apéritif avec personne. _____

6. D'accord, on ne s'amuse jamais. _____

8-13 Des questions personnelles. Répondez aux questions suivantes.

MODÈLE   Qu'est-ce que vous ne prenez jamais ?
              Je ne prends jamais de vin blanc. Je n'aime pas l'alcool.

1. Qu'est-ce que vous ne faites jamais ?

_____

2. Quand est-ce que vous ne mangez rien ?

_____

3. Qu'est-ce que vous ne buvez jamais ?

_____

4. Quand est-ce que vous ne dites rien ?

_____

5. Avec qui est-ce que vous ne sortez jamais ?

_____

6. Quand est-ce que vous ne voulez voir personne ?

_____

2. *La modalité* : devoir, pouvoir *et* vouloir

8-14 On a gagné au Loto. Vos amis, Delphine et Rémi, ont gagné 50 000 dollars au Loto. Donnez-leur des suggestions pour utiliser tout cet argent.

MODÈLE   à Delphine : « *Tu pourrais acheter une nouvelle voiture.* »
              à Delphine et Rémi : « *Vous pourriez voyager à Montréal et manger dans un bon restaurant parisien.* »

1. à Delphine : « _____ »

2. à Rémi : « _____ »

3. à Rémi : « _____ »

4. à Delphine et Rémi : « _____ »

5. à Delphine : « _____ »

6. à Delphine et Rémi : « _____ »

8-15 Des suggestions. D'après les situations indiquées, donnez des conseils.

MODÈLE   Céline voudrait manger mieux, mais elle n'a pas beaucoup de temps.
Elle devrait manger des fruits et des crudités. Ça ne prend pas beaucoup de temps.

1. Ta sœur voudrait travailler dans un restaurant, mais elle n'aime pas faire la cuisine.

   _____

2. Vous voudriez faire la cuisine pour vos parents, mais vous ne savez pas quoi préparer.

   _____

3. Vos amis voudraient manger dans un bon restaurant, mais ils n'ont pas beaucoup d'argent.

   _____

4. Nous voudrions devenir végétarien/nes, mais nous n'aimons pas la salade.

   _____

5. Je voudrais préparer un bon repas pour mes grands-parents.

   _____

ÉCRIVONS

8-16 Comment est-ce qu'on mange au Canada ? Écrivez un courriel à votre correspondant/e français/e qui voudrait savoir comment on mange au Canada.

A. Avant d'écrire. Pour commencer, complétez ces activités.

1. Faites une liste des heures des repas principaux.
   (par exemple : *le déjeuner : 7 h 30…*)

2. Décidez quel repas est le plus important.
   (par exemple : *le repas du soir*)

3. Donnez des exemples des plats typiques pour chaque repas.
   (par exemple : *du poulet avec du riz et des légumes comme les haricots verts…*)

4. Préparez une ou deux questions que vous pourriez poser à votre correspondant/e.
   (par exemple : *Comment est-ce qu'on mange chez toi ?*)

B. En écrivant. Rédigez votre courriel.

MODÈLE   *Cher Arnaud,*
Au Canada, on prend le déjeuner à 7 h 30… Le repas le plus important est… Un dîner typique consiste en… Comment est-ce qu'on mange chez toi ? Écris-moi bientôt.

Amitiés, Laetitia

C. Après avoir écrit. Relisez votre courriel pour vérifier que vous avez inclus tous les éléments que vous avez indiqués dans l'exercice A. Avez-vous donné suffisamment d'exemples de ce qu'on mange chez vous ?

Leçon 3 *Faisons des courses*

POINTS DE DÉPART

8-17 Les courses à faire. Décidez dans quel magasin ou dans quel rayon de supermarché ces personnes vont trouver les aliments suivants.

MODÈLE   Sarah veut acheter un gâteau d'anniversaire.   *Elle va à la pâtisserie.*

1. Laure veut préparer un plateau de fromages pour ses invités. _____

2. Alexandre voudrait manger du poisson ce soir. _____

3. Claude n'a plus de sel chez lui. _____

4. Francine aime manger des croissants le dimanche. _____

5. Mme Colin veut servir un rôti de boeuf à ses invités. _____

6. David adore le jambon et la saucisse. _____

8-18 Des menus spéciaux. Voici quelques événements extraordinaires. Décidez quel repas vous voulez servir et où vous devez aller pour faire les courses.

MODÈLE   C'est la fête de votre meilleur/e ami/e.
Nous allons manger une bonne pizza et un gâteau de fête. Je vais trouver la pizza au supermarché et le gâteau à la pâtisserie du quartier.

1. Votre sœur a terminé ses études de médecine.

_____

_____

_____

2. Votre colocataire a obtenu une bourse (*scholarship*) pour étudier au Québec cet été.

_____

_____

_____

3. Vous avez réussi tous vos examens finals ce semestre.

_____

_____

_____

4. Deux bons amis annoncent qu'ils vont se marier au printemps.

_____

_____

_____

8-19 Les préférences. Dites ce que vous aimez et ce que vous n'aimez pas dans chaque catégorie.

MODÈLE   les boissons chaudes : *J'aime prendre du café le matin, mais je ne prends pas de sucre. Je n'aime pas boire de thé. Quelquefois, je prends du chocolat chaud.*

1. les légumes : _____

_____

2. les fruits : _____

_____

3. les légumes verts : _____

_____

4. les fruits rouges : _____

_____

5. la viande : _____

_____

6. les pâtisseries : _____

_____

FORMES ET FONCTIONS

1. Les expressions de quantité

8-20 Ce n'est pas logique ! Corrigez ces phrases avec une expression de quantité appropriée.

MODÈLE   Le matin, je prends souvent un gramme de lait.
           Le matin, je prends souvent un verre de lait.

1. Pour faire des spaghettis, il faut une douzaine de pâtes.

_____

2. Pour faire de la vinaigrette, il faut une bouteille de moutarde et un pot d'huile.

_____

3. Ce soir, nous allons prendre une tasse de vin avec le repas.

_____

4. Tous les jours, Marie boit un kilo de café noir.

_____

5. J'ai besoin d'un morceau de fraises pour faire une tarte.

_____

6. Hier, ma sœur a acheté deux kilos d'œufs à la crémerie.

_____

8-21 Les ingrédients. Déterminez ce dont on a besoin et dans quelles quantités pour préparer les plats suivants pour quatre personnes.

MODÈLE   une soupe à l'oignon : *6 oignons, un peu de sel et de poivre, deux litres d'eau, quatre tranches de pain, 250 grammes de fromage*

1. une bonne omelette : _____

_____

2. une salade de fruits : _____

_____

3. une soupe aux légumes : _____

_____

4. une bonne pizza : _____

_____

2. *Le pronom partitif* en

8-22 La vérité. Donnez une réponse qui correspond à votre situation.

MODÈLE   Je n'en prends pas après 18 h.   *du café*

1. J'en prends souvent. _____

2. J'adore en prendre. _____

3. Je n'en prends pas beaucoup. _____

4. J'en prends une tous les jours. _____

5. J'en prends quelquefois le soir. _____

6. J'en prends toujours le matin. _____

7. J'en prends beaucoup trop ! _____

8-23 Une bonne pizza. Pour fêter les 20 ans de sa meilleure amie, Morgane organise une soirée pizza. Elle est au supermarché pour faire des courses. Pour chaque ingrédient, donnez la quantité qu'elle achète maintenant au supermarché, qu'elle a déjà acheté ou qu'elle va acheter demain au marché. Utilisez le pronom partitif **en** comme dans les modèles.

> *au supermarché :*
>
> *2 l. de coke*
> *1 l. de racinette*
> *1 bouteille d'eau minérale*
> *1 pot d'olives*
>
> *au marché demain matin :*
>
> *700 g. de champignons*
> *3 oignons*
> *1 kilo de tomates*
>
> *déjà acheté :*
>
> ✓ *10 tranches de jambon*
> ✓ *2 paquets de fromage râpé*
> ✓ *500 g. de mozzarella*

MODÈLE   du coke ?   *Elle en achète 2 litres.*
            de la mozzarella ?   *Elle en a déjà acheté 500 grammes.*

1. du fromage râpé (*grated*) ? _____

2. des tomates ? _____

3. des champignons ? _____

4. de la racinette ? _____

5. des olives ? _____

6. du jambon ? _____

7. des oignons ? _____

8. de l'eau minérale ? _____

ÉCRIVONS

8-24 Un/e colocataire. Imaginez que vous avez un nouvel appartement et que vous cherchez un/e colocataire. De préférence, vous cherchez quelqu'un qui a les mêmes goûts et les mêmes habitudes alimentaires que vous. Faites une description précise de vos habitudes pour trouver quelqu'un de compatible.

A. Avant d'écrire. Pour commencer, complétez ces activités.

1. Faites une liste des aliments et des boissons que vous prenez aux repas et entre les repas.

2. Précisez la quantité que vous prenez d'habitude des aliments et boissons que vous avez indiqués en 1.

3. Précisez l'heure à laquelle vous prenez les repas et les collations.

MODÈLE

le déjeuner	*le dîner*	*le souper*	*les collations*
(vers 7 h 30)	*(vers midi)*	*(vers 7 h du soir)*	*(toute la journée)*
un bol de café au lait	*un verre de coke*	*un verre d'eau*	*du café/du coke*
2 tranches de pain	*un sandwich*	*de la viande*	*du chocolat*
du beurre	*un fruit*	*une salade*	*un paquet de croustilles*
		un morceau de fromage	

4. Faites une liste des aliments et des boissons que vous aimez particulièrement ou que vous n'aimez pas. (par exemple : *J'adore : la pizza, le chocolat, les pêches, le bon café… Je déteste : le poisson, le jambon, les épinards…*)

B. En écrivant. Maintenant, rédigez un paragraphe qui décrit vos habitudes et vos goûts en incorporant les données que vous avez mentionnées dans l'exercice A.

MODÈLE   *J'aime beaucoup manger ! Je prends trois repas par jour et beaucoup de collations. J'aime bien le chocolat et le bon café. J'adore les pêches et les fraises. D'habitude je prends le déjeuner vers 7 h 30 du matin. Je prends un bol de café noir, deux tranches de pain et du beurre. J'aime bien le beurre.*

C. Après avoir écrit. Relisez votre description. Avez-vous parlé des trois repas ? Avez-vous mentionné les aliments et les boissons que vous aimez et ceux que vous n'aimez pas ? Regardez attentivement votre description pour vérifier que vous avez utilisé des articles définis (**le, la, l', les**) quand vous avez parlé de ce que vous aimez ou n'aimez pas et que vous avez employé des articles partitifs (**du, de la, d'**) pour parler de ce que vous mangez. Vérifiez aussi que vous avez utilisé **de** ou **d'** dans les expressions de quantité.

LISONS

8-25 Le repas en diligence

A. Avant de lire. This passage is from *Boule de suif*, a short story by Guy de Maupassant, a famous nineteenth-century writer. The story is set in 1870, when France was occupied by the Prussians; it focuses on a group of people travelling by coach to flee the city of Rouen. This excerpt describes the food that Boule de suif, the main character, has brought with her and generously shares with her fellow passengers. Boule de suif is a nickname that means a "ball of lard"; it was given to the main character due to her physical appearance and her fondness for food. Before you read the text, make a list, in French, of the types of food that Boule de suif might have packed for a trip that would last several days.

_____

_____

B. En lisant. As you read, note that you will see several verbs in the literary past tense such as **retira**, **sortit**, **prit**, **se mit**, **fut**. These are past-tense forms of the verbs **retirer** (*to remove*), **sortir**, **prendre**, **se mettre**, and **être**. The other past tense used in this descriptive passage is the **imparfait**, which you have studied in Chapitre 6 and in Chapitre 7. Pay particular attention to the vocabulary items and select the appropriate response to each of the following questions. More than one answer may be correct for some questions.

1. At what time does Boule de suif begin to eat?
   a. at noon
   b. at three P.M.
   c. at six P.M.

2. According to the second paragraph, how long did Boule de suif expect the trip to last?
   a. several hours
   b. two days
   c. three days

3. What kinds of meat products are in Boule de suif's basket?
   a. chicken
   b. ham
   c. pâtés
   d. smoked meat
   e. veal
   f. beef

4. What other types of foods are in Boule de suif's basket?
   a. apples
   b. beverages
   c. pickled onions
   d. bread
   e. chocolate
   f. cheese
   g. pears

5. According to the text, what types of foods do all women like?

a. roasted chicken

b. candies and sweets

c. fruits

d. raw vegetables

BOULE DE SUIF

Enfin, à trois heures, Boule de suif retira de sous la banquette un large panier (*basket*) couvert d'une serviette blanche.

Elle en sortit d'abord une petite assiette de faïence (*porcelain*), puis une vaste terrine (*earthenware bowl*) dans laquelle [il y avait] deux poulets entiers, tout découpés, et l'on apercevait (*noticed*) encore dans le panier d'autres bonnes choses enveloppées, des pâtés, des fruits, des friandises (*bonbons*), les provisions préparées pour un voyage de trois jours, afin de ne point (*pas*) toucher à la cuisine des auberges (*inns*). Quatre bouteilles passaient entre les paquets de nourriture. Elle prit une aile (*wing*) de poulet et, délicatement, se mit à la manger avec un de ces petits pains qu'on appelle « Régence » en Normandie. [...] Le panier fut vidé (*emptied*). Il contenait encore un pâté de foie gras (*delicacy pâté*), un pâté de mauviettes (*made from small birds*), un morceau de langue fumée (*smoked tongue*) des poires de Crassane, un pavé de pont-l'évêque (*a brick of cheese*), des petits fours (*petits gâteaux*) et une tasse pleine de cornichons (*pickles*) et d'oignons au vinaigre : Boule de suif, comme toutes les femmes, adorant les crudités.

C. Après avoir lu. Now that you've read the passage, answer the following question.

If you were planning a road trip and wanted to avoid eating in restaurants, what would you bring to eat? Make a list, in French, of the items you would bring.

_____

_____

Venez chez nous ! *Traditions gastronomiques*

8-26 Ça vient d'où ? Trouvez la région ou le pays francophone où l'on prépare toutes les spécialités indiquées. La première réponse est donnée comme exemple.

_d_	**1.** Les crêpes	**a.**	La Suisse
_____	**2.** Le foie gras	**b.**	L'Île Maurice
_____	**3.** La fondue	**c.**	La Martinique
_____	**4.** Le taboulé	**d.**	La Bretagne
_____	**5.** La poutine acadienne	**e.**	Le Périgord/Le sud-ouest de la France
_____	**6.** Le « curry » indien	**f.**	Le Québec
_____	**7.** Les bananes flambées au rhum	**g.**	La Tunisie

8-27 La cuisine française. Imaginez que vous travaillez pour un magazine qui s'appelle *Le pain et le vin* et que vous écrivez des articles sur la cuisine régionale en France. Ce mois-ci, vous allez écrire un article sur une région de votre choix. D'abord, allez à la bibliothèque ou consultez *MyFrenchLab* pour ce chapitre (choisissez *Student Resources* et cliquez sur *Web Links*) pour trouver des liens qui donnent des renseignements sur cette région et ses spécialités. Ensuite, décrivez la région et le plat en quelques paragraphes sur une feuille séparée. Pour conclure, dites si vous voulez préparer ce plat à la maison.

8-28 Une recette. Consultez *MyFrenchLab* pour ce chapitre, choisissez *Student Resources* et cliquez sur *Web Links* pour trouver des liens qui proposent des sites avec des recettes québécoises, françaises ou francophones. Choisissez une recette que vous aimeriez préparer à la maison. (Vous pouvez choisir une recette de la région que vous avez étudiée dans l'exercice 8–27.) Préparez cette recette chez vous ou avec des amis. Rédigez un paragraphe qui décrit ce que vous avez préparé, qui raconte vos expériences dans la cuisine et qui donne votre opinion sur le plat que vous avez préparé.

Pour aller plus loin : Pour en savoir plus sur les traditions gastronomiques dans le monde francophone et pour trouver plus de recettes de cuisine francophone, consultez *MyFrenchLab* pour ce chapitre, choisissez *Student Resources*, et cliquez sur *Web Links*.

Lab Manual

Leçon 1   *Qu'est-ce que vous prenez ?*

POINTS DE DÉPART

8-29 Allons au café. A group of friends is at a café. Listen to what each person orders, and mark the appropriate column to indicate whether it is a hot drink (**boisson chaude**), a cold drink (**boisson rafraîchissante**), or something to eat (**quelque chose à manger**). Number one has been completed for you as an example.

	Boisson chaude	Boisson rafraîchissante	Quelque chose à manger
1.		✓	
2.			
3.			
4.			
5.			
6.			
7.			
8.			

8-30 La commande. Corinne and Laurent are having a quick lunch together. Listen to their orders and write them down on your notepad below. Some information has been provided for you as an example.

Corinne : *des crudités,* _____

_____

Laurent : _____

_____

SONS ET LETTRES

La prononciation de la lettre e

8-31 Quel genre de *e* **?** Listen to the following pairs of words and select the word in which the letter **e** is pronounced [ø] like in **deux**.

MODÈLE   Vous entendez :   fermez   la fenêtre
                Vous choisissez : fermez   <u>la fenêtre</u>

1.	jeter	il jette		4.	retourner	rester
2.	une leçon	d'espagnol		5.	premier	dernier
3.	une veste	une chemise		6.	restaurant	infirmerie

8-32 Le *e* **instable.** Listen the following words, paying careful attention to the boldface **e**'s. If the **e** is pronounced, underline it. If it is not pronounced, draw a line through it.

MODÈLE   Vous entendez :   samedi
                Vous barrez :   samɇdi

                Vous entendez :   vendredi
                Vous soulignez : vendr<u>e</u>di

1. une boulangerie	4. un repas
2. un melon	5. la charcuterie
3. une omelette	6. un menu

FORMES ET FONCTIONS

1. Les verbes prendre *et* boire

8-33 Répliques. Waiting for your order at a café, you overhear parts of other people's conversations. Write the number of each question or statement you hear next to the most appropriate response below. Number one has been completed for you as an example.

_____ **a.** Non, mais j'apprends l'espagnol.

_____ **b.** Un croque-monsieur, s'il vous plaît.

___*1*___ **c.** Pardon. Je vais parler plus lentement.

_____ **d.** Oui, nous trouvons que c'est bon pour les enfants.

_____ **e.** Non, merci. Je ne bois jamais de vin.

_____ **f.** Nous prenons le train.

8-34 Qu'est-ce que vous buvez ? You are responding to a marketing survey about beverage preferences. Answer each question with a complete sentence and a different beverage. You may stop the recording while you write.

MODÈLE   Vous entendez :   Qu'est-ce que vous buvez le matin ?
           Vous écrivez :   *Je bois du café.*

1. _____
2. _____
3. _____
4. _____
5. _____
6. _____

2. L'article partitif

8-35 Logique ou illogique ? Listen as Olivier and Christine talk about their food preferences. Select **logique** if the second sentence is a logical response to the first, and **illogique** if it is illogical.

MODÈLE   Vous entendez :   —Tu veux du lait ?
                             —Non, merci. Je n'aime pas le lait.
           Vous choisissez : <u>logique</u>   illogique

1.   logique   illogique   4.   logique   illogique
2.   logique   illogique   5.   logique   illogique
3.   logique   illogique   6.   logique   illogique

8-36 On choisit le menu. Monique and Cédric are planning the menu for a party they are giving. Listen to the likes and dislikes of their guests, and write down what the hosts are going to serve. Pay attention to the articles. You may stop the recording while you write.

MODÈLES   Vous entendez :   J'adore le fromage.
            Vous écrivez :   *Alors, on sert du fromage.*

            Vous entendez :   Je déteste les bananes.
            Vous écrivez :   *Alors, on ne sert pas de bananes.*

1. _____
2. _____
3. _____
4. _____
5. _____
6. _____

Mise en pratique

8-37 Un café et l'addition

A. Avant d'écouter. Richard and Hélène are at their favourite café with an exchange student, Catherine. It's a chilly fall afternoon. Before you listen to their conversation and order, make a list, in French, of the drinks and foods that might appeal to them.

_____

_____

_____

B. En écoutant. Now, listen to the friends' conversation and their order, and answer the following questions in French.

1. Where do the three friends decide to sit, and why?

_____

_____

2. Note what Richard and Hélène order:

RICHARD : _____

HÉLÈNE : _____

3. Catherine orders a special type of cola drink. From the context, guess what type of drink she asks for.

_____

4. How much is the total bill for the three drinks? How much will each person pay?

_____

_____

C. Après avoir écouté. Imagine that you are with Richard, Hélène, and Catherine. What will you order? Why? Write down two to three sentences, in French, explaining your choice.

Je vais prendre _____

_____

_____

_____

Leçon 2 À table !

POINTS DE DÉPART

8-38 À table ! Martine is describing typical meals and snacks in France. Write the number of each description you hear next to the name of the meal or dish or drink it describes. Number one has been completed for you as an example.

_____ **a.** le dessert

_____ **b.** le petit déjeuner

_____ **c.** une omelette

_____ **d.** un citron pressé

___1___ **e.** le goûter

_____ **f.** un croque-monsieur

8-39 Au menu. Christelle is organizing a Sunday luncheon. As she describes what she will be preparing for this special occasion, write down the menu. Some information has been provided for you as an example. You may stop the recording while you write.

Apéritif : _____ *et des olives* _____

Entrée : _____

Plat principal : _____

_____

Dessert : _____

FORMES ET FONCTIONS

1. Les expressions indéfinies et négatives

8-40 Logique ou illogique ? You overhear snippets of conversation at the cafeteria. Select **logique** if the second sentence is a logical response to the first, and **illogique** if it is illogical.

MODÈLE   Vous entendez : —Qu'est-ce que tu prends aujourd'hui ?
                          —Rien. Je n'ai pas faim.
           Vous choisissez : <u>logique</u>   illogique

1.	logique	illogique		**4.**	logique	illogique
2.	logique	illogique		**5.**	logique	illogique
3.	logique	illogique		**6.**	logique	illogique

8-41 Mauvaise langue. Jean-Luc always thinks the worst of his friends. Provide a more balanced view by correcting his negative statements. You may stop the recording while you write.

MODÈLE   Vous entendez : Il n'a rien mangé.
                 Vous écrivez :   *Si, il a mangé quelque chose !*

1. _____

2. _____

3. _____

4. _____

5. _____

6. _____

2. *La modalité* : devoir, pouvoir *et* vouloir

8-42 La commande au restaurant. Mathilde and her parents are discussing what they should order. Listen to their conversation and select **commande** if the sentence you hear is an order, and **suggestion** if the sentence you hear is a suggestion.

MODÈLE   Vous entendez :   Je pourrais manger une glace ce soir ?
                 Vous choisissez : commande   <u>suggestion</u>

1.	commande	suggestion	4.	commande	suggestion
2.	commande	suggestion	5.	commande	suggestion
3.	commande	suggestion	6.	commande	suggestion

8-43 Le critique. Hervé writes reviews for a culinary magazine but he tends to be rather severe. Reformulate his statements to soften his remarks. You may stop the recording while you write.

MODÈLE   Vous entendez :   Le service doit être meilleur.
                 Vous écrivez :   Le service <u>*devrait*</u> être meilleur.

1. Le menu _____ être plus clair.

2. Les serveurs _____ être plus rapides.

3. Les desserts _____ être moins secs (*dry*).

4. Vous _____ dîner dans un autre restaurant.

5. Je ne _____ plus jamais manger ici.

6. Ce restaurant _____ fermer !

Mise en pratique

8-44 On fait les courses

A. Avant d'écouter. Think about what you do before going grocery shopping. Do you, for example, look at the ads? Do you make an inventory of what is in your fridge? Do you make a list? When you get to the store, do you end up buying everything on your list? Why or why not?

B. En écoutant. Gérard is describing his trip to the grocery store to his housemate. The first time you listen, make a list of all the products he mentions. The second time, indicate whether he bought each product or not. If he did not buy something, give the reason why. Some information has been provided for you as an example.

Produits mentionnés	Acheté	Pas acheté	Pourquoi ?
du jambon	✓		
			trop cher

C. Après avoir écouté. The last time you went to the grocery store, what did you end up buying and not buying? Write three to four sentences, in French, to explain your choices.

J'ai acheté _____

_____ parce que _____

Je n'ai pas acheté _____

_____ parce que _____

Leçon 3 *Faisons des courses*

POINTS DE DÉPART

8-45 Qu'est-ce qu'on mange ? Anne-Marie is quizzing her younger brother about what he has learned in health class. Listen to the foods she mentions and select the category to which they belong.

MODÈLE   Vous entendez :   des petits pois et des épinards
               Vous lisez :   **a.** les légumes
                                 b. la viande
                                 c. les fruits
               Vous choisissez :   **a.**

1. **a.** les fruits
   b. les épices
   c. le poisson

2. **a.** la viande
   b. les condiments
   c. les fruits

3. **a.** le pain
   b. la viande
   c. la charcuterie

4. **a.** les condiments
   b. les épices
   c. les boissons

5. **a.** le poisson
   b. les légumes
   c. la viande

6. **a.** les fruits
   b. les boissons
   c. les épices

8-46 Les courses. Benjamin is thinking about what he needs at the grocery store. Help him get organized by writing each item you hear in the correct section of the chart below. The first item has been completed for you as an example.

Liste pour la semaine du 9 juin			
Rayon boucherie	**Rayon charcuterie**	**Rayon poissonnerie**	**Rayon boulangerie**
Rayon crèmerie	**Rayons fruits et légumes**	**Rayons surgelés**	**À ne pas oublier**
	des tomates,		du vin, de l'eau minérale

SONS ET LETTRES

Le h *aspiré et le* h *muet*

8-47 Aspiré ou pas ? Listen to the following phrases. If you hear a liaison to the consonant pronounced before the word beginning with **h**, draw a ligature. If not, draw a slash to separate the two words.

MODÈLE   Vous entendez :   trois heures
           Vous écrivez :   *trois_heures*

           Vous entendez :   les hors d'œuvres
           Vous écrivez :   *les / hors d'œuvres*

1. un harmonica

2. un hamburger

3. un homard

4. des huîtres

5. des haricots

6. des habits

8-48 Phrases. Repeat the following sentences, paying careful attention to the aspirate and inaspirate **h**'s.

1. Les **h**arengs sont moins bons que les **h**uîtres.

2. Les **H**ollandais aiment les **h**istoires drôles.

3. Les tomates à l'**h**uile d'olive, c'est un bon **h**ors d'œuvre.

4. Cet **h**omme n'a pas l'**h**abitude de manger des **h**aricots.

5. En **h**iver, le temps est **h**umide à **H**ambourg.

FORMES ET FONCTIONS

1. *Les expressions de quantité*

8-49 Allons au marché ! Michèle is at the market. Write down the quantity of each product that she buys. You may stop the recording while you write.

MODÈLE   Vous entendez :   Donnez-moi un kilo de pêches, s'il vous plaît.
           Vous écrivez :   _*un kilo de*_ pêches

1. _____ riz

2. _____ pâté de campagne

3. _____ vin rouge

4. _____ tomates

5. _____ brie

6. _____ thon

8-50 Décisions. You are going grocery shopping for your mother, who is having a dinner party for four people. As she runs through the items on her list, write them down, along with the quantity you think she would want. You may stop the recording while you write.

MODÈLE   Vous entendez :   des petits pains
          Vous écrivez :   *une demi-douzaine de petits pains*

1. _____

2. _____

3. _____

4. _____

5. _____

6. _____

2. *Le pronom partitif* en

8-51 Je vous en donne combien ? Agathe works at a grocery store. Listen as she talks to her customers and select the most appropriate reply for each question.

MODÈLE   Vous entendez :   —Je voudrais des pommes de terre.
                            —Je vous en donne un sac ?
          Vous lisez :   a. —Oui, s'il vous plaît.
                           b. —Non, j'en voudrais une tranche.
          Vous choisissez : <u>a.</u>

1. a. —Oui, s'il vous plaît.

   b. —Non, j'en voudrais un litre.

2. a. —Oui, s'il vous plaît.

   b. —Non, j'en voudrais une douzaine.

3. a. —Oui, s'il vous plaît.

   b. —Non, j'en voudrais un pot.

4. a. —Oui, s'il vous plaît.

   b. —Non, j'en voudrais une bouteille.

5. a. —Oui, s'il vous plaît.

   b. —Non, j'en voudrais un paquet.

6. a. —Oui, s'il vous plaît.

   b. —Non, j'en voudrais trois tranches.

8-52 Questions. Mme Leblanc wants to make sure that everything is ready for dinner. Respond affirmatively to her questions, using the pronoun **en** in your responses. You may stop the recording while you write.

MODÈLE   Vous entendez :   Est-ce qu'il y a du beurre à table ?
            Vous écrivez :   Oui, oui, _il y en a_ .

1. Oui, oui, _____

2. Oui, oui, _____

3. Oui, oui, _____

4. Oui, oui, _____

5. Oui, oui, _____

6. Oui, oui, _____

Mise en pratique

8-53 Lise fait ses courses. Lise is preparing a birthday dinner for her sister. Listen to her conversations as she does her shopping.

A. Avant d'écouter. Imagine what the dinner will be like. Make a list, in French, of the food items you think Lise may buy and group them according to the aisles or counters where she would find them.

_____

_____

_____

B. En écoutant.

1. The first time you listen, insert numbers into the list below to indicate the order in which Lise visits each section of the supermarket.

_____ la boucherie

_____ la boulangerie-pâtisserie

_____ la charcuterie

_____ la crèmerie

_____ les surgelés

2. Now, listen a second time and reproduce her shopping list. List the items Lise buys at each counter, including the quantities. Do not list items she merely inquires about or discusses but does not buy. Some information has been provided for you as an example.

1. _deux baguettes,_ _____

2. _____

3. _____

_____

C. Après avoir écouté. Imagine that you are organizing a dinner for four people. Write three to four sentences, in French, about what food items you would purchase and in what quantities. How does your list compare to Lise's list?

J'achèterais un pain de campagne et _____

_____

_____

_____

_____

Video Manual

8-54 Pour faire une vinaigrette. Before demonstrating her recipe for vinaigrette, Pauline shows us her kitchen.

1. What words in French does she use to describe her kitchen? Which two words are synonyms?

_____   _____   _____   _____

2. How can two people work at once in the kitchen, according to Pauline?

_____

3. Pauline explains why she likes to make her own vinaigrette; what are her reasons?

   a. _____

   b. _____

   c. _____

4. Make a list of the utensils and the ingredients she uses as she prepares the recipe.

   Ustensiles : _____

   Ingrédients : _____

5. Pauline makes a face as she tries out her vinaigrette—why? What does she decide to do as a result?

_____

8-55 Traditions gastronomiques. This montage will make your mouth water as you view regional specialties. Check off the dishes that you see in the montage.

_____ le couscous   _____ les pâtisseries

_____ les crêpes   _____ la paella

_____ la fondue   _____ la ratatouille

_____ le lapin provençal   _____ la sauce béchamel

Have you tried any of these dishes? If so, how did you like it? If not, which would you most like to try, and why? If necessary, do a little related research on MyFrenchLab for this chapter. Select Student Resources and click on Web Links.

_____

_____

_____

_____

OBSERVONS

8-56 Voici les spécialités de chez nous. You may already have completed the **Observons** activity in the **Venez chez nous !** lesson of this chapter. If not, you will find it helpful to go back and complete that activity before moving on to the questions below.

A. Avant de regarder. In this activity, we will focus on the clip in which Fadou explains the preparation of a traditional Moroccan dish, **le couscous**. What is couscous? What types of ingredients can one use in this dish? If you need to, look for this information on the Internet or in a cookbook. You may visit MyFrenchLab for this chapter. Select Student Resources and click on Web Links.

_____

_____

B. En regardant. As you listen to Fadoua's description, answer the questions below.

1. Why does Fadoua choose to describe this particular dish?

_____

2. As you watch and listen, note the various utensils and serving pieces used in the preparation of couscous. Give the English equivalent for each item listed below.

   a. un couscoussier _____

   b. une marmite _____

   c. un plat _____

   d. un bol _____

   e. une assiette _____

C. Après avoir regardé. Fadoua names many different ingredients that can be used in a couscous; what ingredients would you most like to have if you were to prepare and enjoy this dish? Are there any you would leave out? Does this dish remind you of any North American regional specialty with which you are familiar?

_____

_____

_____

Chapitre

Voyageons !

Workbook

Leçon **1**   *Projets de voyage*

POINTS DE DÉPART

9-1 Vacances Canada. Voici le nom de vacances proposées dans une brochure de *Vacances Canada*. Déterminez les moyens de transport utilisés pour arriver à la déstination et à l'arrivée dans la région indiquée pour chaque aventure.

MODÈLE   *Les Cantons de l'Est :* tour autocar voyageur
On prend l'avion pour arriver à Montréal et ensuite on voyage en autocar.

1. *Les Rocheuses :* le train VIA "Mountaineer"

   _____

2. *À la découverte des Maritimes :* voyage bateau

   _____

3. *La région Niagara :* circuit bicyclette

   _____

4. *Découvrez les Laurentides :* tour auto

   _____

5. *La Colombie-Britannique :* aventure ski-hélicoptere

   _____

6. *Vivez le vieux Québec ! :* promenade

   _____

9-2 Moyens de transport habituels. Dites quel moyen de transport les personnes suivantes utilisent d'habitude dans ces situations.

MODÈLE   votre mère / pour faire les courses
          D'habitude, elle prend sa voiture pour faire les courses.

1. votre frère ou sœur / pour aller à l'école

_____

2. votre père / pour aller au travail

_____

3. vos grands-parents / pour aller en vacances

_____

4. votre meilleur/e ami/e / pour aller en ville

_____

5. vous / pour aller à l'université

_____

9-3 Vous n'avez rien oublié ? Dites ce que vous emportez (*bring*) quand vous partez en vacances.

MODÈLE   Vous passez une journée au vieux Montréal. Qu'est-ce qu'il y a dans votre sac ?
          Dans mon sac, il y a un appareil photo numérique, une carte bancaire, mon porte-monnaie avec
          50 dollars et une bouteille d'eau minérale.

1. Vous sortez de la banque. Qu'est-ce qu'il y a dans votre portefeuille ?

_____

_____

2. Vous passez un mois à Tahiti. Qu'est-ce qu'il y a dans votre valise ?

_____

_____

3. Vous allez à la campagne. Qu'est-ce qu'il y a dans votre sac à dos ?

_____

_____

4. Je vais _____. Dans mon sac, _____

_____

FORMES ET FONCTIONS

1. Le futur

9-4 Les prédictions. Faites des prédictions pour vos amis et les membres de votre famille pour l'an 2040.

MODÈLE   votre fille : *Elle fera des études à la Sorbonne.*

1. votre meilleur/e ami/e : _____
2. votre colocataire : _____
3. vos parents : _____
4. votre ami/e et vous : _____
5. votre petit frère/sœur : _____
6. vous-même : _____

9-5 Après les études. Comment sera votre vie dans dix ans ? Rédigez un petit paragraphe (de quatre à cinq phrases) qui donne vos prédictions.

MODÈLE   *Dans dix ans, je serai prof de français dans une école secondaire. Je serai mariée et j'aurai deux ou peut-être trois enfants. J'habiterai en Colombie-Britannique. Avec ma famille, j'irai souvent au parc et nous ferons de la bicyclette…*

_____

_____

_____

_____

_____

_____

_____

2. Le pronom y

9-6 On y va. De quel endroit est-ce qu'on parle ? Donnez une réponse logique. Il y a souvent plusieurs possibilités.

MODÈLE   Les étudiants y vont pour acheter leurs livres.   *à la librairie*

1. J'y vais pour nager. _____

2. Ils y sont allés pour voir le Château Frontenac. _____

3. Elle promet d'y aller demain matin. _____

4. Ils voudraient y aller avec les enfants. _____

5. Mes amis y vont pour jouer au soccer. _____

6. Nous y avons mangé hier soir. _____

7. C'est une ville cosmopolite. On y parle français et anglais. _____

8. Ils n'y habitent plus. Il y avait trop de pollution. _____

9-7 La curiosité. Un ami curieux vous pose des questions personnelles. Donnez-lui une réponse logique en utilisant le pronom **y**.

MODÈLE   Tu vas souvent à la campagne ?
          Non, j'y vais très peu.

1. Est-ce que tu vas régulièrement chez le dentiste ?

   _____

2. Tu es allé/e en Afrique ?

   _____

3. Combien de fois par semaine est-ce que tu vas à la bibliothèque pour travailler ?

   _____

4. Tu as passé les vacances en Europe l'été dernier ?

   _____

5. Combien de fois par mois est-ce que tu dînes au restaurant ?

   _____

6. J'ai besoin de sel. Quand est-ce que tu vas au supermarché ?

   _____

ÉCRIVONS

9-8 Un bon itinéraire. Vous venez de préparer un itinéraire pour un/e ami/e francophone qui va passer quelques semaines dans votre région cet été avec sa famille. Écrivez-lui une lettre où vous précisez ce qu'ils vont faire, quand vous allez les retrouver et ce que vous allez faire tous ensemble.

A. Avant d'écrire. Commencez par faire ces activités.

1. Choisissez deux ou trois villes que vos amis pourront visiter.
   (par exemple : *Niagara-on-the-Lake, Niagara Falls*)

2. Décrivez deux ou trois activités.
   (par exemple : *visiter le Shaw Festival, participer à une dégustation de vin*)

3. Indiquez quand vous allez les retrouver.
   (par exemple : *le 23 juillet à hôtel*)

4. Décrivez une ou deux activités que vous ferez ensemble.
   (par exemple : *aller aux chutes du Niagara*)

B. En écrivant. Rédigez votre lettre. N'oubliez pas d'utiliser les mots comme **d'abord**, **ensuite**, **puis** et **enfin** pour parler des activités successives.

MODÈLE   *Chère Isa,*

J'attends avec impatience ta visite. Je serai si contente de te voir. J'ai envie de connaître tes parents et ta petite sœur, Anne.

J'ai préparé un bon itinéraire pour vous. D'abord, vous visiterez Niagara-on-the-Lake. Là, vous visiterez le Shaw Festival et vous participerez à une dégustation de vin. Ensuite...

Enfin, je vous verrai le 23 juillet. Je viendrai vous chercher à votre hôtel. Nous irons à Niagara Falls ensemble et...

À très bientôt,
Mélanie

C. Après avoir écrit. Relisez votre lettre. Avez-vous suggéré des activités que la famille francophone fera toute seule et des activités que vous ferez tous ensemble ? Avez-vous précisé la date à laquelle vous allez les retrouver et le lieu de rencontre ? Regardez de nouveau les verbes que vous avez employés pour parler de l'avenir (*future*). Est-ce qu'ils sont au futur ? Vérifiez que vous avez la forme correcte pour chaque verbe au futur.

Leçon 2 *Destinations*

POINTS DE DÉPART

9-9 Dans quel pays ? D'après la description, suggérez des possibilités de voyage pour ces personnes.

MODÈLE   Pablo parle parfaitement espagnol. *Il pourrait visiter le Mexique et la Colombie.*

1. M. Marchand adore l'Afrique et il parle français. _____

2. Rachid aime bien les cultures de l'Asie de l'Est. _____

3. Mme Charles s'intéresse à l'Amérique latine. _____

4. Iman apprend des langues romanes. _____

5. Je _____ . _____

9-10 Un test de géographie. Donnez la nationalité et la langue ou les langues de chaque pays, selon le modèle. Vous pouvez consulter des ouvrages de référence ou *MyFrenchLab* pour ce chapitre (choisissez *Student Resources* et cliquez sur *Web Links*) qui propose des liens utiles pour découvrir les langues de chaque pays.

MODÈLE   Au Brésil :   *Les Brésiliens parlent portugais.*

1. Au Cameroun : _____

2. En Algérie : _____

3. En Suisse : _____

4. Au Mexique : _____

5. Au Canada : _____

FORMES ET FONCTIONS

1. *Les prépositions avec des noms de lieux*

9-11 Jéopardie ! Imaginez que vous jouez au Jéopardie. La catégorie est **Les pays et les continents**. Posez une question appropriée pour chaque réponse.

MODÈLE   les États-Unis :   *Quel pays se trouve en Amérique du Nord ?*
                     OU   *Dans quel pays d'Amérique du Nord est-ce qu'on parle anglais ?*

1. la Chine : _____

2. le Mexique : _____

3. la Belgique : _____

4. l'Argentine : _____

5. la Côte d'Ivoire : _____

9-12 Vos connaissances en géographie. Montrez vos connaissances en géographie en nommant plusieurs pays pour chaque question.

MODÈLE Où est-ce qu'il y a des Africains francophones ?

Il y a des Africains francophones au Cameroun, en Côte d'Ivoire, au Maroc et au Sénégal.

1. Où est-ce qu'on parle espagnol ? _____

_____

2. Où est-ce qu'on parle arabe et français ? _____

_____

3. Où est-ce qu'il y a des économies très fortes ? _____

_____

4. Où est-ce que vous voudriez habiter un jour ? _____

_____

2. *Le verbe* venir

9-13 Déductions. D'après l'indication donnée, décidez de quel pays ces personnes reviennent.

MODÈLE Sophie a visité Buckingham Palace.   *Elle revient d'Angleterre.*

1. Thibaut et Claire ont visité Cannes et Paris. _____

2. Coralie a rendu visite à son cousin allemand à Berlin. _____

3. Nous avons visité Dakar et l'île de Gorée. _____

4. Ma mère et ma sœur ont visité Beijing. _____

5. J'ai _____ . Je _____

9-14 L'Inspecteur Maigret. Imaginez que vous êtes Maigret, le détective belge très connu. Dites ce que vos suspects viennent probablement de faire, d'après ces renseignements.

MODÈLE Karine porte un maillot de bain.   *Elle vient sans doute de nager.*

1. Benoît a sa guitare. _____

2. M. et Mme Moreau sont bien habillés. _____

3. Les Girardet ont une nouvelle voiture. _____

4. Laurent et Élodie sortent du McDo. _____

5. Olivier a l'air fatigué. _____

ÉCRIVONS

9-15 Le tour du monde. Imaginez que vous avez fait le tour du monde en 80 jours comme Philéas Fogg et Passepartout, les personnages principaux du roman *Le tour du monde en quatre-vingts jours* de Jules Verne. (Vous pouvez lire un extrait de ce roman dans l'exercice 9-40.) Maintenant, vous vous préparez à parler de vos expériences avec un groupe de lycéens.

A. Avant d'écrire. Pour commencer, complétez ces activités.

1. Faites une liste des pays et des villes que vous avez visités.
   (par exemple : *France : Paris, Lyon ; Suisse : Genève ; Belgique : Bruxelles, Anvers*)

2. Faites une liste des langues que vous avez entendu parler et que vous avez parlées.
   (par exemple : *le français, l'allemand, le flamand*)

3. Choisissez deux ou trois endroits que vous voulez décrire. Pour chaque endroit, écrivez deux ou trois adjectifs.
   (par exemple : *la ville de Paris : belle, agréable, animée*)

4. Écrivez une ou deux phrases pour dire quel endroit vous avez préféré et pourquoi.
   (par exemple : *J'ai préféré la ville de Paris parce que c'est une ville très belle et...*)

B. En écrivant. Maintenant, rédigez votre récit de voyage.

MODÈLE   *Pendant mon superbe voyage, j'ai visité la France, la Belgique et la Suisse.*
   En France, je suis allé à Paris et à Lyon. J'ai préféré Paris parce que... J'ai vu des choses intéressantes comme...
   J'ai aussi visité la Belgique. Les habitants de Bruxelles parlaient français et flamand... Je n'ai pas compris le flamand, bien sûr, mais je pouvais parler un peu français. Les gens m'ont compris !...
   À mon avis, Paris est la meilleure ville parce que...

C. Après avoir écrit. Relisez votre récit. Avez-vous parlé de tous les pays et de toutes les villes que vous avez énumérés dans l'exercice A ? Est-ce que vous avez inclus des adjectifs pour décrire chaque endroit ? Soulignez tous les noms de villes et de pays que vous avez écrits et vérifiez que vous avez utilisé les bonnes prépositions.

Leçon 3 *Faisons du tourisme !*

POINTS DE DÉPART

9-16 De bonnes vacances. Vous travaillez pour une agence de voyages et c'est à vous de proposer des projets de vacances aux clients. D'après leur situation, déterminez où chaque groupe de clients peut aller, où ils peuvent dormir et ce qu'ils peuvent faire.

MODÈLE   Les Smith : M. et Mme, un garçon de 4 ans et une fille de 2 ans
Goûts : la nature, le cyclisme, la natation, les randonnées
Budget : assez modeste
Ils peuvent faire du camping près d'un lac. Ils peuvent dormir dans un terrain de camping avec leur tente. Ils peuvent nager dans le lac et faire des randonnées dans la forêt. Ils peuvent aussi faire des promenades à bicyclette.

1. Les nouveaux mariés : Rémi Souchon et Dominique Chaumier
Goûts : l'art moderne, les bons restaurants, le théâtre, le cinéma
Budget : ils ont économisé beaucoup d'argent, donc pas de problème financier

_____

_____

_____

2. Les Dumont : M. et Mme, une fille de 15 ans, un garçon de 12 ans et une fille de 10 ans
Goûts : l'étranger, l'aventure, l'archéologie, le magasinage
Budget : aucun problème, ils sont assez riches

_____

_____

_____

3. Des amis : Stéphane (20 ans), Paul (19 ans) et Nicolas (20 ans)
Goûts : l'étranger, l'histoire et l'architecture française, le sport
Budget : très modeste

_____

_____

_____

9-17 Le patrimoine. Quels sites historiques ou culturels est-ce que vous connaissez au Québec ? Quels sites est-ce que vous voudriez visiter ? Rédigez un petit paragraphe (de trois à quatre phrases) pour décrire vos expériences et vos envies.

MODÈLE   *Je n'ai jamais visité le Québec, mais je voudrais surtout voir les vieilles maisons et les églises. Je m'intéresse à l'architecture et à l'histoire de la religion. Je voudrais aussi voir les vieux quartiers…*

_____

_____

_____

_____

9-18 À Abidjan. Vous êtes au Centre culturel français à Abidjan (en Côte d'Ivoire) et vous faites des projets pour la journée. Consultez ce plan et notez le chemin qu'il faut prendre pour vous rendre aux endroits suivants.

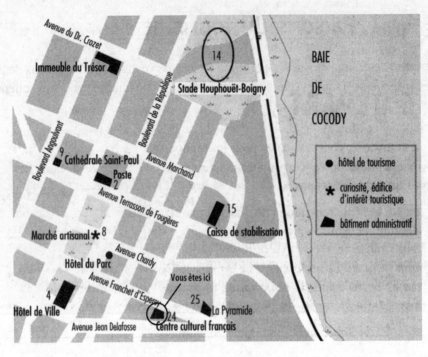

MODÈLE   à l'Hôtel de Ville : *Prendre l'avenue Franchet d'Esperey jusqu'au boulevard de la République ; tourner à gauche ; l'Hôtel de Ville est sur la droite.*

1. à La Pyramide : _____

_____

_____

2. au Marché artisanal : _____

_____

_____

3. au Stade Houphouët-Boigny : _____

_____

_____

4. à la Cathédrale Saint-Paul : _____

_____

_____

5. à la Poste : _____

_____

_____

6. à l'Hôtel du Parc : _____

_____

_____

FORMES ET FONCTIONS

1. *Les pronoms relatifs* qui, que et où

9-19 Le tourisme. Donnez une définition de ces termes.

MODÈLE   un Centre de congrès : C'est un bâtiment *où il y a de grands congrès (conventions).*

1. un hôtel : C'est un logement _____

2. l'office du tourisme : C'est un endroit _____

3. une auberge de jeunesse : C'est un logement _____

4. un terrain de camping : C'est un endroit _____

5. un gîte rural : C'est un logement _____

6. un château : C'est un bâtiment _____

9-20 Le logement idéal. Dites ce que ces personnes préfèrent d'après leur description.

MODÈLE   Une petite fille de 9 ans aime les hôtels *où il y a une piscine et des jeux vidéos. Elle aime les hôtels qui sont près d'un parc.*

1. Un homme riche aime les hôtels _____

_____

2. Un couple sociable qui aime la campagne préfère un gîte rural _____

_____

3. J'aime _____

_____

9-21 Un voyage entre amis. Quatre amis préparent un voyage pour les vacances de Noël. Montrez à votre copain/copine ce qui a été préparé. Faites attention à l'accord du participe passé avec le complément d'objet direct qui précède.

MODÈLE   Sophie et Jordan ont choisi les destinations.
   Voici les destinations que Sophie et Jordan ont choisies.

1. Salima a préparé un bon itinéraire.

_____

2. Fabien a réservé les billets de train.

_____

3. Salima a trouvé une auberge de jeunesse.

_____

4. Sophie a fait les réservations.

_____

5. Fabien a trouvé un plan de la ville sur Internet.

_____

6. Jordan et Salima ont acheté des valises.

_____

9-22 Les préférences. Complétez ces phrases avec vos préférences en utilisant le pronom relatif approprié.

MODÈLE   J'adore les trains *que vous avez en France.*
                          OU *qui sont très rapides, comme le TGV.*

1. Je préfère les villes _____

2. J'aime bien les musées _____

3. J'aime les cartes postales _____

4. Je n'aime pas les livres _____

5. J'aime la cuisine _____

2. Le conditionnel

9-23 À votre place. Vous répondez aux lettres des lectrices pour un magazine féminin. Pour chaque problème décrit par une de vos lectrices, donnez une suggestion du style : **à votre place**…

MODÈLE   Mon copain étudie dans une autre ville et je me sens très seule la fin de semaine.
                À votre place, *je sortirais plus avec des copines pour me distraire.*

1. Mes parents viennent me rendre visite cette fin de semaine, mais je n'ai pas envie de les voir. Je veux sortir avec mes amis.

   À votre place, _____

2. Après un examen, je ne veux rien faire, mais mes amis veulent sortir pour célébrer.

   À votre place, _____

3. Ma petite sœur veut faire toutes les mêmes activités que moi. Elle m'énerve.

   À votre place, _____

4. Je me suis disputée avec ma meilleure copine et je n'ai pas envie de lui parler. Elle continue à me téléphoner.

   À votre place, _____

5. Le copain de ma colocataire vient de m'inviter à aller au cinéma sans elle. Je ne sais pas quoi faire.

   À votre place, _____

6. Je vais rentrer chez mes parents cette fin de semaine. Ils sont végétariens, mais j'adore manger de la viande rouge !

   À votre place, _____

9-24 Qui veut gagner des millions ? Imaginez que vous jouez comme candidat/e pour l'émission **Qui veut gagner des millions**, un jeu télévisé très populaire en France. Qu'est-ce que vos amis, les membres de votre famille et vous-même feriez si vous gagniez un million d'euros ?

MODÈLE   vous   *J'achèterais une nouvelle voiture.*

1. vous _____

2. votre meilleur/e ami/e _____

3. vos parents _____

4. votre prof de français _____

5. votre ami/e et vous _____

ÉCRIVONS

9-25 Des vacances au Nouveau Brunswick. Vous allez passer deux semaines au Nouveau Brunswick cet été. Écrivez une lettre à la direction de l'hôtel Lord Beaverbrook à Fredericton pour vous renseigner sur les possibilités de logement.

A. Avant d'écrire. Pour commencer, complétez ces activités.

1. Notez le jour de votre arrivée et de votre départ.
   (par exemple : *le 3 juin, le 17 juin*)

2. Précisez le type de chambre que vous voudriez.
   (par exemple : *une chambre avec connexion Internet*)

3. Précisez les services que vous voudriez.
   (par exemple : *une piscine, un parc de stationnement*)

B. En écrivant. Rédigez votre lettre. Utilisez les formules de politesse au début et à la fin de la lettre suivant le modèle.

MODÈLE   *À qui de droit,*

   Je vous écris pour vous demander des renseignements sur votre hôtel. J'arriverai à Fredericton le 3 juin et je voudrais rester dans votre hôtel jusqu'au 17. Je voudrais une chambre avec une belle vue et une connexion Internet. Votre hôtel a-t-il une piscine et y a-t-il un parc de stationnement tout près ?

   En vous remerciant par avance de votre réponse, je vous adresse mes salutations distinguées.

   Monsieur Johnson

C. Après avoir écrit. Relisez votre lettre. Avez-vous mentionné les dates de votre séjour, le type de chambre que vous voudriez avoir et les services qui vous intéressent ? Avez-vous utilisé les formules de politesse pour commencer et terminer votre lettre comme dans le modèle ? Regardez de nouveau votre lettre pour vérifier que vous n'avez pas fait de fautes d'orthographe et que tous les verbes s'accordent avec leurs sujets.

LISONS

9-26 Cinq semaines en ballon

A. Avant de lire. Your textbook features an excerpt from *Le tour du monde en quatre-vingt jours*, written by Jules Verne. In the nineteenth century, Verne penned a series of sixty-two novels entitled *Voyages extraordinaires*. *Le tour du monde en quatre-vingts jours* is part of that series, as is this excerpt from *Cinq semaines en ballon*, the first volume in the series. In this passage, a newspaper article from *The Daily Telegraph* announces an Englishman's plans to travel over Africa in a hot-air balloon.

There are many cognates in this passage. Scan the first sentence and identify all the words that are similar to their English counterparts.

> L'Afrique va livrer enfin le secret de ses vastes solitudes ; un Œdipe moderne nous donnera le mot de cette énigme que les savants de soixante siècles n'ont pu déchiffrer.

B. En lisant. As you read, look for and select all appropriate answers for each question.

1. What is the "enigma" mentioned in the first paragraph?

   a. the African continent and its unknown territories

   b. the finding of a hidden treasure

   c. the discovery of the source of the Nile river

   d. the techniques of piloting a hot-air balloon

2. Who discovered the Great Lakes?

   a. Œdipe

   b. Captains Burton and Speke

   c. Denham and Clapperton

   d. Doctor Barth

3. What is the point of intersection of the many explorers cited in the second paragraph?

   a. the Zambezi basin

   b. the centre of Africa

   c. a region still unexplored

   d. Sudan

4. Who will attempt the trip announced in this article?

   a. Doctor Samuel Fergusson

   b. Doctor Barth

   c. Doctor Livingstone

   d. Denham and Clapperton

5. What is the direction of the planned itinerary?

   a. from north to south

   b. from south to north

   c. from west to east

   d. from east to west

6. Where will the journey begin?

   a. on the island of Zanzibar

   b. on the Cape of Good Hope

   c. in the centre of Africa

   d. on the eastern shore

7. Where is the expedition expected to end?

   a. in the region of Providence

   b. at the source of the Nile

   c. it is unknown

   d. in Sudan

8. How much money will the *Société Royale de Géographie* contribute to the expedition?

   a. 2,250 British pounds

   b. 2,500 British pounds

   c. 1,500 British pounds

   d. 12,500 British pounds

CINQ SEMAINES EN BALLON

Un article du « Daily Telegraph »

« L'Afrique va livrer enfin le secret de ses vastes solitudes ; un Œdipe moderne nous donnera le mot de cette énigme que les savants de soixante siècles n'ont pu déchiffrer (*decipher*). Autrefois, rechercher les sources du Nil, *fontes Nili quærere*, était regardé comme une tentative insensée (*insane*), une irréalisable chimère. »

« Le docteur Barth, en suivant jusqu'au Soudan la route tracée par Denham et Clapperton ; le docteur Livingstone, en multipliant ses intrépides investigations depuis le cap de Bonne-Espérance jusqu'au bassin du Zambezi ; les capitaines Burton et Speke, par la découverte des Grands Lacs intérieurs, ont ouvert trois chemins à la civilisation moderne ; leur point d'intersection, où nul voyageur n'a encore pu parvenir (*to reach*), est le cœur (*center*) même de l'Afrique. C'est là que doivent tendre tous les efforts. »

« Or (*and yet*), les travaux de ces hardis pionniers de la science vont être renoués (*resumed*) par l'audacieuse tentative du docteur Samuel Fergusson, dont (*of whom*) nos lecteurs ont souvent apprécié les belles explorations. »

« Cet intrépide découvreur (*discoverer*) se propose de traverser en ballon toute l'Afrique de l'est à l'ouest. Si nous sommes bien informés, le point de départ de ce surprenant voyage serait l'île de Zanzibar sur la côte orientale. Quant au point d'arrivée, à la Providence seule il est réservé de le connaître. »

« La proposition de cette exploration scientifique a été faite hier officiellement à la Société Royale de Géographie ; une somme de deux mille cinq cents livres (*British pounds*), est votée pour subvenir aux frais (*expenses*) de l'entreprise. »

Source : Jules Verne, Cinq semaines en ballon

C. Après avoir lu. Now that you've read the passage, answer the following questions in English.

1. What particular problems might a balloonist encounter on a trip such as the one described in the text?

   _____

   _____

2. Knowing that the story is set in 1862, what other means of transportation might the expedition use to cross the African continent? What dangers and obstacles might they be likely to encounter?

   _____

   _____

   _____

   _____

Venez chez nous ! *Paris, Ville Lumière*

9-27 Les monuments. Pour chaque monument à Paris, trouvez une description. Vous pouvez consulter votre manuel, des guides touristiques ou *MyFrenchLab* pour ce chapitre (choisissez *Student Resources* et cliquez sur *Web Links*) pour trouver des liens utiles. La première réponse vous est donnée comme exemple.

__*c*__ 1. St.-Germain-des-Prés		**a.** le plus vieux pont de Paris
_____ 2. l'Arc de Triomphe		**b.** le site du tombeau de Napoléon
_____ 3. l'Opéra Garnier		**c.** l'une des plus vieilles églises de Paris
_____ 4. la tour Eiffel		**d.** une ancienne prison où Marie-Antoinette et Louis XVI étaient emprisonnés pendant la Révolution
_____ 5. la Conciergerie		**e.** a un superbe plafond (*ceiling*) peint par Marc Chagall
_____ 6. l'Obélisque		**f.** un arc de triomphe qui se trouve près du Louvre
_____ 7. le Pont-Neuf		**g.** construite pour l'Exposition Universelle en 1889
_____ 8. la Sainte-Chapelle		**h.** le site des tombeaux des écrivains Victor Hugo, Jean-Jacques Rousseau et Émile Zola
_____ 9. les Invalides		**i.** cadeau de l'Égypte qui se trouve sur la Place de la Concorde
_____ 10. le Panthéon		**j.** abrite (*houses*) le tombeau du Soldat inconnu
_____ 11. l'Arc du Carrousel		**k.** une petite chapelle dans la Conciergerie avec des vitraux (*stained-glass windows*) magnifiques

9-28 La Bibliothèque nationale François Mitterrand. Est-ce que vous connaissez la Bibliothèque nationale François Mitterrand à Paris ? Consultez *MyFrenchLab* pour ce chapitre, choisissez *Student Resources* et cliquez sur *Web Links* pour des liens où vous pouvez découvrir ce nouveau monument parisien, puis répondez à ces questions.

1. Où se trouve la Bibliothèque nationale François Mitterrand ?

   _____

2. Comment est-ce que vous pouvez y aller si vous êtes à Paris ?

   _____

3. Cette bibliothèque a deux parties : la Bibliothèque d'étude et la Bibliothèque de recherche. Qui peut avoir accès à chaque bibliothèque ? Est-ce que l'accès est gratuit (*free*) ?

   _____

   _____

4. Comment est-ce que vous pouvez visiter la Bibliothèque François Mitterrand en touriste ?

   _____

   _____

5. Regardez quelques images de l'architecture de ce monument et écrivez deux ou trois phrases pour le décrire.

_____

_____

_____

6. Est-ce que vous aimez le style de cette bibliothèque ? Pourquoi ?

_____

_____

_____

9-29 Le Château de Versailles. Ce grand château ne se trouve pas loin de Paris, et beaucoup de touristes vont y passer une journée. Consultez *MyFrenchLab* pour ce chapitre, choisissez *Student Resources* et cliquez sur *Web Links* pour trouver le site officiel du Château de Versailles. Allez sur ce site pour compléter ce tableau avec des renseignements utiles pour un/une touriste.

Le Château de Versailles : guide de visite	
Comment y aller de Paris :	
Heures d'ouverture :	
Tarifs pour le circuit des Grands Appartements :	
Lieux à visiter :	
Possibilités pour manger :	

9-30 Une visite virtuelle au Château de Versailles. Consultez *MyFrenchLab* pour ce chapitre, choisissez *Student Resources* et cliquez sur *Web Links* pour trouver un site Web où vous aurez la possibilité de faire une visite virtuelle (à 360°) de plusieurs endroits au château. Choisissez un endroit et faites la visite virtuelle. Voici quelques suggestions : la Galerie des Glaces, la chambre du Roi, la chambre de la Reine et la Chapelle royale. (Si votre ordinateur ne vous permet pas de le faire, allez au centre d'informatique de votre campus ou demandez à votre prof de français s'il y a un laboratoire multi-média pour les étudiants de langue.) Rédigez un paragraphe pour décrire la visite que vous avez faite.

Pour aller plus loin : Pour en savoir plus sur la ville de Paris et ses monuments ou le Château de Versailles, ou pour préparer un voyage dans la région parisienne, consultez *MyFrenchLab* pour ce chapitre, choisissez *Student Resources,* et cliquez sur *Web Links.*

Lab Manual

Leçon 1 *Projets de voyage*

POINTS DE DÉPART

9-31 Comment y aller ? Marianne works in a travel agency. Listen as she talks about her customers' trips and write down the means of transportation she has arranged for each customer.

MODÈLE   Vous entendez :   M. Drouet fait une randonnée à vélo dans l'Aveyron.
           Vous écrivez :   M. Drouet fait une randonnée *à vélo* dans l'Aveyron.

1. Les Smith retournent en Angleterre _____.

2. Pour aller à Versailles, prenez _____.

3. Ils sont allés en Russie _____.

4. Les Lefèvre font un circuit en Corse _____.

5. Pour voyager dans Paris, je vous conseille de prendre _____.

6. Pour partir en Belgique, vous pouvez louer _____.

9-32 Excursions. M. and Mme Leclerc are thinking about what they need to take with them on a day trip. Write the number of each of M. Leclerc's statements that you hear next to the item he is describing. Number one has been completed for you as an example.

_____ a. un portefeuille

___1___ b. une carte bancaire

_____ c. les passeports

_____ d. un appareil numérique

_____ e. un porte-monnaie

_____ f. les clés

SONS ET LETTRES

La liaison obligatoire

9-33 Discrimination. Listen to the following phrases and select the letter of the phrase where you hear a **liaison**.

MODÈLE   Vous entendez :   **a.** des voitures
                                   b. des autos
             Vous choisissez :   a   **b**

1.   a   b   4.   a   b
2.   a   b   5.   a   b
3.   a   b   6.   a   b

9-34 Répétition. Listen to the following sentences and repeat, paying careful attention to the **liaisons**.

1. Nous avons attendu l'avion pendant trois heures.

2. Les hôtels sont souvent de grands immeubles.

3. Nous sommes allés au mauvais aéroport.

4. Nous avons admiré de beaux oiseaux aux Antilles.

5. Ils ont acheté des nouveaux appareils numériques.

FORMES ET FONCTIONS

1. Le futur

9-35 Projets de vacances. Antoine and Sabine are discussing their vacation plans. For each statement that you hear, select **c'est sûr** if the plan is definite and select **c'est moins sûr** if the plan is less definite.

MODÈLE   Vous entendez :   Je vais partir en Australie cet été.
             Vous choisissez :   c'est sûr   c'est moins sûr

1.   c'est sûr   c'est moins sûr   4.   c'est sûr   c'est moins sûr
2.   c'est sûr   c'est moins sûr   5.   c'est sûr   c'est moins sûr
3.   c'est sûr   c'est moins sûr   6.   c'est sûr   c'est moins sûr

Nom : _____   Date : _____

9-36 Optimisme. A group of friends is leaving on a trip in one week. Listen as they divide the tasks to be completed among themselves. Select the correct verb form that you hear for each statement.

MODÈLE   Vous entendez :   Paul achètera le plan de la ville.
Vous choisissez :   <u>achètera</u>   achèteras

1. téléphonerai   téléphonerez   4. feront   ferons

2. iront   irons   5. descendrons   descendront

3. chercherai   chercherez   6. appelleras   appellera

2. *Le pronom* y

9-37 On y va ! Based on the reasons people give, indicate where each person is probably going by writing the number of his or her sentence next to the appropriate destination. Number one has been completed for you as an example.

_____ **a.** à l'aéroport

_____ **b.** en Allemagne

_____ **c.** dans les Alpes

_____ **d.** en Angleterre

_____ **e.** à la banque

_____ **f.** au bord de la mer

_____ **g.** en Italie

___1___ **h.** à Paris

9-38 Projets de voyage. You and a friend are planning a trip. Fill your friend in on the details by responding affirmatively to her questions using the pronoun **y.** You may stop the recording while you write.

MODÈLE   Vous entendez :   On va d'abord à Paris ?
Vous écrivez :   *Oui, on y va d'abord.*

1. _____

2. _____

3. _____

4. _____

5. _____

Mise en pratique

9-39 Prêt pour le départ !

A. Avant d'écouter. Imagine that you are leaving for a trip abroad. Make a list, in French, of five or six items you would be likely to put in your carry-on bag.

_____

_____

_____

B. En écoutant. Sylvie and Bertrand are going to Tunisia for their honeymoon. When they arrive at the airport, they realize one of their bags is missing.

1. Listen a first time and check off the items in the list below that were in their lost bag.

_____	appareil numérique	_____	passeports	_____	plan de la ville
_____	clés de voiture	_____	carte de crédit	_____	permis de conduire
_____	lunettes de soleil	_____	portefeuille	_____	porte-monnaie

2. Listen a second time and complete the following sentences in French.

a. Quand ils arrivent à l'hôtel, Bernard et Sylvie _____

_____

b. Demain, ils _____

_____

c. S'ils ne retrouvent pas leur sac, ils _____

_____

d. Bernard est :   optimiste   réaliste   pessimiste

C. Après avoir écouté. Have you ever been in a similar situation? What did you do? Did you recover your bag? Write three to four sentences, in French, telling about your experience.

MODÈLE   *Quand je suis allée en Floride avec des amies, j'ai perdu une valise. J'étais très en colère parce que c'était la valise avec mon maillot de bain. C'est difficile de trouver un maillot de bain ! Mais je suis allée au magasin à Fort Myers et j'en ai acheté un nouveau.*

_____

_____

_____

_____

_____

Leçon 2 *Destinations*

POINTS DE DÉPART

9-40 Les passeports. Karim works for a cruise line and must inquire about passengers' nationalities before they disembark. For each statement that you hear, write down the person's country of origin.

MODÈLE   Vous entendez :   Je suis algérienne.
           Vous écrivez :   *l'Algérie*

1. _____   4. _____

2. _____   5. _____

3. _____   6. _____

9-41 En croisière. On the cruise ship, Hélène meets people from all over the world. For each of her questions, select the letter corresponding to the most logical response.

MODÈLE   Vous entendez :   —Vous êtes de Suisse ?
           Vous lisez :   **a.** —Oui, je suis suisse.
                              b. —Oui, je suis américaine.
           Vous choisissez :   **a.**

1. **a.** —Oui, je suis italienne.   4. **a.** —Oui, on est brésilien.

   b. —Oui, je suis anglaise.   **b.** —Oui, on est camerounais.

2. **a.** —Oui, nous sommes français.   5. **a.** —Oui, je suis sénégalaise.

   b. —Oui, nous sommes canadiens.   **b.** —Oui, je suis australienne.

3. **a.** —Oui, je suis japonaise.   6. **a.** —Oui, je suis colombien.

   b. —Oui, je suis chinoise.   **b.** —Oui, je suis marocain.

SONS ET LETTRES

La liaison avec t, n *et* r

9-42 Liaison ? Listen carefully to the following groups of words, and select the words that contain a liaison consonant.

MODÈLE   Vous entendez :   un hôtel
                    Vous choisissez :   <u>un</u> hôtel

1. une grosse auto
2. un grand hôtel
3. une belle histoire
4. mes vieux amis
5. un gros homme

6. les autres étés
7. une bonne omelette
8. mon oncle
9. un avocat
10. une étudiante

9-43 Phrases. Repeat each of the following sentences after the speaker in the pause provided.

1. Voici Massimo, il est italien. C'est un bon ami à nous.
2. Je suis heureuse de faire votre connaissance. Très heureuse.
3. Vous êtes déjà allé en Italie ?
4. Non, mais nous y allons cet été.
5. Nous partons le vingt et un juillet.

FORMES ET FONCTIONS

1. *Les prépositions avec des noms de lieux*

9-44 Les escales. Patrick is a pilot who has been all over the world. Listen to each of his statements and indicate the location of his layovers by selecting the appropriate letter.

MODÈLE   Vous entendez :   On est passé par Sydney.
                    Vous lisez :   **a.** Il est allé en Australie.
                                        b. Il est allé en France.
                    Vous choisissez :   <u>a.</u>

1. **a.** Il est allé en Italie.
    b. Il est allé en Belgique.

2. **a.** Il est allé aux États-Unis.
    b. Il est allé en Suisse.

3. **a.** Il est allé au Portugal.
    b. Il est allé au Mexique.

4. **a.** Il est allé au Sénégal.
    b. Il est allé au Japon.

5. **a.** Il est allé en Allemagne.
    b. Il est allé en Espagne.

6. **a.** Il est allé en Colombie.
    b. Il est allé en Algérie.

9-45 Projets de voyage. Leïla would like to be a world traveller. Whenever one of her friends mentions a place, she indicates that she would like to go there. Listen to her friends' statements and complete her responses. Be careful about the use of prepositions!

MODÈLE   Vous entendez :   Mon professeur est du Sénégal.
            Vous lisez :   Je voudrais aller _____.
            Vous écrivez :   Je voudrais aller _au Sénégal_.

1. Je voudrais aller _____.

2. Je voudrais aller _____.

3. Je voudrais aller _____.

4. Je voudrais aller _____.

5. Je voudrais aller _____.

6. Je voudrais aller _____.

2. *Le verbe* venir

9-46 Combien ? While waiting for your plane, you overhear a woman talking about her children and grandchildren. For each statement that you hear, select **1** if the subject of the sentence is one person and **1+** if it is more than one person.

MODÈLE   Vous entendez :   Il revient d'Australie.
            Vous choisissez :   <u>1</u>   1+

1.   1   1+   5.   1   1+

2.   1   1+   6.   1   1+

3.   1   1+   7.   1   1+

4.   1   1+   8.   1   1+

9-47 Programme. Marcel and Jacqueline are about to take a vacation in Asia. Listen as they review their travel plans; complete each of their statements by writing down the subject and verb form that you hear.

MODÈLE   Vous entendez :   Je viens de téléphoner à l'agence.
            Vous écrivez :   _Je viens_ de téléphoner à l'agence.

1. L'agent est absent. _____ bientôt.

2. _____ de plus en plus impatient.

3. _____ nous chercher à huit heures.

4. _____ ce soir pour prendre le chat.

5. _____ juste de finir les bagages.

6. _____ dans deux semaines.

Mise en pratique

9-48 Les voyages organisés

A. Avant d'écouter. Imagine that you could make a trip around the world. Make a list, in French, of the countries you would most like to visit.

_____

_____

B. En écoutant. Estelle Picard and Christophe Fouquier are attending an information session on organized trips presented by the travel company **Voyage ensemble**.

1. The first time you listen, select the letters that correspond to the destinations offered by the travel agent.

   a. la Tunisie   **b.** l'Espagne   **c.** l'Argentine   **d.** l'Italie

   e. l'Australie   **f.** l'Angleterre   **g.** le Mexique   **h.** la Martinique

2. The second time you listen, identify the destinations Estelle and Christophe have chosen.

   Christophe : _____

   Estelle : _____

3. The third time you listen, tell why each person chose his or her destination.

   Christophe : _____

   _____

   Estelle : _____

   _____

C. Après avoir écouté. Which of these destinations would you choose for yourself? Write three to four sentences to explain your choice.

Je choisis _____ _parce que_ _____

_____

_____

_____

_____

Leçon 3 *Faisons du tourisme !*

POINTS DE DÉPART

9-49 L'hôtel de la Licorne. Roger is vacationing in the South of France with his family. Listen to his conversation with the desk receptionist at the hotel. For each statement that you hear, select the letter corresponding to the most logical response.

MODÈLE   Vous entendez :   —Bonjour, nous avons une réservation.
              Vous lisez :   **a.** —C'est à quel nom ?
                             b. —Quel âge avez-vous ?
              Vous choisissez :   <u>**a.**</u>

1. **a.** —Oui, nous sommes arrivés à l'heure.

   b. —Non, nous avons demandé deux chambres.

2. **a.** —Nous restons quatre jours.

   b. —Nous sommes partis hier.

3. **a.** —Nous devons appeler la banque.

   b. —Nous payons par carte de crédit.

4. **a.** —Non merci, ça ira.

   b. —Nous sommes trop fatigués pour sortir.

5. **a.** —Je vous appellerai demain.

   b. —Oui, c'est très gentil à vous, merci !

6. **a.** —Non, vous pouvez nous indiquer le chemin ?

   b. —Oui, nous avons une voiture.

9-50 Un peu d'histoire. Théo, a history student, is looking for an interesting weekend destination. Listen to his friends' suggestions and match the number of each description with the corresponding picture. Number one has been completed for you as an example.

a. _1_

b. _____

c. _____

d. _____

e. _____

f. _____

FORMES ET FONCTIONS

1. *Les pronoms relatifs* qui, que *et* où

9-51 Désaccords. Jacques and Aline want to travel abroad. Complete each statement that you hear by writing its number next to a logical phrase chosen from the list below. Number one has been provided for you as an example.

_____ a. où il y a trop de touristes.

_1_ b. où il fait toujours chaud.

_____ c. qui n'ont pas tout le confort d'un hôtel.

_____ d. qui est connue pour ses monuments.

_____ e. où il y a une piscine.

_____ f. qui sont sauvages et loin de tout.

9-52 Rappels. Rephrase Cécile's statements about what she has learned during a guided tour of Toulouse. Use the relative pronoun (**qui** or **où**) and incorporate the information you hear on the recording with the cues below. You may stop the recording while you write.

MODÈLE   Vous entendez :   Toulouse est une ville très intéressante.
                Vous lisez :   Toulouse, c'est une ville...
                Vous écrivez :   Toulouse, c'est une ville _qui est très intéressante_ .

1. Toulouse est l'endroit _____

2. Toulouse est une ville _____

3. Il y a beaucoup de maisons _____

4. Toulouse est une ville _____

5. Le Capitole est un bâtiment _____

6. Toulouse est une ville _____

9-53 Conversations. Jean-Michel is trying to figure out what people are talking about as he overhears parts of conversations. For each statement that you hear, select **personne** if the relative pronoun **que** is referring to a person or **chose** if it refers to a thing.

MODÈLE   Vous entendez :   La fille que j'ai rencontrée hier s'appelle Claire.
                Vous choisissez :   <u>personne</u>   chose

1.	personne	chose		4.	personne	chose
2.	personne	chose		5.	personne	chose
3.	personne	chose		6.	personne	chose

9-54 Questions. You are entering a contest to win an all-expenses-paid vacation to your favourite travel destination. Respond to each of the questions that you hear using complete sentences and the relative pronoun **que**. You may stop the recording while you write.

MODÈLE   Vous entendez :   Quel est le pays que vous préférez ?
                Vous écrivez :   Le pays *que je préfère est le Canada.*

1. La ville étrangère _____

2. La ville _____

3. Les langues étrangères _____

4. La langue étrangère _____

5. La personne _____

2. Le conditionnel

9-55 Rêve ou réalité. David wants to become an actor and is discussing his career choice with his friends. For each statement that you hear, select **rêve** (*dream*) if the speaker is talking about what he would do if he could, and select **réalité** if the speaker is talking about something he is actually doing.

MODÈLE   Vous entendez :   Je voudrais devenir acteur.
    Vous choisissez :   <u>rêve</u>   réalité

1.   rêve   réalité   4.   rêve   réalité

2.   rêve   réalité   5.   rêve   réalité

3.   rêve   réalité   6.   rêve   réalité

9-56 Rendez-vous manqué. Line and Renaud were supposed to meet their friends at the movie theatre but do not see them. Complete each of their statements with the correct form of the subject and verb that you hear. You may stop the recording while you write.

MODÈLE   Vous entendez :   Sophie a dit qu'elle serait là avant nous.
    Vous écrivez :   Sophie a dit qu' <u>*elle serait*</u> là avant nous.

1. Je savais qu' _____ à l'heure.

2. Christophe et Sylvie m'ont dit qu' _____ avec Sophie.

3. Karine m'a prévenu qu' _____ du retard.

4. Patrick a bien dit qu' _____ dehors, non ?

5. Renaud, tu as dit que _____ de pop-corn cette fois !

6. C'est vrai, et j'ai aussi pensé que _____ le début du film !!

Mise en pratique

9-57 Une publicité

A. Avant d'écouter. Imagine that you are going to France. What kind of vacation would you like to take? Where would you stay: at a campground or in a hotel? What kind of activities would you plan? Would you like to visit historical sites or would you rather relax and sunbathe?

B. En écoutant. You are gathering information about possible trips to France. Listen to a radio advertisement encouraging people to visit the Dordogne region in southwest France and answer the questions below by selecting the letter(s) corresponding to the correct response(s).

1. Quels sont les sites à visiter en Dordogne ?

    a. la maison du peintre Gauguin

    b. explorer les grottes ornées de peintures préhistoriques

    c. les églises gothiques

2. Qu'est-ce qu'on peut faire en Dordogne ?

    a. se détendre à bord d'un bateau sur la Dordogne

    b. goûter la bonne cuisine de la région

    c. faire de l'alpinisme

3. Où peut-on loger en Dordogne ?

    _____

    _____

4. Comment peut-on recevoir plus d'informations ?

    _____

    _____

C. Après avoir écouté. Would you be interested in visiting the Dordogne region? Why or why not? Write three to four sentences, in French, explaining your choice.

MODÈLE   *J'aimerais aller en Dordogne parce que j'aime les sites historiques.*

_____

_____

_____

_____

_____

Video Manual

9-58 On prend le train.
In this video clip, you observe a train trip from beginning to end. Re-order the activities listed below as you see them in the clip.

_____ On prend un casse-croûte.

___1___ On prend le métro pour aller à la gare.

_____ On descend du train.

_____ On attend l'arrivée du train.

_____ On achète un billet.

_____ Le contrôleur regarde les billets.

_____ On fait ses devoirs.

_____ On sort de la gare.

_____ Le train arrive dans la gare.

_____ On regarde les beaux paysages.

Have you ever travelled by train? If so, how did your experience compare with what you see in the video clip? If not, do you think you would enjoy this means of travel? Why or why not?

_____

_____

_____

9-59 Paris, Ville Lumière

A. This montage features many of the well-known sights of Paris. How many of these places and monuments do you recognize from readings, films, or your own travels? How many of them can you locate on the detail map of Paris found in the **Venez chez nous !** lesson?

_____ la Seine   _____ la Panthéon

_____ la cathédrale Notre-Dame   _____ le théâtre de la Huchette

_____ la place de la Concorde   _____ l'Arc de Triomphe

_____ la tour Eiffel

B. The clip also includes less famous sights of Paris, which are nevertheless part of the everyday landscape; view the clip again to see whether you can spot the following, and provide an explanation in English for each.

1. une colonne Morris _____

2. des toits mansardés _____

3. un marché en plein air _____

4. un kiosque à journaux _____

Which of these sights are unique to Paris, and which have counterparts where you live?

_____

_____

9-60 Mes impressions de Paris. You may already have completed the **Observons** activity in the **Venez chez nous !** lesson of this chapter. If not, you will find it helpful to go back and complete that activity before moving on to the questions below.

A. Avant de regarder. In these clips, a Haitian and a French Canadian describe their visits to Paris. How might their impressions differ from those of a person born in France?

_____

_____

B. En regardant. Listen for the answers to the following questions.

1. Marie a visité Paris en compagnie

   a. _____ d'un guide.   b. _____ de ses amies haïtiennes.   c. _____ d'un ami français.

2. Elle a trouvé que la tour Eiffel était… qu'elle l'avait imaginée.

   a. _____ aussi jolie   b. _____ moins jolie   c. _____ plus jolie

3. Marie-Julie trouve que les Français conduisent

   a. _____ très prudemment (*carefully*).   b. _____ comme des fous.

4. Marie-Julie aime le quartier des bouquinistes parce que c'est

   a. _____ très animé.   b. _____ très calme.   c. _____ très beau.

5. Elle aime aussi

   a. _____ les magasins.   b. _____ les gens.   c. _____ les films.

C. Après avoir regardé. Marie and Marie-Julie saw some of the same sights in Paris, but their reactions were very different. Explain how each reacted to their visits to the **Arc de Triomphe** and the **tour Eiffel**. With whose point of view can you identify most readily? Why?

L'Arc de Triomphe _____

_____

La tour Eiffel _____

_____

Chapitre 10

Bien-être, environnement et engagement citoyen

Workbook

Leçon 1   *La santé et le bien-être*

POINTS DE DÉPART

10-1 Le médecin détective. Dites pourquoi ces personnes ont probablement mal.

MODÈLE   Céline a mal aux yeux.   *Elle n'a pas mis ses lunettes.*

1. Myriam a mal au dos. _____

2. Jonathan a mal au ventre. _____

3. Amélie a mal aux pieds. _____

4. Benoît a mal aux genoux. _____

5. Didier a mal aux oreilles. _____

10-2 On a toujours mal ! Dites où ces personnes ont toujours mal.

MODÈLE   votre grand-mère :   *Ma grand-mère a toujours mal aux pieds !*

1. votre mère : _____

2. votre grand-père : _____

3. votre meilleur/e ami/e : _____

4. votre copain/copine : _____

5. vous-même : _____

10-3 Le médecin. Faites un diagnostic et suggérez un remède pour les situations indiquées.

MODÈLE   Arnaud est un petit garçon qui a de la fièvre. Il a aussi mal aux oreilles.
Il a probablement une infection aux oreilles. Il a besoin d'un antibiotique.

1. Pauline est allée à la plage. Elle a mal aux épaules, au dos et au cou. Elle est toute rouge !

_____

2. Gaëlle a mal au cœur, et elle a de la fièvre.

_____

3. Stéphanie, trois ans, tousse sans arrêt. Elle est pâle et elle n'a pas d'énergie.

_____

4. Luc est très fatigué. Il a le nez qui coule et il tousse un peu.

_____

5. Coralie a très mal à la gorge et elle a un peu de fièvre.

_____

FORMES ET FONCTIONS

1. Le subjonctif des verbes réguliers avec les expressions de nécessité

10-4 Garder la santé. Dites ce qu'on doit faire pour être en bonne santé. Utilisez une des expressions de la liste ci-dessous.

il est important que	il est nécessaire que	il est urgent que
il est utile que	il (ne) faut (pas) que	il vaut mieux que

MODÈLE   Je mange souvent des bonbons et des collations.
Il vaut mieux que je mange trois repas équilibrés.

1. Daniel dort seulement quatre heures par nuit quand il a un examen à passer.

_____

2. Vous travaillez 60 heures par semaine.

_____

3. Robert et Michael adorent les desserts et refusent de manger des légumes.

_____

4. Tu restes devant la télévision toute la fin de semaine.

_____

5. Je _____

_____

10-5 Des conseils. Vos amis vous demandent ce qu'il faut faire dans les situations suivantes. Donnez-leur des conseils.

MODÈLE   Mon frère et moi, nous nous disputons et nous ne nous parlons plus.
          Alors, il faut que vous parliez tout de suite de vos différences d'opinions !

1. J'ai un examen demain, mais je veux aller à la partie de volleyball.

   _____

2. C'est la fête de ma mère et j'ai oublié de lui téléphoner.

   _____

3. Ma cousine a un nouvel appartement pas loin d'ici.

   _____

4. J'ai trouvé un carnet de chèques dans la rue.

   _____

5. Une bonne amie s'est séparée de son copain.

   _____

2. *Le subjonctif des verbes irréguliers*

10-6 Attention ! Un groupe de journalistes camerounais visite votre campus et dort à la résidence. Expliquez-leur la liste de règlements à suivre.

MODÈLES   fermer la porte à clé :   *Il faut que vous fermiez la porte à clé.*
           perdre la clé de l'entrée :   *Il ne faut pas que vous perdiez la clé de l'entrée.*

1. respecter les autres résidents : _____

2. être à l'heure pour manger : _____

3. faire la fête après minuit : _____

4. avoir de l'alcool dans les chambres : _____

5. fumer à la résidence : _____

6. savoir le nom de vos responsables (*resident assistants*) : _____

10-7 Un partie de hockey. Vous allez amener ce groupe de journalistes camerounais à une partie de hockey. Expliquez-leur ce qu'il faut faire pour bien apprécier la partie. Utilisez les expressions comme **il faut que**, **il ne faut pas que**, **il vaut mieux que**, **il est important que**, **il est nécessaire que**.

MODÈLE   le groupe / être à l'heure pour le départ du bus
          Il faut que le groupe *soit à l'heure pour le départ du bus.*

1. vous / porter des vêtements chauds

   _____

2. vous / avoir de l'argent pour acheter des souvenirs

   _____

3. les journalistes / savoir le nom des joueurs

_____

4. le photographe / pouvoir prendre des photos de la partie

_____

5. vous / être debout pour l'hymne national

_____

6. vous / faire attention pendant la partie

_____

7. nous / faire la hola (_the wave_) avec les autres spectateurs

_____

8. on / manger un hot dog avec des frites

_____

ÉCRIVONS

10-8 Votre santé ce semestre. Les étudiants ont souvent des petites maladies quand ils sont à l'université. Est-ce que vous avez été en bonne santé ce semestre ou est-ce que vous avez souffert de la grippe, des rhumes et des maux de tête ? Écrivez un courriel à votre mère dans lequel vous expliquez vos problèmes de santé ce semestre.

A. Avant d'écrire. Pour commencer, complétez ce tableau sur les problèmes de santé.

1. D'abord, regardez la liste de problèmes de santé dans la première colonne. Si vous avez eu un de ces problèmes, mettez une croix dans la deuxième colonne.

2. Complétez les deux dernières colonnes pour chaque problème de santé que vous avez coché.

Problèmes de santé			
Problèmes	**Cochez**	**Fréquence**	**Traitement**
MODÈLE rhumes	✗	_trois fois ce semestre_	_Je me suis reposé et j'ai bu beaucoup de jus d'orange et de tisane._
grippe			
maux d'estomac			
maux de tête			
toux			
coup de soleil			
mal au dos			
mal aux pieds			
?			

B. En écrivant. Écrivez votre courriel. Utilisez les informations que vous avez fournies dans l'exercice A.

MODÈLE

Chère Maman,

Ce semestre, je vais assez bien. J'ai eu trois rhumes mais maintenant, je suis en très bonne forme. J'ai voulu prendre des médicaments pour le rhume, mais le médecin à l'infirmerie ne voulait pas me donner d'antibiotiques. Il m'a dit de boire du jus d'orange et de la tisane. J'en ai bu beaucoup ! Une fois, j'avais…

C'est bientôt les vacances et je serai contente de rentrer à la maison. Je ne veux pas être malade pendant les vacances. Je vais beaucoup dormir et bien manger !

Je t'embrasse,
Amélie

C. Après avoir écrit. Relisez votre courriel. Avez-vous inclus toutes les informations que vous avez fournies dans le tableau de l'exercice A ? Regardez-le de nouveau pour vérifier qu'il n'y a pas de fautes d'orthographe et que vous avez utilisé l'article correct pour les maladies et les traitements que vous avez décrits.

Leçon 2 *Sauvons la planète*

POINTS DE DÉPART

10-9 C'est un problème ? Expliquez pourquoi on ne doit pas faire ce qu'on fait.

MODÈLE   Je vais en voiture à l'université chaque matin.
Tu produis beaucoup de gaz toxiques qui contribuent au réchauffement (warming) de la Terre.

1. Ils se promènent dans la forêt en voiture.

_____

2. Nous mettons les journaux dans la poubelle.

_____

3. Tu verses de l'huile dans l'évier.

_____

4. Elle jette ses déchets dans la rue.

_____

5. J'utilise des produits non-biodégradables.

_____

10-10 Sauver la Terre ! Faites une liste de dix activités différentes qu'on pourrait faire pour mieux protéger l'environnement et la planète.

MODÈLE   *1. recycler les bouteilles de coke et de bière*
          2. ...

1. _____

2. _____

3. _____

4. _____

5. _____

6. _____

7. _____

8. _____

9. _____

10. _____

10-11 Ce qu'on fait chez vous. Indiquez deux ou trois activités que les gens de votre communauté font pour protéger l'environnement et deux ou trois activités qu'ils pourraient faire mais qu'ils ne font pas actuellement.

MODÈLE   *À Thunder Bay, si on habite une maison, on peut facilement recycler le verre, les journaux et les boîtes de conserve parce qu'il y a un camion (truck) qui s'arrête à chaque maison et emporte (takes away) les divers matériaux pour le recyclage...*

Malheureusement, les gens qui habitent dans un appartement n'ont pas le même service. La ville devrait organiser le ramassage des matériaux recyclables pour tout le monde...

_____

_____

_____

_____

_____

_____

FORMES ET FONCTIONS

1. *Le subjonctif avec les expressions de volonté*

10-12 Quoi faire ? Ce semestre, vous vous sentez fatigué/e et assez stressé/e. Vous suivez six cours ; vous travaillez 20 heures par semaine comme réceptionniste dans un cabinet médical ; vous jouez dans l'équipe de volleyball de l'université. Tout le monde a des suggestions, mais vos amis et votre famille ne sont pas d'accord. Dites ce que chaque personne préfère que vous fassiez.

MODÈLE   votre entraîneur (*coach*)
Mon entraîneur veut *que je continue à jouer au volleyball et que je travaille moins.*

1. Mes parents veulent _____

2. Mon prof de sciences politiques préfère _____

3. Mon copain/Ma copine désire _____

4. Mes colocataires veulent _____

5. Ma sœur/Mon frère souhaite _____

6. Le médecin exige _____

7. Moi, je _____

10-13 Les désirs et les exigences. Complétez ces phrases de manière personnelle.

MODÈLE   Mes parents veulent que je *réussisse dans la vie.*

1. Ma mère veut que mon père _____

2. Le médecin veut que ma grand-mère _____

3. Mon père désire que mon frère et moi _____

4. Mes profs exigent que les étudiants _____

5. Mes amis veulent que nous _____

6. Mon/Ma colocataire exige que je _____

7. Mon ami/e souhaite que nous _____

2. D'autres verbes irréguliers au subjonctif

10-14 La fête. Vous organisez une petite soirée avec des amis pour fêter la fin du semestre. Vous distribuez les responsabilités. Dites à vos amis ce qu'il faut faire.

- appeler les copains : Dominique et Lucas
- aller au supermarché acheter des croustilles et du coke : Alain et Béa
- acheter du vin et de la bière : Dominique
- faire un gâteau au chocolat : Lucas
- être à l'heure : Béa
- nettoyer l'appartement : tout le monde

MODÈLE   à Alain et Béa : *Il faut que vous alliez au supermarché acheter des croustilles et du coke.*

1. à Dominique et Lucas : _____

2. à Dominique : _____

3. à Lucas : _____

4. à Béa : _____

5. à nous tous : _____

10-15 Ah, Maman ! Votre mère n'a pas la même réaction que vous quand vous lui dites que vous voulez passer les vacances de printemps à Cancun avec des amis. Imaginez sa réaction à vos projets. Utilisez les expressions d'émotion comme **je (ne) suis (pas) contente, je suis déçue, je suis étonnée, je regrette, j'ai peur, je suis inquiète**… dans vos réponses.

MODÈLE   Je veux aller à Cancun avec des copains pour les vacances de printemps.
          Je suis déçue que tu veuilles y aller pour les vacances.

1. Mais mes copains y vont souvent.

   _____

2. Nous préférons les belles plages où il fait beau.

   _____

3. On prend l'avion tôt le matin.

   _____

4. Nous sommes six à partager un appartement pour les vacances.

   _____

5. Nous revenons un jour après la fin des vacances.

   _____

6. Papa et toi devez venir nous chercher à l'aéroport à minuit.

   _____

ÉCRIVONS

10-16 Protégez le campus. Imaginez que vous faites partie d'un comité d'étudiants qui se mobilisent pour s'occuper de l'état du campus ou de la ville où se trouve votre campus. Créez deux ou trois affiches qui expliquent les problèmes et proposent quelques solutions.

A. Avant d'écrire. Pour commencer, complétez ces activités.

1. Faites une liste de deux ou trois problèmes sérieux sur votre campus.
   (par exemple : *manque* (lack) *de recyclage, trop de voitures…*)

2. Pour chaque problème, pensez à deux ou trois solutions.
   (par exemple : *recycler les journaux et les bouteilles de coke, ne pas prendre trop souvent la voiture, ne pas jeter les déchets par terre…*)

3. Pensez à un slogan ou à un titre que vous pouvez utiliser pour vos affiches.

B. En écrivant. Faites deux ou trois affiches.

MODÈLE

ATTENTION ! C'EST À VOUS DE PROTÉGER LE CAMPUS !
Sur notre beau campus, nous avons des problèmes comme le manque de recyclage et…
Il faut recycler plus !…
Il faut prendre le bus ou la bicyclette au lieu de la voiture !…
Les jeunes doivent protéger le campus et la ville !…

C. Après avoir écrit. Relisez vos affiches. Est-ce que vous avez parlé des problèmes et suggéré quelques solutions ? Est-ce que vos solutions sont réalistes ? Vérifiez que vous n'avez pas fait de fautes grammaticales ou de fautes d'orthographe.

Leçon 3 *Le bien commun: la politique et le civisme*

POINTS DE DÉPART

10-17 Civisme et politique. Trouvez l'expression qui correspond le mieux à chaque définition.

1. Synonyme de choisir. (5 lettres)

_____

2. C'est une réunion de personnes dans la rue pour protester. (13 lettres)

_____

3. Quand des personnes refusent de travailler, ils sont en _____.

(5 lettres)

4. Les étudiants le font au début du semestre pour le cours, les citoyens le font pour pouvoir voter.
   S'_____
   (8 lettres)

5. Cette personne travaille ou donne son temps sans demander de salaire en retour. (8 lettres)

_____

6. C'est une personne qui se présente aux élections pour devenir maire, par exemple. (8 lettres)

_____

7. Il est de cinq ans pour le président de la République française et de cinq ans pour le premier ministre au Canada. (6 lettres)

_____

10-18 Association d'idées. Associez les personnes ou les objets suivants à l'endroit ou à l'action logiques.

_____ 1. un candidat aux élections fédérales	a. une association humanitaire
_____ 2. un bulletin de vote	b. se mobiliser contre
_____ 3. un bénévole	c. s'inscrire sur la liste électorale
_____ 4. des fruits, des légumes, des boissons	d. le gouvernement
_____ 5. un citoyen responsable	e. un bureau de vote
_____ 6. une réduction de salaire et de droits sociaux	f. une banque alimentaire

FORMES ET FONCTIONS

1. Le subjonctif avec les expressions d'émotion

10-19 Les raisons plausibles. Pour chaque émotion exprimée, donnez une raison plausible choisie dans la liste ci-dessous. Faites attention à la forme du verbe. Vous devrez la modifier.

~~mon petit frère est malade~~
son mari est en retard
nous ne pouvons pas souper ensemble
nous oublions sa fête

vous arrivez à l'aéroport demain
vous habitez toujours dans la même maison
on n'a pas assez de place pour tout le monde

MODÈLE   Je suis triste que *mon petit frère soit malade.*

1. Elle est déçue que _____

2. Nous sommes contents que _____

3. Je regrette que _____

4. Elle a peur que _____

5. Ils sont étonnés que _____

6. Il est dommage que _____

10-20 Non, ce n'est pas ça ! Vous avez une amie qui n'est jamais d'accord avec ce que les autres disent. Donnez ses réponses.

MODÈLE   Je suis content. Il va faire beau demain.
              Et ben moi, *je ne suis pas contente qu'il fasse beau demain.*

1. Je suis déçue. On ne peut pas aller au match de hockey ce soir.

   Et ben moi, _____

2. Je suis inquiet. Nous avons un examen de psychologie très important la semaine prochaine.

   Et ben moi, _____

3. Martine est surprise. Sa colocataire est malade.

   Et ben moi, _____

4. Je suis étonnée. Le recyclage coûte assez cher à la ville.

   Et ben moi, _____

5. Je suis désolée. Nous avons des rivières très polluées dans notre région.

   Et ben moi, _____

2. Le subjonctif avec les expressions de doute

10-21 Qu'est-ce que tu penses? Votre petit frère a beaucoup de questions ! Aidez-le à mieux comprendre, en répondant à ses questions, selon les modèles :

MODÈLES   –Est-ce que les Français sont de grands consommateurs de médicaments ?

(oui / penser)   –Oui, je pense qu'ils sont de grands consommateurs de médicaments.

                    –Est-ce que les gens ont moins de stress aujourd'hui ?

(non / croire)   –Non, je ne crois pas qu'ils aient moins de stress.

1. –Est-ce que le réchauffement climatique est facile à résoudre ?

   (non / trouver) _____

2. –Est-ce que les gens sont prêts à changer leurs habitudes ?

   (non / douter) _____

3. –Est-ce que ce candidat peut gagner cette élection ?

   (oui / penser) _____

4. –Est-ce qu'on doit interdire la circulation des voitures en ville ?

   (oui / estimer) _____

5. –Est-ce que ces gens font souvent du bénévolat ?

   (non / croire) _____

10-22 Esprit de contradiction ! Votre ami, Paul, aime toujours vous contredire ! Quelles seront ses observations ?

MODÈLE   Vous : Il est sûr que le gaz à effet de serre **est** un problème grave.

              Paul : Mais non ! Il n'est pas sûr qu'il **soit** un problème grave !

1. Vous : Il est clair que les gens sont de plus en plus sensibles à l'effet du bruit.

   Paul : _____

2. Vous : Il est évident que nous utilisons trop d'eau.

   Paul : _____

3. Vous : Il est vrai qu'il y a trop de sacs en plastique non-biodégradables.

   Paul : _____

4. Vous : Il est certain que l'eau devient très polluée.

   Paul : _____

5. Vous : Il est clair que nous produisons trop de déchets.

   Paul : _____

ÉCRIVONS

10-23 Lettre d'en citoyen concerné

A. Avant d'écrire. C'est bientôt les élections de nouveaux conseillers municipaux dans votre ville. Vous voulez écrire une lettre à vos représentants pour leur communiquer vos inquiétudes, de même que vos souhaits pour l'amélioration de la qualité de vie de vos concitoyens.

1. Faites une liste de deux ou trois programmes dans votre ville qui fonctionnent bien et dont vous souhaitez voir la continuation.

   (par exemple : *la bibliothèque municipale est ouverte tous les jours,…*)

   _____

   _____

2. Faites une liste de trois ou quatre choses que vous voudriez que l'on change dans votre ville.

   (par exemple : *la piscine ouverte ferme le 25 août, pas de terrain pour faire du skate-board,…*)

   _____

   _____

   _____

3. Donnez deux explications de chacun des changements que vous suggérez.

   (par exemple : *il fait beau jusqu'en septembre, les étudiants veulent continuer de travailler le week-end pour payer leurs livres universitaires,…*)

   _____

   _____

   _____

B. En écrivant. Maintenant, écrivez votre lettre. Incorporez les idées que vous avez exprimées dans la partie A.

MODÈLE   *M. le représentant au conseil municipal,*

J'aime beaucoup les programmes que la ville de Georgetown offre aux jeunes. Par exemple, la bibliothèque municipale est ouverte tous les jours et je suis certaine que les jeunes aiment aller y faire leurs devoirs…

Par contre, c'est étonnant que la piscine ouverte ferme le 25 août ! J'estime que c'est trop tôt, car il fait toujours beau jusqu'à la mi-septembre. Je doute que les habitants de Georgetown ne veuillent plus aller à la piscine la fin de semaine s'il fait beau…

Respectueusement,
Rachel

_____

_____

_____

_____

_____

_____

_____

C. Après avoir écrit. Maintenant, relisez votre lettre. Avez-vous employé le subjonctif dans la proposition subordonnée lorsque vous avez exprimé le doute ? Avez-vous employé l'indicatif quand vous avez exprimé une certitude ?

LISONS

10-24 Un conte fantastique

A. Avant de lire. This passage is adapted from a fantasy story, *Wood'stown*, by the nineteenth-century French author Alphonse Daudet. In this short story from 1873, there is no human protagonist. The story describes the construction of a town in the midst of nature. Before you read the text, answer the following questions in English.

1. Think about what happens in your city when a new housing development or new shopping complex is built. List some of the consequences the new construction has on the environment.

   _____

   _____

2. A fantasy generally contains strange events that are not easily accepted by the hero of the story nor the reader. What type of strange events would you expect to read about in a story about the construction of a new town?

   _____

   _____

   _____

L'emplacement était superbe pour bâtir une ville. Il n'y avait qu'à déblayer (*to clean up*) les bords du fleuve, en abattant (*by felling*) une partie de la forêt, de l'immense forêt vierge enracinée (*rooted*) là depuis la naissance du monde. […] Dès que le gouvernement de Washington eut accordé la concession, charpentiers et bûcherons (*lumberjacks*) se mirent à l'œuvre (*started working*) ; […]

Bientôt une ville immense, toute en bois comme Chicago, s'étendit (*spread*) aux bords de la Rivière-Rouge, avec ses larges rues alignées, numérotées, rayonnant (*radiating*) autour des places, sa Bourse (*stock market*), ses halles (*marketplaces*), ses églises, ses écoles, et tout un attirail (*paraphernalia*) maritime de hangars, de douanes (*customs houses*), de docks, d'entrepôts (*warehouses*), de chantiers de construction (*construction sites*) pour les navires (*ships*). La ville de bois, Wood'stown—comme on l'appela,—fut vite peuplée par les essuyeurs de plâtres (*eager beavers*) des villes neuves. Une activité fiévreuse circula dans tous ses quartiers ; mais sur les collines environnantes, dominant les rues pleines de foule (*crowd*) et le port encombré de vaisseaux (*congested with ships*), une masse sombre et menaçante (*threatening*) s'étalait (*spread*) en demi-cercle. C'était la forêt qui regardait.

[…] Le jour suivant, tous les appartements avaient l'air de serres (*greenhouses*). Des lianes (*vines*) suivaient les rampes d'escalier. Dans les rues étroites, des branches se joignaient d'un toit à l'autre, mettant au-dessus de la ville bruyante l'ombre des avenues forestières. Cela devenait inquiétant. Pendant que les savants réunis délibéraient sur ce cas de végétation extraordinaire, la foule se pressait dehors pour voir les différents aspects du miracle. Les cris de surprise, la rumeur étonnée de tout ce peuple inactif donnaient de la solennité à cet étrange évènement. Soudain quelqu'un cria : « Regardez donc la forêt ! » et l'on s'aperçut avec terreur que depuis deux jours le demi-cercle verdoyant s'était beaucoup rapproché. La forêt avait l'air de descendre vers la ville. Toute une avant-garde (*vanguard*) de ronces (*thorns*), de lianes s'allongeait jusqu'aux premières maisons des faubourgs (*suburbs*).

Alors Wood'stown commença à comprendre et à avoir peur. […]

Adapté de *Wood'stown* d'Alphonse Daudet.

B. En lisant. As you read, note that you will see several verbs in the literary past tense such as **eut, se mirent, s'étendit, fut, circula, s'aperçut,** and **commença,** which are past-tense forms of the verbs **avoir, se mettre, s'étendre, être, circuler, s'apercevoir,** and **commencer.** Look for and select all appropriate answers to each question.)

1. According to the first paragraph, where is the new town located?

   a. near a river

   b. in the United States

   c. next to Chicago

   d. where woods used to stand

2. What buildings appear in this new town?

   a. schools

   b. a train station

   c. churches

   d. a stock market

   e. buildings related to naval industries

   f. a music hall

3. At the end of the second paragraph, who or what is surrounding and watching the new town?

   a. native tribes

   b. crowds of newcomers

   c. animals

   d. woods

4. In the third paragraph, what happens to the town?

   a. vines are climbing banisters

   b. flowers are growing everywhere

   c. roofs are overhung with branches

   d. surrounding woods appear closer to the new town

   e. giant roots are coming out

5. What is the reaction to the people of the town about these events?

   a. surprise

   b. happiness

   c. fear

   d. indifference

C. Après avoir lu. Now that you've read the passage, answer the following questions in English.

1. What meanings can you infer from the title of this short story, "Wood'stown"?

   _____

   _____

   _____

2. How do you think the story ends? What happens to the new town?

   _____

   _____

   _____

Venez chez nous ! *L'écologie*

10-25 Les Verts. Connaissez-vous le parti politique « les Verts » ? Consultez *MyFrenchLab* pour ce chapitre, choisissez *Student Resources* et cliquez sur *Web Links* pour trouver le lien vers son site officiel en France et complétez ce tableau sur les Verts.

Les Verts		
Quel est leur symbole ?		
Comment adhérer aux Verts ?		
Un peu d'histoire :	**Dates**	**Description**
Les trois phases des Verts		
Première phase :		
Deuxième phase :		
Troisième phase :		

10-26 Les Verts régionaux. Maintenant que vous avez une vue d'ensemble des Verts en France, consulter *MyFrenchLab* pour ce chapitre, choisissez *Student Resources* et cliquez sur *Web Links* pour trouver des liens vers les sites des Verts régionaux (vous pouvez également trouver des liens à partir du site officiel des Verts en France). Choisissez deux villes ou régions différentes et allez sur leur site Web. Pour chaque ville ou région, écrivez l'adresse, le numéro de téléphone et l'adresse courriel ainsi que le nom d'au moins une personne mentionnée sur ce site et son titre (par exemple, secrétaire général, porte-parole, candidat/e …). Plusieurs sites des Verts parlent d'un problème écologique particulier qui concerne leur région. Quel/s problème/s est/sont mentionné/s sur les sites que vous avez consultés ? Écrivez un petit paragraphe sur le site que vous avez aimé le plus en décrivant ce qu'il y avait sur ce site et pourquoi vous l'avez choisi.

10-27 Madagascar. Les problèmes écologiques à Madagascar sont mentionnés dans votre livre et dans la vidéo pour ce chapitre. Pour en apprendre plus sur l'île de Madagascar, complétez le tableau suivant. Vous pouvez consulter votre manuel, des atlas, des encyclopédies, des guides touristiques ou *MyFrenchLab* pour ce chapitre (choisissez *Student Resources* et cliquez sur *Web Links*) pour trouver des liens utiles.

	Madagascar
Situation géographique	
Climat	
Capitale	
Population	
Langues	
Flore et faune	
Activités possibles	

10-28 L'écotourisme. Votre manuel parle de l'écotourisme en France et ailleurs. Consultez *MyFrenchLab* pour ce chapitre, choisissez *Student Resources* et cliquez sur *Web Links* pour trouver des liens vers des sites intéressants pour préparer un voyage à Madagascar, où vous pouvez faire de l'écotourisme. Allez sur un de ces sites pour planifier un voyage à Madagascar. Rédigez un ou deux paragraphes qui parlent du voyage que vous allez faire. Vous devez préciser où vous allez aller et quelles activités vous allez faire. Vous pouvez aussi inclure d'autres détails (sur la météo par exemple) si vous voulez.

Pour aller plus loin : Pour en savoir plus sur la santé, l'écologie dans le monde francophone, l'écotourisme ou Madagascar, consultez *MyFrenchLab* pour ce chapitre, choisissez *Student Resources,* et cliquer sur *Web Links*.

Lab Manual

Leçon 1 *La santé et le bien-être*

POINTS DE DÉPART

10-29 Le corps humain. You are waiting in the doctor's office and overhear some people's comments and concerns. Write the number of each statement that you hear on the line pointing to the body part mentioned. Number one has been completed for you as an example.

a. ___1___

b. _____

c. _____

d. _____

e. _____

f. _____

10-30 Maux et remèdes. You overhear two children pretending to be at the doctor's office. Select **logique** if the suggested remedy is appropriate to the symptoms mentioned and **illogique** if it is inappropriate.

MODÈLE   Vous entendez :   —J'ai une angine.
                                           —Prenez des antibiotiques.
               Vous choisissez :   <u>logique</u>   illogique

1.   logique   illogique   4.   logique   illogique

2.   logique   illogique   5.   logique   illogique

3.   logique   illogique   6.   logique   illogique

SONS ET LETTRES

Les consonnes s *et* z

10-31 Lequel ? Listen carefully as one of each of the paired words or phrases listed below is pronounced. Select the word or phrase that you hear.

MODÈLE   Vous entendez :   viser
               Vous choisissez :   <u>viser</u> / visser

1. le cousin / le coussin

2. un désert / un dessert

3. la case / la casse

4. des poissons / des poisons

5. ils sont / ils ont

6. décider / des idées

7. la base / la basse

8. nous avons / nous savons

10-32 Phrases. Repeat the following sentences during the pauses, paying careful attention to the /s/ and /z/ sounds.

1. **Si Su**zanne tousse beaucoup, donnez-lui une tisane.

2. Il est en mauvaise santé, il a besoin de consulter son médecin.

3. Ne prenez pas d'aspirine ou du sirop : faites simplement la sieste et reposez-vous !

4. **C**'est une crise : Alphonse s'est blessé (*hurt himself*) au visage !

FORMES ET FONCTIONS

1. Le subjonctif des verbes réguliers avec les expressions de nécessité

10-33 Des opinions de toute sorte. Listen to each of Madame Saitout's opinions about what other people in her building should do. Mark **essentiel** to indicate that a suggestion is urgent and necessary, or **recommandé** to indicate that a suggestion is simply a good idea. Number one has been completed for you as an example.

	Essentiel	Recommandé
1.	✓	
2.		
3.		
4.		
5.		
6.		
7.		
8.		

10-34 Tout à fait. Mélissa is getting some advice from her doctor. Help her remember everything by writing it out, using the subjunctive. You may stop the recording while you write.

MODÈLE   Vous entendez :   Vous devriez vous coucher plus tôt.
                     Vous lisez :   Il faut que _____
                     Vous écrivez :   Il faut que *vous vous couchiez plus tôt.*

1. Il faut que _____

2. Il faut que _____

3. Il ne faut pas que _____

4. Il faut que _____

5. Il faut que _____

6. Il ne faut pas que _____

2. Le subjonctif des verbes irréguliers

10-35 Lequel ? You overhear parts of various conversations on the bus. For each statement, select the correct form of the verb that you hear.

MODÈLE   Vous entendez :   Il vaudrait mieux que vous n'ayez pas froid.
Vous choisissez :   avez   <u>ayez</u>

1.	sois	soient	**4.**	sachent	sache
2.	fasses	fasse	**5.**	soyons	soyez
3.	puisses	puissent	**6.**	pleut	pleuve

10-36 La rentrée. Your mother is giving you some advice for the new semester. Listen to her advice and write it down for your friends, rephrasing according to the cues. You may stop the recording while you write.

MODÈLE   Vous entendez :   Il faut être en forme.
Vous lisez :   Il faut que tu _____
Vous écrivez :   Il faut que tu *sois en forme.*

1. Il faut que ta sœur _____

2. Il faut que nous _____

3. Il faut que tu _____

4. Il faut que tu _____

5. Il est nécessaire que nous _____

6. Il faut que vous _____

Mise en pratique

10-37 Les grands malades

A. Avant d'écouter.

1. Do you have small children or know someone with small children? Select the health problems that they tend to experience:

un mal de gorge   **un mal de tête**   **une grippe**   **un mal de dos**

une angine   **un rhume**   **de la fièvre**

B. En écoutant. Christine is a summer camp nurse. Listen as three of the children in her care complain about being sick.

1. The first time you listen, complete the first column of the chart by filling in the symptoms each child is complaining about.

2. The second time you listen, complete the second column of the chart with Christine's diagnosis of each child's problem.

3. The third time you listen, complete the third column of the chart with Christine's medical advice for each of the children.

Some information has been provided for you as an example.

	Symptômes	Diagnostic	Conseil
Benoît		*– Il a un coup de soleil.*	
Odile			*– Il faut prendre du sirop.*
Renaud	*– Il a mal à l'estomac.*		

C. Après avoir écouté. Have you ever had the unpleasant experience of dealing with a sick child? Write three to four sentences, in French, describing what was wrong with the child and what you did. If you have not been in this situation, imagine a plausible scenario.

MODÈLE   *Une fois, quand je gardais les enfants de ma sœur, ma petite nièce avait très mal à l'estomac. Elle voulait un médicament, mais je ne voulais pas lui donner de médicaments sans demander à sa mère. J'ai préparé une tisane à la menthe pour elle et j'ai regardé la télévision avec elle. Après quelques minutes, elle se sentait mieux.*

_____

_____

_____

_____

Leçon 2 *Sauvons la planète*

POINTS DE DÉPART

10-38 Les nuisances de la vie moderne. Listen to a round-table discussion on ecology. Select **nuisance** if the speaker is describing a problem of modern life and **solution** if he or she is proposing a solution.

MODÈLE   Vous entendez :   Je ne laisse jamais les lumières allumées.
              Vous choisissez :   nuisance   <u>solution</u>

1.   nuisance   solution
2.   nuisance   solution
3.   nuisance   solution
4.   nuisance   solution
5.   nuisance   solution
6.   nuisance   solution
7.   nuisance   solution
8.   nuisance   solution

10-39 Vers une vie plus agréable. Nicolas is conducting a survey. Listen as his fellow students describe their wasteful habits and write the number of each bad habit on the line next to the most appropriate suggestion from the list below. Number one has been completed for you as an example.

_____ a. Vous devriez prendre une douche, et pas trop chaude.

_____ b. Vous devriez ouvrir les fenêtres.

___1___ c. Vous devriez recycler le verre, le métal, le papier et le plastique.

_____ d. Vous devriez l'amener au centre de recyclage.

_____ e. Vous ne devriez pas polluer l'air qu'on respire.

_____ f. Vous devriez prendre le vélo ou y aller en métro.

SONS ET LETTRES

La consonne gn

10-40 La consonne finale. Select the consonant you hear at the end of each group of words.

MODÈLE   Vous entendez :   la campagne
             Vous choisissez :   n   g   <u>gn</u>

1. n   g   gn   **5.** n   g   gn

2. n   g   gn   **6.** n   g   gn

3. n   g   gn   **7.** n   g   gn

4. n   g   gn   **8.** n   g   gn

10-41 Phrases. Repeat the following sentences during the pauses, imitating carefully the pronunciation of the consonant sound **gn**.

1. Il y a des monta**gn**es ma**gn**ifiques en Espa**gn**e.

2. Je vais cueillir (*collect*) des champi**gn**ons à la campa**gn**e.

3. A**gn**ès va m'accompa**gn**er en Bourgo**gn**e.

4. Je vais me rensei**gn**er sur le camping en Allema**gn**e.

FORMES ET FONCTIONS

1. *Le subjonctif avec des expressions de volonté*

10-42 Les conseils du médecin. Listen to the doctor's advice and select **obligation** if the statement expresses an obligation or a necessity, or **volonté** if it expresses a wish or a desire on the doctor's part.

MODÈLE   Vous entendez :   Il faut que vous vous brossiez les dents.
             Vous choisissez :   <u>obligation</u>   volonté

1. obligation   volonté   **4.** obligation   volonté

2. obligation   volonté   **5.** obligation   volonté

3. obligation   volonté   **6.** obligation   volonté

10-43 Consignes. Twelve-year-old Joseph is going to stay home alone for the first time. Before leaving, his mother clearly states her expectations. For each statement that you hear, complete her sentences by writing in the verb forms. You may stop the recording while you write.

MODÈLE   Vous entendez :   Je préfère que tu ne regardes pas trop la télé.
                 Vous écrivez :   Je *préfère* que tu ne *regardes* pas trop la télé.

1. Je _____ que tu _____ sage (*well-behaved*).

2. Je _____ que tu _____ tes devoirs.

3. Je ne _____ pas que tu _____ faim.

4. J'_____ que tu _____ à neuf heures.

5. Je _____ que tu ne _____ pas au téléphone.

6. Je _____ que tu _____ à la maison

Mise en pratique

2. D'autres verbes irréguliers au subjonctif

10-44 Lequel ? You overhear parts of various conversations on the bus. For each statement, select the correct form of the verb that you hear.

> **MODÈLE** Vous entendez : Je suis content qu'elle vienne ce soir.
>
> Vous choisissez : vient   <u>vienne</u>

1. buvez   buviez
2. aille   aie
3. appelons appelions

4. doives   dois
5. essayons essayions
6. voulez   vouliez

10-45 La radio. Listen as a radio talk show host discusses environmental issues. Rephrase each statement that you hear according to the cue, using the subjunctive form of the verb. You may stop the recording while you write.

> **MODÈLE** Vous entendez : Le gouvernement doit vouloir préserver les ressources naturelles.
>
> Vous lisez :   Il faut que le gouvernement _____ préserver les ressources naturelles.
>
> Vous écrivez : Il faut que le gouvernement _veuille_ préserver les ressources naturelles.

1. Il est nécessaire que les gens _____ le bus ou le métro pour aller travailler.

2. Il est utile que la population _____ aux manifestations.

3. Je suis désolée que vous n'_____ pas au centre de recyclage.

4. Il est urgent que les citoyens _____ plus responsables.

5. Je suis ravi que le Président _____ améliorer la situation.

6. Je suis déçu que vous ne _____ pas les rivières.

10-46 Médiation

A. Avant d'écouter. Are you aware of any rules or ordinances governing noise in your city or residence hall? What are the restrictions, if any? Do you think such rules or ordinances are a good idea? Why or why not? Write a few sentences in English summarizing your answers to these questions.

_____

_____

_____

_____

B. En écoutant. A group of neighbours is meeting with a mediator to try to come to an agreement on the issue of noise in their building. As you listen, complete the following sentences in French. You may wish to listen to the recording again before answering each question.

1. M. Levallois ne veut pas de bruit dans l'immeuble après 9 h 00 du soir parce que _____

_____

_____

2. Mlle Tréguier n'est pas d'accord parce que _____

_____

_____

3. Le médiateur propose comme solution que _____

_____

_____

C. Après avoir écouté. Could you think of another possible way to resolve this issue? Write down three to four sentences in French to propose another solution for M. Levallois and Mlle Tréguier.

_____

_____

_____

_____

_____

Leçon 3 *Le bien commun : la politique et le civisme*

POINTS DE DÉPART

10-47 La bonne oreille. Thomas is preparing a presentation for his political science class. Listen to his statements and select the vocabulary word or expression you hear in each.

1. un bénévole	un bulletin de vote	un bureau de vote
2. une banque alimentaire	une association humanitaire	une liste électorale
3. s'engager	protester	se mobiliser
4. une estimation	une manifestation	une réduction
5. le bénévolat	un mandat	un bénévole
6. douter	estimer	être désolé

10-48 Entretien. A political figure is being interviewed about her ideas for the country. Select **logique** if the exchange that you hear is logical and **illogique** if it is not.

1. logique	illogique		4. logique	illogique	
2. logique	illogique		5. logique	illogique	
3. logique	illogique		6. logique	illogique	

FORMES ET FONCTIONS

1. *Le subjonctif avec les expressions d'émotion*

10-49 Opinions diverses. Lucas and his friends are reacting to facts about environmental issues. Select the type of emotion each person expresses.

MODÈLE   Vous entendez :   Je regrette que les gens ne recyclent pas assez.
          Vous choisissez :   bonheur   surprise   <u>regret</u>   déception
                               (happiness)   *(disappointment)*

1.	bonheur	surprise	regret	déception
2.	bonheur	surprise	regret	déception
3.	bonheur	surprise	regret	déception
4.	bonheur	surprise	regret	déception
5.	bonheur	surprise	regret	déception
6.	bonheur	surprise	regret	déception

10-50 L'écotourisme. Bastien is telling his mother about his trip to Madagascar. Complete her reactions to each of his statements according to the cue by using one of the expressions that conveys emotion from the list below. You may stop the recording while you write.

être content/e que	être déçu/e que	être dommage que	être étonné/e que
être ravi/e que	être surpris/e que	être triste que	regretter que

MODÈLE   Vous entendez :   Madagascar est une belle île.
               Vous lisez :   _____ Madagascar soit une belle île.
               Vous écrivez :   _Je ne suis pas étonnée que_ Madagascar soit une belle île.

1. _____ la population soit sympathique.

2. _____ les touristes fassent beaucoup de randonnées.

3. _____ des touristes n'obéissent pas au guide.

4. _____ il y ait des touristes qui ne respectent pas l'environnement.

5. _____ tu adores Madagascar et l'écotourisme.

2. Le subjonctif avec les expressions de doute

10-51   Certitude ou pas ? Listen to the following statements from a television program and select **certitude** if the speaker is expressing an opinion with certainty, or **doute** if the speaker expresses doubt.

1. certitude	doute		4. certitude	doute	
2. certitude	doute		5. certitude	doute	
3. certitude	doute		6. certitude	doute	

10-52   Qu'est-ce qui se passe ? Listen to the following statements and select the most logical response.

1. a. Il est évident qu'elle est toujours au travail.

   b. Je ne suis pas sûre qu'elle ait une voiture.

2. a. Je ne crois pas qu'il puisse y aller.

   b. Il est vrai que ce chanteur est excellent.

3. a. Je doute qu'il ne soit pas à l'heure pour son premier cours.

   b. Je crois qu'il est malade.

4. a. Il est vrai que c'est un film intéressant.

   b. Je doute qu'il vienne avec nous. Il veut toujours avoir des bonnes notes.

5. a. Il n'est pas évident qu'elle puisse arrêter si vite.

   b. Je pense que non.

6. a. Il est vrai que tu as souvent raison.

   b. Je ne doute pas qu'elle puisse le faire.

Mise en pratique

10-53 Les élections municipales

A. Avant d'écouter. Look at the title of this activity and select the terms that you would expect to hear in a conversation on this topic.

_____ un candidat   _____ une empreinte écologique   _____ une inondation   _____ une liste électorale

_____ un mandat   _____ se mobiliser   _____ un moteur   _____ voter

B. En écoutant. Marie and Karim discuss the new candidates at their town elections. As you listen, select the possible endings to the following sentences. There may be more than one correct answer.

1. Marie ne veut pas aller voter parce que

   a. elle va au gymnase.

   b. la politique ne l'intéresse pas.

   c. elle n'a pas l'âge pour voter.

   d. elle estime que les candidats font beaucoup de promesses mais ne changent rien.

2. Karim pense que

   a. Marie ne comprend rien à la politique.

   b. Marie est trop indépendante.

   c. Marie est pessimiste.

   d. Marie n'écoute pas ce qu'il dit.

3. Karim aime le candidat du parti écologique parce que

   a. il est sympathique et pas arrogant.

   b. il se mobilise vraiment.

   c. il veut améliorer la qualité de vie dans leur ville.

   d. il le connaît bien.

4. Marie pense que

   a. le candidat va gagner un bon salaire s'il est élu.

   b. le candidat ne va pas travailler s'il est élu.

   c. Karim va pleurer si le candidat ne va pas gagner.

   d. Karim va travailler pour le candidat s'il est élu.

5. Karim découvre que

   a. Marie est trop jeune pour voter.

   b. Marie est la fille du candidat écologique.

   c. Marie n'est pas inscrite sur la liste électorale.

   d. Marie a peur d'aller à la mairie.

Video Manual

10-54 On se stresse et on se détend. In this segment you will see and hear, from a French perspective, about sources of stress and ways to combat them.

1. Which of the following factors, according to the narrator, contribute to the quality of life in France today?

_____ a. making time to relax

_____ b. taking pleasure in eating well

_____ c. spending time with friends

_____ d. using a day off for leisure

2. What features of modern life produce stress for the French? Give three examples:

_____   _____   _____

3. Throughout the clip, what do you see people doing to reduce the effects of stress in their lives? Do you use any of these techniques yourself?

_____

_____

10-55 L'écologie. This montage illustrates various sources of pollution—and solutions for these problems—that are found in the francophone world. Check off the elements from the list below that you see in the video, then indicate whether each is a problem (P) or a solution (S).

_____ la déforestation

__✓/P__ les déchets domestiques

_____ les déchets industriels

_____ les graffitis

_____ les motos

_____ les pigeons

_____ les produits chimiques

_____ le recyclage

_____ les vélos

_____ les voitures hybrides

Which of the problems and the solutions shown are familiar ones—or are they unique to the areas shown? Which of these issues, if any, is of immediate concern in the area where you live?

_____

_____

_____

OBSERVONS

10-56 L'environnement et nous. You may already have completed the **Observons** activity in the **Venez chez nous !** lesson of this chapter. If not, you will find it helpful to go back and complete that activity before moving on to the questions below.

A. Avant de regarder. In this clip, you will hear two people speak about the environment.

1. Marie-Julie will speak about environmental concerns in Canada. Based on your knowledge of Canada, what might some of these concerns be? List three possibilities, in French:

_____   _____   _____

2. Pauline will show you how she recycles from her home. List, in French, three things she might recycle:

_____   _____   _____

B. En regardant. Now answer the questions below as you watch the segment. Indicate all the correct responses.

1. Pour Marie-Julie, il est important de protéger

_____ a. les animaux.   _____ b. la forêt.   _____ c. les ressources naturelles.

2. Un synonyme pour le recyclage, c'est

_____ a. la protection.   _____ b. la récupération.   _____ c. la terre.

3. Chez Pauline, il y a... types de poubelles.

_____ a. deux   _____ b. trois   _____ c. quatre

4. Les poubelles à couvercle jaune, c'est pour

_____ a. le plastique.   _____ b. le carton.   _____ c. le papier.

5. Les poubelles à couvercle blanc, c'est pour

_____ a. le verre.   _____ b. les magazines.   _____ c. l'huile.

6. Aujourd'hui, Pauline recycle ses

_____ a. devoirs.   _____ b. verres en plastique.   _____ c. journaux.

7. Où est-ce qu'elle les met ? _____

C. Après avoir regardé. Now think about the following questions.

1. Did you correctly anticipate the environmental concerns Marie-Julie discussed? Was her perspective fairly typical for someone living in North America?

_____

_____

2. Are your opportunities for recycling similar to those discussed by Pauline? If not, how do they differ—and why? Would you be willing to sort out your trash to the extent that she does?

_____

_____

Chapitre

11

Workbook

Quoi de neuf ?
Cinéma et médias

Leçon **1**   *Le grand et le petit écran*

POINTS DE DÉPART

11-1 La télé et les habitudes. Parlez des goûts et des habitudes télévisuels des personnes suivantes.

MODÈLE   votre sœur : *Elle regarde assez souvent la télé. Elle préfère les feuilletons et les séries, mais quelquefois, elle regarde un documentaire ou un film.*

1. votre colocataire : _____

   _____

2. vos parents : _____

   _____

3. vos enfants ou vos nièces et neveux : _____

   _____

4. vous-même : _____

   _____

5. vos grands-parents : _____

   _____

11-2 Choix de vidéos. Imaginez que vous travaillez dans un magasin de vidéos et que des clients demandent votre avis sur les vidéos qu'ils pourraient louer. Donnez-leur des conseils.

MODÈLE   J'aime beaucoup l'histoire, surtout l'histoire européenne.
          Alors, louez Au revoir les enfants, *c'est un film historique.*

1. J'adore le suspense et les histoires d'espions.

_____

2. J'aime les films amusants.

_____

3. Mes petits cousins sont chez moi et je dois trouver un film pour enfants.

_____

4. Je suis fanatique de musique.

_____

5. Mes amis et moi aimons beaucoup la science-fiction.

_____

6. Mon frère aime surtout les films violents avec beaucoup d'action.

_____

11-3 Les propositions. Un/e ami/e vous propose de regarder les films suivants. Dites quel film vous préféreriez regarder et pourquoi.

MODÈLE   Voyons… ce soir, il y a un film d'amour et un film d'espionnage. Qu'est-ce que tu préfères ?
          Moi, j'adore les films d'espionnage. Regardons le film de James Bond avec Pierce Brosnan.
          Je trouve qu'il est très beau.

1. Voyons… on a le choix entre un drame psychologique et un film d'aventures. Qu'est-ce que tu veux voir ?

_____

2. J'ai envie d'aller au cinéma ce soir. Qu'est-ce que tu préfères, un film historique, un film policier ou une comédie ? _____

_____

3. Regarde ! Ce soir à la télé, ils passent un bon film de science fiction et un film policier. Qu'est-ce que tu veux regarder ? _____

_____

4. Si on louait un DVD ce soir ? Tu as envie de voir un drame psychologique, une comédie musicale ou un film d'aventures ? _____

_____

FORMES ET FONCTIONS

1. Les verbes croire *et* voir *et la conjonction* que

11-4 Qu'est-ce qu'on voit ? Donnez au moins deux choses que les personnes suivantes peuvent voir à l'endroit où elles se trouvent.

MODÈLE   Sarah est au stade.   *Elle voit un match de soccer ou un match de base-ball.*

1. M. et Mme Colin sont au centre-ville. _____

2. Isabelle est au centre commercial (*mall*) avec des amis. _____

3. Vous êtes au cinéma. _____

4. Nous sommes à la résidence universitaire. _____

5. Tu es devant la télévision. _____

6. Je suis dans ma chambre. _____

11-5 Les vedettes. Comparez les opinions des personnes suivantes à propos de ces vedettes.

MODÈLE   Brad Pitt :   vous / vos amies / votre prof de français
Je crois qu'il est super.
Mes amies croient qu'il est très beau et sexy.
Mon prof de français croit qu'il est assez ordinaire.

1. Juliette Binoche : vous / vos amis / vos parents

_____

_____

_____

2. Gérard Depardieu : vous / vos parents / votre prof de français

_____

_____

_____

3. Julie Andrews : vous et vos amis / votre sœur ou frère / vos grands-parents

_____

_____

_____

4. Julia Roberts : vous / votre père / votre colocataire

_____

_____

_____

11-6 Des opinions diverses. Pour donner la réaction de chaque personne, utilisez un de ces verbes suivi de la conjonction **que** : **croire**, **dire**, **penser** ou **trouver**.

MODÈLE   C'est une bonne idée de faire ses devoirs en regardant la télévision.

           Je *trouve que je fais bien mes devoirs quand je regarde la télé en même temps.*

           Mon/Ma colocataire *dit que c'est difficile de faire ses devoirs comme ça.*

           Mes parents *croient que c'est une idée ridicule.*

Il y a trop de violence à la télé.

  1. Je _____

  2. Mes amis _____

Les acteurs et les actrices gagnent beaucoup trop d'argent.

  3. Je _____

  4. Mon prof de français _____

Il n'est pas bon pour les enfants de regarder la télé.

  5. Je _____

  6. Mes parents _____

C'est plus agréable de voir un film au cinéma / en DVD / en vidéo.

  7. Moi, je _____

  8. Mon copain/Ma copine _____

Les émissions de télé-réalité sont intéressantes / injustes / idiotes.

  9. Moi, je _____

  10. Ma sœur/Mon frère _____

2. L'emploi des temps verbaux avec certaines conjonctions

11-7 La journée d'Abdel. Est-ce que vous pouvez marier les éléments de la colonne de droite à ceux de la colonne de gauche pour apprendre les pensées d'Abdel au cours de la journée ? Faites attention à la forme des verbes des deux parties, afin que chaque phrase soit logique !

_____ 1. Je vais à la piscine   a. quand j'ai vu qu'il pleuvait.

_____ 2. J'ai pris mon parapluie   b. quand je serai fatigué.

_____ 3. J'appellerai mes parents   c. quand je suis arrivé à la fac.

_____ 4. Mes amis m'ont dit bonjour   d. quand je prends mon petit-déjeuner.

_____ 5. Je regarde la télé   e. quand j'ai besoin de me détendre.

_____ 6. J'irai me coucher   f. quand je rentrerai ce soir.

11-8 Les goûts de Céline. Cette jeune actrice vous décrit sa vie. Complétez les phrases avec la forme correcte du pronom sujet et des verbes indiqués ci-dessous.

adorer	devenir	~~rêver~~	trouver
décider	participer	travailler	

MODÈLE   Quand je regarde un film, _je rêve_ d'être le personnage principal.

1. Lorsque j'avais dix ans, _____ déjà aller au cinéma.

2. Aussitôt que j'ai eu le bac, _____ de faire des études d'art dramatique.

3. Quand j'avais dix-neuf ans, _____ à une émission de télé-réalité.

4. _____ comme serveuse dans un restaurant pendant que j'étudie aux cours Simon.

5. Quand je finirai mes études, _____ certainement un petit rôle dans un feuilleton.

6. Dès que je suis sur scène, _____ une autre personne !

ÉCRIVONS

11-9 Le guide-télé. Vous avez des invités francophones chez vous qui voudraient regarder un peu de télévision nord-américaine, même s'ils ne comprennent pas bien l'anglais. Préparez-leur un petit guide-télé en français pour la semaine à venir.

A. Avant d'écrire. Pour commencer, préparez trois fiches descriptives qui présentent chacune un type d'émission différente.

1. D'abord, donnez comme titre à chaque fiche un type d'émission que vos invités pourraient regarder. Chaque fiche devrait avoir une émission distincte.

2. Pour chaque type d'émission, complétez la fiche avec le nom d'une émission, l'heure à laquelle on peut la voir et sur quelle chaîne elle passe.

3. Enfin, faites une petite description de chaque émission.

MODÈLE

> _____ _une série_ _____
>
> **Nom :**   ER (Urgences)
>
> **Détails :**   jeudi soir à 22 h sur NBC
>
> **Description :**   C'est un drame médical qui a lieu dans un hôpital à Chicago. C'est assez intéressant et très réaliste. Je crois que c'est une bonne série parce que... Les acteurs sont...

```
┌─────────────────────────────────────────────────────┐
│              _____      │
│                                                     │
│   Nom :                                             │
│                                                     │
│   Détails :                                         │
│                                                     │
│   Description :                                     │
│                                                     │
└─────────────────────────────────────────────────────┘

┌─────────────────────────────────────────────────────┐
│              _____      │
│                                                     │
│   Nom :                                             │
│                                                     │
│   Détails :                                         │
│                                                     │
│   Description :                                     │
│                                                     │
└─────────────────────────────────────────────────────┘

┌─────────────────────────────────────────────────────┐
│              _____      │
│                                                     │
│   Nom :                                             │
│                                                     │
│   Détails :                                         │
│                                                     │
│   Description :                                     │
│                                                     │
└─────────────────────────────────────────────────────┘
```

B. En écrivant. À partir des fiches que vous avez préparées dans l'exercice A, écrivez votre guide-télé. Commencez avec une introduction générale.

MODÈLE   *Il y a un grand choix de programmes à la télé chez nous. Par exemple, il y a des séries, des dessins animés, des magazines, des... Cette semaine, il y a quelques bonnes émissions. Voici mes suggestions.*

     Si vous aimez les séries, je suggère ER (Urgences). C'est un drame médical qui a lieu dans un hôpital à Chicago. C'est assez intéressant et très réaliste. Je crois que c'est une bonne série parce que... Les acteurs sont... Vous pouvez le voir jeudi soir à 22 h sur NBC.

     Si vous préférez les...

C. Après avoir écrit. Relisez votre guide-télé. Avez-vous suggéré trois types d'émissions différentes ? Vérifiez que vous avez donné l'heure et la chaîne de chaque émission que vous avez suggérée. Vérifiez ensuite que vous n'avez pas fait de fautes d'orthographe et que les adjectifs que vous avez employés s'accordent avec les noms qu'ils modifient.

Leçon 2 *Êtes-vous branché/e ?*

POINTS DE DÉPART

11-10 Les technophiles. Vous travaillez dans un magasin d'informatique. Les clients vous demandent ce qu'il faut pour chaque situation. Donnez-leur des conseils.

MODÈLE   pour rédiger des lettres et des rapports : *Il faut un logiciel de traitement de texte.*

1. pour utiliser Windows XP : _____

2. pour travailler pendant les voyages : _____

3. pour envoyer des pièces-jointes : _____

4. pour sauvegarder un fichier : _____

5. pour classer beaucoup d'informations : _____

6. pour trouver un renseignement : _____

7. pour imprimer des photos : _____

11-11 Pour convaincre. Quels arguments est-ce que vous pourriez utiliser pour convaincre les personnes suivantes de s'abonner à l'ADSL pour avoir une connexion Internet plus rapide ?

MODÈLE   la mère d'une fille de 10 ans
Elle pourrait rapidement faire de la recherche pour des projets à l'école. Elle pourrait faire des problèmes de maths en ligne sans attendre longtemps.

1. la mère d'un garçon de 15 ans

_____

_____

2. une personne âgée

_____

_____

3. une femme au foyer

_____

_____

4. un médecin

_____

_____

5. votre mère ou votre père

_____

_____

FORMES ET FONCTIONS

1. Les phrases avec si...

11-12 Un rapport. Votre amie Chantal doit préparer un rapport sur la technologie au Québec et elle est nerveuse. Rassurez-la en complétant ces phrases.

MODÈLE   Et si la bibliothèque est toujours fermée ?
Si la bibliothèque est fermée, tu attendras quelques minutes pour l'ouverture.

1. Et si les magazines que je veux ne sont pas là ?

_____

2. Et si je ne trouve pas les livres que je cherche ?

_____

3. Et si j'ai soif pendant que je suis à la bibliothèque ?

_____

4. Et si j'ai besoin d'un renseignement ?

_____

5. Et si je veux utiliser mon ordinateur portable à la bibliothèque ?

_____

11-13 Des hypothèses. Dites ce que vous feriez dans les circonstances suivantes.

MODÈLE   Si j'étais malade, *je rentrerais chez moi et dormirais pendant toute la journée.*

1. Si je gagnais à la loterie, _____

2. Si j'avais une nouvelle voiture, _____

3. Si je prenais des vacances aux Maritimes, _____

4. Si j'étais prof de français, _____

5. Si j'étais Premier ministre, _____

2. *Les expressions* depuis *et* il y a... que

11-14 Depuis quand ? Vous interviewez un de vos professeurs pour un devoir dans votre cours de journalisme. Pour chaque question que vous avez préparée, indiquez une réponse possible. La réponse à la première question est donnée comme modèle.

_____e_____ 1. Vous travaillez à l'université depuis quand ?

_____ 2. Vous habitez cette ville depuis combien de temps ?

_____ 3. Vous étudiez le français depuis combien de temps ?

_____ 4. Vous êtes professeur depuis combien de temps ?

_____ 5. Depuis quand est-ce que vous êtes marié ?

_____ 6. Votre fille habite la résidence depuis quand ?

_____ 7. Il y a combien de temps que votre fils joue au hockey ?

a. depuis 12 ans

b. il y a 5 ans

c. depuis 1990

d. depuis 25 ans

e. depuis 1995

f. depuis 10 ans

g. depuis le mois d'août

11-15 On va tout savoir. Maintenant, c'est vous qui êtes le sujet de l'interview. Répondez aux questions suivantes.

MODÈLE   Depuis quand est-ce que vous êtes étudiant/e ?
              Je suis étudiant depuis 2009.

1. Depuis quand est-ce que vous êtes à l'université ?

_____

2. Depuis combien de temps est-ce que vous étudiez le français ?

_____

3. Depuis combien de temps est-ce que vous connaissez votre colocataire ?

_____

4. Il y a combien de temps que vous vous servez d'un ordinateur ?

_____

5. Depuis combien de temps est-ce que vos parents se servent du courriel ?

_____

ÉCRIVONS

11-16 La technologie et vous. Quel rôle est-ce que la technologie joue dans votre vie et dans la vie de vos proches ? Écrivez un essai dans lequel vous répondez à cette question.

A. Avant d'écrire. Pour commencer, complétez ces activités.

1. Décidez du sujet de l'essai : est-ce que vous allez parler de vous-même seulement ou aussi d'autres personnes ? (par exemple, allez-vous décrire comment votre grand-mère se sert de la technologie maintenant comparé à il y a dix ans quand elle avait très peur des ordinateurs ?)

2. Faites du « remue-méninges » (*brainstorming*). Pensez au mot **technologie** et écrivez tous les mots et les expressions qui vous viennent à l'esprit en réfléchissant au sujet que vous avez choisi dans l'exercice 1.

3. Regardez cette page et essayez de trouver plusieurs thèmes.

4. Quand vous avez identifié les thèmes principaux, essayez d'écrire une bonne introduction.

B. En écrivant. Rédigez votre essai. Essayez d'employer les mots comme **donc**, **puis** et **cependant** (*however*).

MODÈLE

La technologie est très importante pour moi. Je ne crois pas qu'on puisse vivre au vingt-et-unième siècle sans un ordinateur, un répondeur et un fax...

Pour moi personnellement, la technologie m'aide à avoir de meilleures relations avec mes grands-parents. Ils ont un nouvel ordinateur et ils m'envoient des courriels toutes les semaines. Je peux leur parler de ma vie à l'université. Quelquefois, je leur envoie des photos que j'ai prises avec mon appareil numérique...

La technologie a peut-être aussi un côté négatif. Par exemple, les gens ne s'écrivent pas beaucoup de lettres de nos jours. De plus,...

Cependant, la technologie fait partie de nos vies maintenant. On ne peut pas changer ce fait. Il faut apprendre à vivre avec la technologie.

C. Après avoir écrit. Relisez votre essai. Avez-vous une introduction, un développement et une conclusion ? Avez-vous donné des exemples personnels pour rendre votre essai plus intéressant ? Sinon, essayez d'en ajouter quelques-uns. Quand vous avez fini de corriger votre essai, relisez-le une dernière fois pour vérifier qu'il n'y a pas de fautes d'orthographe ou de grammaire.

Leçon 3 *On s'informe*

POINTS DE DÉPART

11-17 La lecture. Donnez au moins deux exemples pour chaque type de lecture.

MODÈLE   des journaux nationaux : *The Globe and Mail, National Post*

1. des magazines d'informations : _____

2. des bandes dessinées : _____

3. des ouvrages de référence : _____

4. des livres de loisirs : _____

5. des romans : _____

11-18 Les cadeaux. Vous allez dans une librairie pour acheter des livres pour des membres de votre famille et vos amis. Dites ce que vous allez acheter pour chaque personne et expliquez pourquoi en décrivant les centres d'intérêt de chaque personne.

MODÈLE   votre frère : *Mon frère est très intellectuel et super intelligent. Il fait des études en sciences de l'environnement. Il aime les livres de science. Je vais lui acheter un livre sur le recyclage en Europe.*

1. votre meilleur/e ami/e : _____

_____

2. votre mère : _____

_____

_____

3. votre copain/copine : _____

_____

_____

4. votre père : _____

_____

_____

11-19 C'est prévisible. Donnez une intrigue caractéristique pour chaque genre.

MODÈLE   un roman d'amour : *Anne travaille comme infirmière dans un hôpital. Elle tombe amoureuse d'un jeune médecin avec qui elle travaille, mais il ne s'intéresse pas à elle. Alors elle sort avec un autre garçon. Le jeune médecin devient jaloux et il découvre qu'il l'aime. Mais c'est trop tard ; elle a décidé de se marier avec l'autre homme.*

1. un roman policier : _____

   _____

   _____

2. la biographie d'un acteur / une actrice : _____

   _____

   _____

3. une bande dessinée : _____

   _____

   _____

FORMES ET FONCTIONS

1. Quelques prépositions avec les expressions de temps

11-20 La tournée. Pour apprendre plus de détails sur la routine de l'acteur Marc, choisissez la préposition qui convient dans chacune des phrases suivantes.

1. Il a regardé la télévision [pendant / pour] plusieurs heures hier soir.

2. Demain, il va jouer sur scène [pendant / pour] trois heures.

3. Ensuite, il va partir [pendant / pour] une autre ville.

4. Il dort souvent [pendant / pour] qu'il voyage en bus.

5. Tous les mois, il rentre chez lui [pendant / pour] une petite semaine.

6. Quelquefois, ses amis viennent le voir [pendant / pour] les entractes (*intermissions*).

11-21 L'émission sportive. Sébastien lit la page des sports dans le journal. Complétez les phrases suivantes avec la préposition qui convient, **en** ou **dans**.

1. Tennis : le suisse Roger Federer a remporté (*won*) la finale _____ moins d'une heure.

2. Le Tour de France commence _____ un mois.

3. Rugby : la rencontre Brive-Toulouse prévue _____ deux semaines s'annonce décisive.

4. Ryder Cup : première victoire de l'équipe américaine _____ neuf ans.

5. Le pilote espagnol a effectué le meilleur temps du Grand Prix de Singapour _____ 1:57:16.304.

6. Préparation de la cérémonie de clôture des Jeux Olympiques _____ quelques heures.

2. *L'ordre des événements*

11-22 Les habitudes. Complétez ces phrases en décrivant vos habitudes et celles de vos connaissances.

MODÈLE   Avant de quitter ma chambre, *je vérifie que la porte est fermée à clé* (locked).

1. Avant de passer un examen, je _____

2. Après avoir réussi un examen, mes amis et moi _____

3. Avant de faire les devoirs, ma/mon colocataire _____

   _____

4. Avant d'écrire un essai, je _____

5. Après m'être levé/e le matin, je _____

6. Après être arrivé dans la salle de classe, le prof de français _____

   _____

11-23 La journée d'Alexandre. Connaissez-vous l'histoire américaine : *Alexander and the Terrible, Horrible, No Good, Very Bad Day* ?[1] C'est l'histoire d'un petit garçon qui passe une très mauvaise journée. Expliquez ce qui lui est arrivé en reliant les deux phrases avec l'expression appropriée : **avant de**, **après avoir**, **après (s')être**… (N.B. Quand vous voyez le mot **ensuite**, pensez à faire une phrase avec l'expression **avant de**).

MODÈLE   Alexandre s'est réveillé. Il a découvert du chewing-gum dans ses cheveux.
           Après s'être réveillé, Alexandre a découvert de la gomme dans ses cheveux.

1. Il a pris le déjeuner. Il n'a rien trouvé dans sa boîte de céréales. [Ses frères ont trouvé des cadeaux-surprises dans leurs boîtes de céréales !]

   _____

2. Il a mangé son sandwich à l'école. Il a découvert que sa mère avait oublié son dessert.

   _____

3. Il est allé chez le dentiste. Il a découvert qu'il avait une carie (*cavity*).

   _____

4. Il est sorti du bâtiment. Il est tombé dans la boue (*mud*).

   _____

5. Il a pleuré d'abord. Ensuite, il s'est levé.

   _____

[1]*Alexander and the Terrible, Horrible, No Good, Very Bad Day.* Judith Viorst, Simon & Schuster, 1987.

6. Il a regardé des gens qui s'embrassaient à la télé. Alexandre déteste voir ça. Ensuite, il a pris son bain.

_____

7. Il a pris son bain. Il devait porter un pyjama avec des trains qu'il n'aime pas du tout.

_____

8. Il s'est disputé avec ses frères. Ensuite, il s'est couché.

_____

Quelle mauvaise journée !

ÉCRIVONS

11-24 La critique. Donnez votre opinion sur un livre que vous avez lu récemment.

A. Avant d'écrire. Pour commencer, complétez ces activités.

1. Écrivez le titre du livre et le nom de l'écrivain.
   (par exemple : Madame Bovary, *Gustave Flaubert*)

2. Précisez le genre du livre.
   (par exemple : *un roman*)

3. Faites une liste des personnages principaux ou des idées principales.
   (par exemple : *Emma Bovary, Charles Bovary, Rodolphe…*)

4. Faites un résumé de l'intrigue en un ou deux paragraphes.
   (par exemple : *Emma se marie. Elle n'est pas contente. Elle prend un amant* [lover]. *Elle n'est pas contente. Elle prend un autre amant… Elle n'est toujours pas contente…*)

5. Faites une liste d'adjectifs qui décrivent le livre.
   (par exemple : *intéressant, pas très réaliste…*)

B. En écrivant. Rédigez votre critique. N'oubliez pas de donner votre opinion sur le livre.

MODÈLE   *Je viens de lire un roman qui s'appelle Madame Bovary. C'est un roman du dix-neuvième siècle écrit par Gustave Flaubert. C'est l'histoire d'une femme, Emma Bovary, qui se marie avec un médecin de campagne. Son mari est un homme simple, et elle veut avoir une vie plus romantique. Elle n'est pas satisfaite de sa vie, alors elle a deux liaisons amoureuses avec d'autres hommes. Mais ces liaisons finissent mal et Emma se suicide.*

     J'ai bien aimé ce roman. C'était très intéressant, mais je ne l'ai pas trouvé très réaliste. Je ne comprends pas pourquoi Emma Bovary ne pouvait pas être contente d'une vie simple avec un mari qui l'aimait beaucoup.

C. Après avoir écrit. Relisez votre critique. Avez-vous inclus les renseignements essentiels comme le titre du livre et le nom de l'auteur ? Si vous n'avez pas donné d'autres précisions sur le livre (par exemple le siècle), vous pouvez rajouter ces détails. Relisez le résumé que vous avez fait de l'intrigue. Est-ce qu'il exprime clairement les événements principaux du livre, si c'est un roman, ou les idées principales s'il s'agit d'un autre type de livre ? Avez-vous donné votre opinion ? Vérifiez que vous n'avez pas fait de fautes d'orthographe et qu'il n'y a pas de fautes grammaticales.

LISONS

11-25 Wikipédia

A. Avant de lire. When you need to look up a word, what types of references do you mostly rely on? Would you rather use an encyclopedia such as the *Encyclopædia Britannica*, look up the word on the Internet, or go to Wikipedia to find out the information you want to learn? Answer in English, and explain your choice.

_____

_____

_____

B. En lisant. Read the following text discussing the use of Wikipedia and select the appropriate response to each of the following questions.

1. En quelle année a commencé l'encyclopédie collaborative et gratuite en ligne ?

   a. en 2001

   b. en 2005

   c. en 2008

Wikipédia : panique dans les bibliothèques

L'histoire de Wikipédia, l'encyclopédie en ligne à laquelle tout le monde peut contribuer et accéder gratuitement, a commencé sur Internet le 15 janvier 2001. Il est très facile de collaborer à la rédaction ou la révision d'un article, ce qui explique sans doute son incroyable succès. Un boulanger passionné de vélo a seulement besoin de s'inscrire s'il veut écrire un article sur la fabrication des éclairs au chocolat ou sur le dernier vainqueur du Tour de France. En mai 2008, on a recensé plus de 400.000 internautes qui ont contribué à Wikipédia uniquement en France.

Nombreux sont les critiques de Wikipédia. Peut-on vraiment croire les informations écrites anonymement sur ce site Web ? D'après une étude menée en 2005 par le magazine scientifique *Nature*, on ne doit plus douter de la fiabilité des articles de Wikipédia. Après avoir comparé des articles parus dans Wikipédia et dans l'*Encyclopædia Britannica*, l'étude a montré que les deux encyclopédies contenaient plus de cent erreurs, l'*Encyclopædia* en comptait seulement une quarantaine de moins que Wikipédia. Alors, vaut-il toujours la peine (*is it worth*) d'investir dans une longue série d'encyclopédies pour sa bibliothèque personnelle quand les informations sont disponibles gratuitement en un seul clic ?

Le succès de Wikipédia a influencé les éditeurs d'encyclopédies traditionnelles à repenser leurs tactiques. *Larousse*, par exemple, tente d'attirer les internautes en proposant une nouvelle encyclopédie en ligne qui offre la possibilité de consulter des articles de son encyclopédie ainsi que des articles collaboratifs rédigés par les internautes visibles sur une même page.

2. Qu'est-ce qui est nécessaire pour collaborer à un article sur Wikipédia ?

    a. Il faut donner de l'argent.

    b. Il faut être spécialiste de son sujet.

    c. Il faut s'inscrire.

3. Que représentent les 400 000 internautes mentionnés dans le texte ?

    a. le nombre de personnes en France qui ont visité Wikipédia en 2008

    b. le nombre de personnes dans le monde qui ont collaboré à Wikipédia depuis 2001

    c. le nombre de personnes en France qui ont écrit ou corrigé un article sur Wikipédia

4. Quelle peut être la conclusion sur l'étude publiée par le magazine *Nature* ?

    a. Seules les encyclopédies traditionnelles comme l'*Encyclopædia Britannica* sont fiables (*reliable*).

    b. Le nombre d'erreurs trouvées dans les deux types d'encyclopédie est assez similaire.

    c. Contrairement à Wikipédia, l'*Encyclopædia Britannica* contient beaucoup d'erreurs.

5. Quelle tactique emploient les éditeurs d'encyclopédies traditionnelles pour faire face à la compétition de Wikipédia ?

    a. Ils veulent collaborer avec Wikipédia.

    b. Ils présentent une nouvelle encyclopédie en ligne qui inclut des pages collaboratives.

    c. Aucune, Wikipédia n'est pas une compétition selon eux.

C. Après avoir lu.
Can you think of another title to use for this article? Write two alternative titles, in French, that would better sum up the message of the article.

_____

_____

_____

Venez chez nous ! *Le cinéma*

11-26 Le FESPACO. Ce grand festival de film africain a lieu tous les deux ans au Burkino Faso. Consultez *MyFrenchLab* pour ce chapitre, choisissez *Student Resources* et cliquez sur *Web Links* pour trouver le lien vers le site officiel de ce festival, et allez sur ce site pour en savoir plus. Selon les renseignements que vous trouvez, répondez aux questions suivantes.

1. Quand va avoir lieu la prochaine édition du FESPACO ? _____

2. Quand a eu lieu la dernière édition du FESPACO ? _____

3. Quel était le thème de la dernière édition du FESPACO ? _____

4. Combien de pays y ont participé ? [cliquez sur **statistiques**] _____

5. Remplissez le tableau avec les noms et les pays d'origine des réalisateurs, des films et des acteurs qui ont gagné les prix suivants du palmarès officiel pour le long métrage :

Palmarès officiel : Compétition long métrage			
	Nom	**Film**	**Pays d'origine**
Prix spécial du jury			
Prix du meilleur scénario			
Prix de la meilleure interprétation masculine			
Prix de la meilleure interprétation féminine			

11-27 Le Burkina Faso. Qu'est-ce que vous connaissez du Burkina Faso, le pays d'accueil du FESPACO ? Complétez le tableau suivant. Vous pouvez consulter votre manuel, des atlas, des guides touristiques, des encyclopédies ou *MyFrenchLab* pour ce chapitre (choisissez *Student Resources* et cliquez sur *Web Links*) pour trouver des liens utiles.

Le Burkina Faso	
Situation géographique	
Climat	
Capitale	
Gouvernement	
Population	
Langue officielle	
Langues nationales	
Monnaie	

11-28 Le Festival de Cannes. Comme vous avez lu dans le livre et vu dans la vidéo, il y a aussi un festival de cinéma de grande importance en France, le Festival de Cannes. Consultez *MyFrenchLab* pour ce chapitre, choisissez *Student Resources* et cliquez sur *Web Links* pour trouver le lien vers le site officiel de ce festival. Allez sur ce site et choisissez un film en compétition (de la sélection française). D'après les renseignements que vous trouvez sur ce site, présentez le film. Donnez le titre du film, le nom du réalisateur et des acteurs principaux. Ensuite, écrivez avec vos propres mots un petit résumé du film. [Il ne faut pas copier directement le synopsis du film que vous trouverez sur le site Web du Festival.]

Pour aller plus loin : Pour en savoir plus sur les médias en France et dans le monde francophone, consultez *MyFrenchLab* pour ce chapitre, choisissez *Student Resources*, et cliquez sur *Web Links*.

Lab Manual

Leçon 1 *Le grand et le petit écran*

POINTS DE DÉPART

11-29 Si on regardait un film ? Listen as the Lambert family talks about their favourite TV program/s. For each statement that you hear, select the letter of the type of program/s they are talking about.

MODÈLE Vous entendez : Je veux voir si Jack et Jane vont divorcer.

Vous lisez : **a.** un documentaire

b. un feuilleton

Vous choisissez : **b.**

1. **a.** un dessin animé

   b. une émission de télé-achat

2. **a.** un film

   b. un jeu télévisé

3. **a.** une série

   b. le journal télévisé

4. **a.** une émission sportive

   b. un magazine

5. **a.** une série

   b. un documentaire

6. **a.** une émission de télé-réalité

   b. les informations

11-30 Quel genre de film ? Martin cannot decide which movie to watch on cable TV tonight. Listen as his friend Stéphanie describes some of the choices she would make and select the genre of the movie she is talking about in each case.

MODÈLE Vous entendez : « Peur sur la ville » est un film à suspense.

L'inspecteur Letellier est à la recherche d'une femme disparue dans Paris.

Vous choisissez : film historique <u>film policier</u> comédie

1.	film d'espionnage	film d'horreur	documentaire
2.	film de science-fiction	western	dessin animé
3.	drame psychologique	film historique	film d'aventures
4.	film d'horreur	drame psychologique	film historique
5.	comédie	film d'espionnage	comédie musicale
6.	western	comédie	film d'espionnage

SONS ET LETTRES

Le e *instable et les groupes de consonnes*

11-31 Attention aux *e* instables ! In the following sentences, underline the unstable **e**'s that are pronounced and draw a line through those that are dropped. Number one has been completed for you as an example.

1. Il t̲e dit d̶e̶ les faire v̲enir.

2. Je ne connais pas l'ami de Madeleine.

3. Ils ne vous demandent pas de le faire.

4. Ce que vous dites ne l'intéresse pas.

5. Je te promets de ne pas le faire.

11-32 Contrastes. Repeat the following groups of sentences, paying careful attention to the treatment of the unstable **e**.

1. Je lave la voiture. / Je me lave. / Je ne me lave pas.

2. C'est une petite fille. / C'est la petite fille de Cécile.

3. —C'est ton neveu ?

    —C'est le neveu de ma belle-sœur.

4. —Philippe va venir ?

    —Il espère venir après le cours.

    —Le cours de physiologie ?

    —Oui, c'est ça.

FORMES ET FONCTIONS

1. *Les verbes* croire *et* voir *et la conjonction* que

11-33 C'est logique. Clémence is watching the television news. Write the number of each headline you hear on the line next to the relevant response. Number one has been completed for you as an example.

_____ **a.** C'est une bonne nouvelle pour l'environnement, mais je n'y crois pas !

_____ **b.** Ah ! Tu vois qu'il existe encore des personnes généreuses !

_____ **c.** Super ! Je vais aller le voir.

_____ **d.** Je crois que nous ne pourrons pas aller à la plage demain !

___1___ **e.** Je ne crois pas aux extra-terrestres.

_____ **f.** Ma sœur va y aller… Elle veut la voir sur scène.

11-34 Les témoins. There has been a car accident. Listen as the onlookers discuss what happened. For each statement you hear, write down the correct forms of the subject and the verb **croire** or **voir**.

MODÈLE   Vous entendez :   Je crois qu'il n'a pas vu le Stop.
           Vous écrivez :   *Je crois*

1. _____   4. _____

2. _____   5. _____

3. _____   6. _____

11-35 Différences. Éric and Yasmina are talking about films. Listen to their discussion, and select **logique** when a response is logical, and **illogique** when it is illogical.

MODÈLE   Vous entendez :   —Est-ce que tu trouves que Gérard Depardieu est un bon acteur ?
                               —Je pense que oui, mais je le préfère dans des comédies.
           Vous choisissez :   <u>logique</u>   illogique

1.   logique   illogique   4.   logique   illogique

2.   logique   illogique   5.   logique   illogique

3.   logique   illogique   6.   logique   illogique

11-36 Questions personnelles. Imagine that you are being interviewed for a survey about television programs. Respond to each question you hear with a complete sentence, using the conjunction **que** in your answers. You may stop the recording while you write.

MODÈLE   Vous entendez :   Qu'est-ce que vous pensez des films en version originale ?
           Vous écrivez :   *Je pense que c'est trop difficile de bien comprendre le film et de lire les*
                               sous-titres.

1. _____

   _____

2. _____

   _____

3. _____

   _____

4. _____

   _____

5. _____

   _____

2. L'emploi des temps verbaux avec certaines conjonctions

11-37 Sondage pour les parents. Listen to the first part of these parents' responses to a survey about TV programs. Then select all the possible answers that would complete each response. More than one answer will apply for each.

1. a. ils ne jouent plus avec leurs amis.

   b. ils ont grossi.

   c. ils lisent moins de livres.

   d. ils jouaient aux jeux vidéo.

2. a. nous irons nous coucher.

   b. nous serons fatigués.

   c. nous l'avons adorée.

   d. nous avons éteint la télé.

3. a. je lis.

   b. je sors avec mes amies.

   c. j'irai regarder la télé avec lui.

   d. je jouerai aux jeux de société avec mes enfants.

4. a. nous n'avons pas de télécommande.

   b. on ne regardait pas autant la télévision.

   c. il y avait moins de chaînes.

   d. les émissions de télé-achat n'existaient pas.

5. a. il est sorti pour aller au cinéma.

   b. il a regardé un documentaire.

   c. il veut regarder des émissions de musique.

   d. il met la télé.

6. a. j'irai moins au cinéma.

   b. nous regardons souvent les films.

   c. je pourrai regarder mes émissions préférées.

   d. je suis contente.

11-38 Les soirées télé. Several friends are discussing their experiences with television. Complete each phrase you hear by writing its letter next to the appropriate conclusion. Pay careful attention to the verb tenses.

_____ 1. j'ai regardé la télé tous les soirs.

_____ 2. je regardais les dessins animés à la télé.

_____ 3. éteins la télé, s'il te plaît.

_____ 4. je fais mes devoirs.

_____ 5. tu pourras recevoir beaucoup de chaînes étrangères.

_____ 6. ses parents n'avaient pas de télé.

Mise en pratique

11-39 C'est nul la télé !

A. Avant d'écouter. Do you watch TV? How much? What kinds of programs do you like to watch? Make a list, in French, of two to three types of programs that you prefer. Are there any types of programs that you never watch? Which ones? Write down these types of programs in French.

_____

_____

_____

B. En écoutant. Two friends, Gilbert and Véronique, are sharing their thoughts about television.

1. The first time you listen to their conversation, answer the questions in 1.

   a. Who feels positively about television and who is opposed to it?

   Pour : _____   Contre : _____

   b. Véronique regarde la télé…   beaucoup   jamais   rarement

2. The second time you listen, complete the first column, in French, with Gilbert's arguments.

3. The third time you listen, complete the second column, in French, with Véronique's reactions to each of Gilbert's arguments.

The first item has been completed for you as an example.

Gilbert	Véronique
a. *Avec la télé, on participe à la société.*	a. *Alors la société est dans un triste état.*
b.	b.
c.	c.
d.	d.

C. Après avoir écouté. With whom do you tend to agree more, Gilbert or Véronique? Write three to four sentences, in French, explaining your point of view.

Je crois que _____

_____

_____

_____

Leçon *2* *Êtes-vous branché/e ?*

POINTS DE DÉPART

11-40 Les autoroutes de l'information. Didier seems to know nothing about computers. Answer each of his naïve questions about computers, using the diagram as a guide. You may stop the recording while you write.

MODÈLE Vous entendez : Qu'est-ce que c'est exactement, cette machine ?
Vous écrivez : *C'est un ordinateur !*

1. _____

2. _____

3. _____

4. _____

5. _____

6. _____

11-41 À propos de l'Internet. You are applying for a computer job here in Canada and need to take a test. For each statement that you hear, select the appropriate term.

MODÈLE Vous entendez : C'est un logiciel qui permet d'écrire des documents.
Vous lisez : **a.** C'est un réseau.
b. C'est un traitement de texte.
Vous choisissez : **b.**

1. **a.** C'est un courriel.

   b. C'est un fichier.

2. **a.** On utilise une banque de données.

   b. On est en ligne.

3. **a.** Ce sont des moteurs de recherches.

   b. Ce sont des pièces jointes.

4. **a.** C'est un graveur.

   b. C'est une imprimante.

5. **a.** C'est une pièce jointe.

   b. C'est un réseau.

6. **a.** C'est un ordi.

   b. C'est un ordinateur portable.

SONS ET LETTRES

Le e instable et les groupes consonne + /j/

11-42 Lequel ? Listen to each group of words and select the letter corresponding to the word in which the unstable **e** is pronounced.

MODÈLE   Vous entendez :   **a.** nous zapperons   **b.** nous zapperions
          Vous choisissez : **a.**   **b.**

1.   a   b   4.   a   b

2.   a   b   5.   a   b

3.   a   b   6.   a   b

11-43 Répétez. Repeat the following sentences, paying attention to the unstable **e**.

1. Nous casserons la télécommande si tu ne nous laisses pas regarder la télé !

2. Vous casseriez la télécommande ? Je ne vous crois pas.

3. Vous me donnerez les jetons pour jouer aux jeux vidéos ?

4. Nous te les donnerions si nous les avions !

5. Lise aimait étudier. Nous l'appelions la parfaite étudiante.

FORMES ET FONCTIONS

1. Les phrases avec si...

11-44 Si j'avais... Camille and Bastien are discussing a computer purchase. Complete each of their statements with the correct subject and verb form that you hear. You may stop the recording while you write.

MODÈLE   Vous entendez :   Je viendrai avec toi au magasin si j'ai le temps.
          Vous écrivez :   *Je viendrai* avec toi au magasin si j'ai le temps.

1. Si nous avions plus de temps, _____ comparer les prix des ordinateurs.

2. Si nous avions plus d'argent, _____ l'ordinateur, le scanner et l'imprimante le même jour.

3. _____ de l'argent à tes parents si tu les vois demain !

4. Si j'en parle à mes parents, _____ pourquoi nous avons besoin d'un nouvel ordinateur.

5. Si seulement nous avions plus d'argent, _____ plus facile…

6. Si tu n'avais pas dépensé tout l'argent pour l'appareil photo numérique,

_____ autant de problèmes !

11-45 La technologie et les étudiants. Students are discussing their use of technology. Complete each phrase you hear by writing its number next to the appropriate conclusion. Pay careful attention to the verb tenses. Number one has been completed for you as an example.

_____ **a.** tu n'aurais plus de problèmes de technologie.

___1___ **b.** je pourrai prendre des belles photos pour mon cours d'art.

_____ **c.** ils m'achèteraient un nouvel ordinateur avec un scanner.

_____ **d.** tu ne t'en serviras jamais !

_____ **e.** je ne te le prêterais pas, ça coûte bien trop cher !

_____ **f.** tu chercherais un travail pour t'acheter ton ordinateur toi-même.

2. *Les expressions* depuis *et* il y a … que

11-46 Le curieux. Karine's new friend is very curious. As you listen, select the letter of the sentence that most logically answers each of his questions.

MODÈLE   Vous entendez :   Depuis combien de temps est-ce que tu étudies l'informatique ?
              Vous lisez :   **a.** Depuis 1980.
                                  b. Depuis trois ans.
              Vous choisissez :   **b.**

1. **a.** Il y a trois jours.

   b. Depuis 2003.

2. **a.** Il y a quatre mois.

   b. Depuis 2001.

3. **a.** Il y a cinq ans.

   b. Depuis cinq ans.

4. **a.** Depuis seulement vingt minutes.

   b. Depuis seulement une semaine.

5. **a.** Il y a trois mois.

   b. Depuis juin 2004.

11-47 Interview. Cédric is interviewing for a job in a computer lab on campus. Imagine his answers to the interviewer's questions, using the cues provided. You may stop the recording while you write.

MODÈLE   Vous entendez :   Depuis combien de temps vous attendez ?
              Vous lisez :   10 minutes
              Vous écrivez :   *Depuis 10 minutes.*

1. un semestre _____

2. deux ans _____

3. 1996 _____

4. trois mois _____

5. 2001 _____

Mise en pratique

11-48 La fête de l'Internet

A. Avant d'écouter. Before you listen to Dayo talk about the Internet from a francophone perspective, think about how you would answer the following questions: how widely is the Internet used on your campus? Do you think it should be used more in the classroom? Why or why not? Do you think the Internet is widely used in francophone Africa? Why or why not? What, in your opinion, would help promote the use of the Internet in these countries?

B. En écoutant. Dayo is a student from Burkina-Faso. Listen as he describes the initiatives taken by many francophone countries to promote the use of the Internet.

1. According to Dayo, what are some of the countries involved in the event **La fête de l'Internet** ? Mark the names of the countries you hear from the list below.

    _____ Algérie   _____ Burkina-Faso   _____ Cameroun

    _____ Canada   _____ République démocratique du Congo   _____ France

    _____ Maroc   _____ Sénégal   _____ Mali

2. The second time you listen, answer the question below by selecting the correct answer.

    Quel est le but de la fête de l'Internet ?

    a. faire acheter des ordinateurs par des pays sous-développés

    b. faire connaître l'Internet et le multimédia au public

    c. s'amuser avec les ordinateurs

3. The third time you listen, mark at least two activities organized by the different countries.

    _____ des chat rooms   _____ des jeux

    _____ des démonstrations dans les écoles   _____ des créations de logiciels

    _____ des installations de cybercafés   _____ des téléconférences

    _____ des ateliers sur l'emploi de l'Internet   _____ des ventes de multimédia

4. What is the motto of the **Festival de l'Internet francophone** ?

    a. « Partageons notre différence. »

    b. « L'Internet pour tous. »

    c. « Connectons-nous. »

5. What do you think this motto means?

_____

_____

C. Après avoir écouté. Do you use the Internet often? For what purpose(s)? Have you used the Internet to find out about other countries and peoples? Write three to four sentences, in French, about your Internet habits.

MODÈLE   *J'adore l'Internet. Je suis souvent en ligne. J'échange des courriels avec des amis et ma famille tous les jours. Je vais souvent sur le Web pour rechercher beaucoup de choses : par exemple, pour réserver des billets d'avion ou pour chercher une adresse ou un numéro de téléphone…*

_____

_____

_____

_____

Leçon 3 *On s'informe*

POINTS DE DÉPART

11-49 À la bibliothèque. You are working at the library information desk. As library patrons express their needs, direct them to the appropriate books, following the model. You may stop the recording while you write.

MODÈLE   Vous entendez :   Je cherche un synonyme du mot « content ».
                Vous lisez :   _____ sont là-bas.
                Vous écrivez :   *Les dictionnaires* sont là-bas.

1. _____ sont là-bas.

2. _____ sont là-bas.

3. _____ sont là-bas.

4. _____ sont là-bas.

5. _____ sont là-bas.

6. _____ sont là-bas.

7. _____ sont là-bas.

11-50 Au tabac. You are doing a marketing survey at a newsstand. Listen to the customers' requests and select the title of the magazine each one is likely to purchase.

MODÈLE   Vous entendez :   Je voudrais un magazine télé.
                Vous choisissez :   *Télé 7 jours*   *Maisons & Travaux*

1.   *Gazoline*   *Santé Magazine*

2.   *Fleurs, plantes et jardins*   *Espace*

3.   *Jeune et jolie*   *Le Chien magazine*

4.   *Auto passion*   *Absolu Féminin*

5.   *L'Express*   *Les Cahiers du cinéma*

6.   *Folles de foot*   *Elle*

FORMES ET FONCTIONS

1. Quelques prépositions avec les expressions de temps

11-51 Petites conversations. Listen to the following statements and select **durée prévue** when you hear about a period of time to come in the future and **durée définie** when you hear about a specific time duration in the past.

1. durée prévue   durée définie
2. durée prévue   durée définie
3. durée prévue   durée définie
4. durée prévue   durée définie
5. durée prévue   durée définie
6. durée prévue   durée définie

11-52 Au cinéma. Listen to the following bits of conversation overhead while people are standing in line to buy movie tickets. Select **durée de réalisation** if people are talking about the amount of time needed to accomplish an action and **point dans l'avenir** if they are taking about when an action will take place at some time in the future.

1. durée de réalisation   point dans l'avenir
2. durée de réalisation   point dans l'avenir
3. durée de réalisation   point dans l'avenir
4. durée de réalisation   point dans l'avenir
5. durée de réalisation   point dans l'avenir
6. durée de réalisation   point dans l'avenir

2. L'ordre des événements

11-53 Méli-mélo. Listen as Valérie reminds her husband about the day's activities. Select the statement that most logically completes each of her sentences.

MODÈLE   Vous entendez : Il faut que tu appelles tes parents avant de…
           Vous lisez :   **a.** partir au bureau.
                        b. être parti au bureau.
           Vous choisissez : <u>**a.**</u>

1. **a.** avoir été déjeuné.
   b. aller déjeuner.

2. **a.** manger.
   b. avoir mangé.

3. **a.** signer le contrat.
   b. avoir signé le contrat.

4. **a.** être rentré.
   b. rentrer.

5. **a.** avoir vu ta tante.
   b. voir ta tante.

6. **a.** aller au cinéma.
   b. être allé au cinéma.

11-54 Quelle journée ! Listen as a teenager tells his mother about his day and complete his sentences with the words you hear. You may stop the recording while you write.

MODÈLE   Vous entendez :   Je me suis dépêché après m'être réveillé en retard.
                Vous écrivez :   Je me suis dépêché _après m'être réveillé_ en retard.

1. J'ai eu un examen de maths _____ un quiz d'espagnol.

2. J'ai mangé à la cafétéria _____ à la bibliothèque.

3. J'ai parlé au professeur de français _____ l'école.

4. Je suis rentré à la maison _____ mon ami Karim.

5. Nous avons regardé la télé ensemble _____ à la piscine.

6. J'ai fait mes devoirs _____ mes courriels.

Mise en pratique

11-55 Les livres disparaissent

A. Avant d'écouter. Do you read a lot? Make a list, in French, of what you read and how often, using adverbs like: **souvent**, **beaucoup**, **tous les jours**, **rarement**…

_____

_____

_____

B. En écoutant. The Association **Lire avant tout** is worried that books will become obsolete due to the Internet. Listen as one of their representatives, Alain, questions three people about their reading habits for a study.

1. The first time you listen, indicate how often each of the speakers reads.

Dame 1 :	très souvent	souvent	quelquefois	jamais
Homme :	très souvent	souvent	quelquefois	jamais
Dame 2 :	très souvent	souvent	quelquefois	jamais

2. The second time you listen, write down under **Lectures** what each of the speakers reads.

3. The third time you listen, write down under **Raisons** the reasons each person gives for reading.

Some information has been provided for you as an example.

	Lectures	Raisons
Dame 1	– _les romans sentimentaux_ –	– _Elle est romantique._ –
Homme	– –	– –
Dame 2	– –	–

4. The last woman says that she belongs to a book club, but that she often gives away the books she has bought. Why?

_____

C. Après avoir écouté. Now, write down three to four sentences, in French, about your own reading habits. Do they resemble those of any of the people interviewed?

Je lis _____

_____

_____

_____

Video Manual

11-56 Je lis la presse. In this video clip, Pauline shows and describes the newspapers and magazines that she generally reads.

1. As you listen, check off the periodicals that she describes and identify each as **un quotidien** (Q), **un hebdomadaire** (H), or **un mensuel** (M).

_____ le Figaro   _____ Libération   _____ l'Officiel des spectacles

_____ Géo   _____ Le Monde   _____ Pariscope

_____ Le Journal du Dimanche   _____ le Nouvel Observateur   _____ Le Point

2. To which periodical does she subscribe?

_____

3. Based on her choice of newspapers and magazines, would you say that Pauline leans more towards being a conservative or a liberal? Explain your answer. How would her reading tastes compare to your own and those of your friends?

_____

_____

_____

11-57 Le cinéma. In this montage you will see a variety of images from the **le Festival International du Film** in Cannes.

1. What do you know about this important event in the world of cinema?

_____

_____

2. Look at the video clip; in what order do you see each of the following?

_____ la cérémonie d'ouverture

_____ l'arrivée des vedettes au palais du Festival

_____ les applaudissements

_____ la remise d'une Palme

3. Do you recognize any celebrities? If so, list their names. Why do you think the Cannes film festival enjoys such worldwide renown? (If you would like additional information on which to base your answer, you may wish to visit the festival's Web site. Visit MyFrenchLab for this chapter, select Student Resources and click on Web Links.)

_____

_____

_____

OBSERVONS

11-58 Réflexions sur le cinéma. You may already have completed the **Observons** activity in the **Venez chez nous !** lesson of this chapter. If not, you will find it helpful to go back and complete that activity before moving on to the questions below.

A. Avant de regarder. In this clip, you will hear two people talk about their film preferences. Before viewing, consider these questions.

1. What do you look for in a good film? You will hear Christian tell what he most appreciates in a film.

_____

2. Are you very familiar with cinema from Québec? Marie-Julie will describe some of her favourite films.

_____

B. En regardant. As you listen, indicate all the correct responses.

1. Christian aime les films

_____ a. avec des effets spéciaux.   _____ b. avec un bon scénario.   _____ c. avec le bon dialogue.

2. Il aime le cinéma… traditionnel.

_____ a. français   _____ b. américain   _____ c. japonais

3. Marie-Julie dit qu'elle aime le cinéma québécois parce qu'elle est

_____ a. fanatique du cinéma.   _____ b. un petit peu partisane.

4. Parmi les films qu'elle décrit, il y a

_____ a. *Jésus de Montréal.*   _____ b. *Cruising Bar.*   _____ c. *Nuit de Noces.*

_____ d. *Louis 19.*   _____ e. *Les Invasions barbares.*

5. Marie-Julie aime particulièrement

_____ a. les comédies.   _____ b. les films d'espionnage.   _____ c. les films sérieux.

C. Après avoir regardé. Now think about the following questions.

1. Whose tastes do you most identify with, and why?

_____

_____

2. Do you know any of the films mentioned by Marie-Julie? Visit MyFrenchLab for this chapter, select Student Resources, and click on Web Links to find out more. You may be able to view these films on DVD, in your campus library, or at home.

Chapitre

12

Workbook

Les beaux-arts

Leçon **1**   *Fêtons la musique !*

POINTS DE DÉPART

12-1 La musique. Pour chaque type de musique donné, identifiez les instruments qu'on entend et suggérez au moins un musicien ou groupe de musiciens qui joue/nt de ce type de musique.

MODÈLE   la musique folklorique

Il y a des chanteurs et des violons. Quelquefois, il y a une guitare ou quelqu'un qui joue du piano. Un groupe que j'aime beaucoup, c'est The Rankin Family.

1. la musique classique _____

_____

2. la musique traditionnelle _____

_____

3. le blues _____

_____

4. le rock _____

_____

5. le jazz _____

_____

6. le hip-hop _____

_____

12-2 Les habitudes musicales. Répondez aux questions suivantes pour un sondage fait par un magazine sur les habitudes musicales des étudiants universitaires.

MODÈLE   Quelle est votre musique préférée ? Quelles chansons est-ce que vous écoutez le plus souvent ?
         J'adore la musique populaire. J'écoute beaucoup la radio et je chante avec les chansons surtout
         quand je suis dans la voiture.

1. Quelle est votre musique préférée ? Quelles chansons est-ce que vous écoutez le plus souvent ?

_____

_____

2. Qui est votre chanteur ou chanteuse préféré/e ? Pourquoi ?

_____

_____

3. Est-ce que vous avez un compositeur préféré ? Qui est-ce ? Quel type de musique est-ce qu'il ou elle compose ?

_____

_____

4. Est-ce que vous jouez d'un instrument de musique ? Si oui, quel instrument ? Depuis combien de temps ? Sinon, de quel instrument est-ce que vous aimeriez jouer et pourquoi ?

_____

_____

5. Est-ce que vous faites partie d'un groupe musical ? Quel groupe ? Quelle musique est-ce que vous jouez ? Pour quelles occasions ?

_____

_____

6. Est-ce que vous allez souvent à des concerts ? Où ? Avec qui ?

_____

_____

7. Est-ce que vous aimez chanter ? Où est-ce que vous chantez ? Est-ce que les autres (vos amis et les membres de votre famille) sont contents quand vous chantez, ou est-ce qu'ils vous demandent d'arrêter ?

_____

_____

FORMES ET FONCTIONS

Vue d'ensemble : les verbes suivis de l'infinitif

12-3 Un pique-nique raté. Complétez ce récit d'un pique-nique pas du tout réussi avec les prépositions **à** ou **de** comme il faut. La première phrase a été complétée comme exemple.

D'abord, mon meilleur ami a décidé _____*de*_____ ne pas venir. Ensuite, ma colocataire a invité ses petits neveux (1) _____ venir avec nous. Ce sont des monstres ! Edouard a oublié (2) _____ apporter les boissons. Les guêpes (*wasps*) n'arrêtaient pas (3) _____ nous gêner. Mes copines ont refusé (4) _____ faire une promenade après avoir mangé. Ensuite, il a commencé (5) _____ pleuvoir un peu. En plus, les gens à côté ne voulaient pas éteindre leur radio. Ils continuaient (6) _____ écouter de la musique très fort. Finalement, j'ai rêvé (7) _____ pouvoir faire un bon pique-nique toute seule sans complications !

12-4 C'est la fin du semestre. On arrive à la fin du semestre. C'est le moment de réfléchir à ce que vous avez fait ce semestre et à ce que vous aimeriez faire le semestre prochain. Faites attention à utiliser la préposition qu'il faut après les verbes qui sont suivis de **à** ou **de** devant l'infinitif.

MODÈLE Ce semestre, j'ai appris *à mieux parler français.*
　　　　　　Le semestre prochain, j'espère *avoir de meilleures notes.*

1. Ce semestre, j'ai accepté _____

2. Ce semestre, j'ai fini _____

3. Ce semestre, j'ai appris _____

4. Ce semestre, j'ai dû _____

5. Ce semestre j'ai beaucoup aimé _____

6. Ce semestre, j'ai réussi _____

7. Le semestre prochain, j'ai décidé _____

8. Le semestre prochain, je vais essayer _____

9. Le semestre prochain, j'espère _____

10. Le semestre prochain, je veux _____

11. Le semestre prochain, je pourrai _____

12. Le semestre prochain, je vais continuer _____

ÉCRIVONS

12-5 Un concert. Décrivez un concert mémorable que vous avez vu. Si vous n'êtes jamais allé/e à un concert, parlez d'un concert auquel vous aimeriez aller.

A. Avant d'écrire. Pour commencer, répondez brièvement à ces questions de base. Une réponse modèle est indiquée pour chaque question :

MODÈLE

1. Qui ?	*Michael Bublé*	_____
2. Quoi ?	*Un concert*	_____
3. Quand ?	*le mois d'octobre 2009*	_____
4. Où ?	*à Vancouver*	_____
5. Avec qui ?	*avec ma copine*	_____
6. Pourquoi ?	*Elle a adoré Michael Bublé.*	_____
7. D'autres détails ?	*Il a chanté "Home".*	_____
8. Impressions :	*C'était super bien.*	_____

B. En écrivant. Maintenant, utilisez vos réponses dans l'exercice A pour rédiger votre description du concert.

MODÈLE   *Ma copine a toujours adoré la musique de Michael Bublé. Au mois d'octobre 2009, Michael Bublé a donné un concert à Vancouver. J'ai acheté des billets pour faire une surprise à ma copine.*

Nous y sommes allées et c'était super. Michael Bublé était habillé tout en noir et il a chanté pendant une heure et demie. J'étais très contente quand il a joué ma chanson préférée, Home. Il a aussi…

Nous avons adoré ce concert. C'est un très bon souvenir.

C. Après avoir écrit. Relisez votre description du concert. Avez-vous inclus les réponses à toutes les questions dans l'exercice A ? Sinon, révisez votre description pour parler de tout. Avez-vous donné votre opinion sur le concert et les musiciens ? Avant de rendre la description, vérifiez que vous n'avez pas fait de fautes d'orthographe et qu'il n'y a pas de fautes grammaticales. Vérifiez surtout que vous avez utilisé l'expression **jouer de…** pour parler des instruments de musique.

Leçon 2   *L'art et ses formes d'expression*

POINTS DE DÉPART

12-6 Les artistes. Donnez une définition pour chaque type d'artiste.

MODÈLE   un peintre impressionniste
C'est un artiste qui peint des tableaux dans le style impressionniste.

1. un sculpteur _____

2. une dessinatrice _____

3. un photographe _____

4. un peintre abstrait _____

5. un peintre réaliste _____

12-7 Les pratiques artistiques. Êtes-vous un/e artiste ? Et vos amis et les membres de votre famille ? Décrivez les expériences de chaque personne.

MODÈLE   votre mère
Ma mère est très artistique. Elle dessine tout le temps et elle a même peint quelques tableaux. Quand j'étais à l'école secondaire, elle a peint un joli tableau de notre chat.

1. vous _____

_____

2. votre meilleur/e ami/e _____

_____

3. votre frère ou sœur _____

_____

4. votre prof de français _____

_____

5. vos parents _____

_____

_____

FORMES ET FONCTIONS

Vue d'ensemble : l'emploi des temps verbaux

12-8 Autrement dit. Imaginez que vous êtes rédacteur d'un magazine de beaux-arts à Montréal et que vous préparez un numéro spécial sur la scène artistique à Paris. Vous devez corriger le style des journalistes. D'abord, décidez et indiquez si chaque phrase parle du présent, du passé ou du futur. Ensuite, refaites la phrase en utilisant le temps que vous avez identifié.

MODÈLE   En 1891, Paul Gauguin quitte la France pour s'installer peindre à Tahiti.
le passé ;
En 1891, Paul Gauguin a quitté la France pour s'installer peindre à Tahiti.

1. Le mois prochain, il y a une exposition des photographies de Robert Doisneau au Musée de la Photographie.

   _____

   _____

2. Le 1er décembre 1986, le Président de la République, François Mitterrand, inaugure le musée d'Orsay dans l'ancienne gare d'Orsay.

   _____

   _____

3. Les Ministres de la Culture de la Communauté Européenne choisissent Lille comme Capitale Européenne de la Culture pour 2004.

   _____

   _____

4. En 2010, la France fête le centenaire de la mort de Henri Rousseau, peintre primitif.

   _____

   _____

5. Entre 1884 et 1886, Georges Seurat peint *Un dimanche après-midi à l'Île de la Grande Jatte*, dans le style du pointillisme.

   _____

   _____

6. En 1890, Vincent Van Gogh meurt à Auvers-sur-Oise à l'âge de 37 ans.

   _____

   _____

12-9 Une visite aux musées. Votre correspondant français n'a jamais visité de musée au Canada. Il sera à Ottawa pour les vacances de printemps et il va visiter plusieurs musées. Parlez-lui de votre expérience et donnez-lui quelques conseils.

MODÈLE   Pendant que j'étais à Ottawa, *j'ai visité le Musée de la civilisation.*

1. Pendant que tu es à Ottawa, _____

_____

2. Si tu aimes l'histoire, _____

_____

3. Pendant que tu es au musée, _____

_____

4. Quand tu auras faim ou soif, _____

_____

5. Pendant que le guide t'explique l'histoire d'un tableau, _____

_____

12-10 Votre vie. Dites ce que vous avez fait et ce que vous voudrez faire dans la vie.

MODÈLE   Quand j'avais 12 ans, *je suis allée à Yellowknife avec mes parents et mes sœurs.*

1. Quand j'avais 16 ans, _____

_____

2. Quand j'ai commencé à étudier à l'université, _____

_____

3. Pendant que je suis étudiant/e, _____

_____

4. Quand je finirai mes études à l'université, _____

_____

5. Quand je me marierai, _____

_____

ÉCRIVONS

12-11 Un mouvement artistique. Vous allez écrire un rapport sur un mouvement artistique de votre choix. Vous pouvez choisir parmi ces mouvements : le cubisme, le fauvisme, l'impressionnisme, le néo-classicisme, le pointillisme, le réalisme, le romantisme, le surréalisme, le symbolisme.

A. Avant d'écrire. Pour commencer, faites un peu de recherche sur le mouvement que vous avez choisi et répondez aux questions ci-dessous.

1. Quel mouvement est-ce que vous avez choisi ?
   (par exemple : *le romantisme*)

2. Donnez les dates de ce mouvement.
   (par exemple : *au XIXe siècle*)

3. Est-ce que c'était seulement un mouvement artistique ou est-ce que c'était aussi littéraire ?
   (par exemple : *C'était un mouvement littéraire aussi. Il y avait des auteurs romantiques aussi comme Victor Hugo, François-René de Chateaubriand et Alphonse de Lamartine.*)

4. Donnez une définition de ce mouvement :
   (par exemple : *C'était une réaction contre le réalisme et le classicisme. Dans le romantisme, l'imagination, le rêve et la nature deviennent très importants.*)

5. Nommez quelques artistes francophones qui font partie de ce mouvement artistique :
   (par exemple : *Eugène Delacroix, Théodore Géricault*)

6. Nommez quelques œuvres qui représentent ce mouvement :
   (par exemple : Le Radeau de la Méduse [*Géricault*], La Liberté guidant le peuple [*Delacroix*])

7. Quelle est votre réaction personnelle aux œuvres de ce mouvement ?
   (par exemple : *J'aime beaucoup les tableaux du style romantique. Ils sont grandioses et on peut y voir beaucoup d'émotion.*)

B. En écrivant. Rédigez votre rapport. Dans le premier paragraphe, donnez une introduction générale au mouvement artistique. Dans le deuxième paragraphe, donnez des détails sur les artistes. Dans le troisième paragraphe, présentez une ou deux œuvres représentatives. Finalement, dans le dernier paragraphe, donnez votre réaction personnelle.

MODÈLE
    Le romantisme est un mouvement artistique et littéraire au dix-neuvième siècle. C'était une réaction contre le réalisme et le classicisme. Dans le romantisme, l'imagination, le rêve et la nature deviennent très importants.

    Deux artistes français romantiques sont Théodore Géricault et Eugène Delacroix. C'étaient des peintres. Ils ont fait des tableaux avec des sujets historiques, mais leurs représentations n'étaient pas complètement réalistes.

    En 1819, Géricault expose Le Radeau de la Méduse. En 1831, Delacroix expose son tableau, La Liberté guidant le peuple. Ces deux tableaux très connus se trouvent au Louvre. Ils sont très impressionnants.

    J'aime beaucoup les tableaux du style romantique. Ils sont grandioses et on peut y voir beaucoup d'émotion. J'espère aller au Louvre un jour pour pouvoir voir ces tableaux.

C. Après avoir écrit. Relisez votre rapport. Avez-vous suivi l'organisation donnée dans l'exercice B ? Avez-vous inclus les renseignements que vous avez trouvés pendant votre recherche ? Avez-vous donné votre opinion ? Vérifiez que vous n'avez pas fait de fautes d'orthographe et qu'il n'y a pas de fautes grammaticales.

Leçon **3** *Allons voir un spectacle !*

POINTS DE DÉPART

12-12 Projets pour la fin de semaine. Regardez dans le journal ou sur Internet pour découvrir les possibilités de sorties dans votre ville ou sur votre campus cette fin de semaine. Pour chaque catégorie, suggérez une activité.

MODÈLE   la musique *Sur le campus, on peut voir un concert du groupe* The Bare Naked Ladies. *C'est samedi à 20 h 30. C'est seulement quinze dollars pour les étudiants.*

1. la musique _____

_____

2. le théâtre _____

_____

3. l'opéra _____

_____

4. la danse _____

_____

5. le cinéma _____

_____

6. les musées _____

_____

12-13 Des réactions. Pour chaque proposition, donnez une réaction personnelle avec les expressions que vous avez apprises.

MODÈLE   Regarde, il y a une comédie musicale le mois prochain. On y va ?
          Ça ne me dit rien, tu sais. Je n'aime pas trop les comédies musicales.

1. Tiens, il y a une représentation du *Mariage de Figaro* samedi prochain. Tu veux y aller ?

_____

2. Le nouveau film avec Juliette Binoche sort cette fin de semaine. Ça te dit d'y aller ?

_____

3. Je veux voir l'exposition sur les céramiques de Picasso. Tu viens avec moi ?

_____

4. La chorale de l'université donne un concert au mois de décembre. Tu veux m'accompagner ?

_____

5. Ma copine joue dans une pièce le mois prochain. J'ai envie d'y aller, mais c'est un peu cher. Qu'est-ce que tu en penses ?

_____

6. Tu aimes le ballet ? Il y aura *le Lac des cygnes* au printemps prochain.

_____

FORMES ET FONCTIONS

Vue d'ensemble : les combinaisons de pronoms compléments d'objet

12-14 Le calendrier pour 2010. Vous créez un calendrier d'événements culturels sur ordinateur. Mais avant de le faire, il faut savoir combien de jours et de semaines il y a cette année. Faites des phrases avec les pronoms **y** et **en**.

MODÈLE jours : *Cette année, 2010, il y a 365 jours.*

1. semaines : _____

2. mois : _____

3. jours en février : _____

4. jours en avril : _____

5. jour/s férié/s en décembre : _____

12-15 Les emprunts. Dites si vous empruntez ces choses.

MODÈLE   de l'argent, à vos parents ?   *Je ne leur en emprunte jamais.*
                les vêtements, à votre colocataire ?   *Je les lui emprunte quelquefois.*

1. la voiture, à votre père ? _____

2. des livres, à la bibliothèque ? _____

3. les notes de cours, à vos camarades de classe ? _____

4. des DVD, à des amis ? _____

5. des stylos, à votre prof ? _____

6. des films, à la vidéothèque ? _____

ÉCRIVONS

12-16 Les activités culturelles près du campus. Écrivez un courriel à un/e ami/e qui explique les activités culturelles qui existent près de votre campus.

A. Avant d'écrire. Pour commencer, complétez ces activités.

1. Identifiez les activités culturelles près de votre campus. Pensez à consulter le site Web de votre ville et de votre université ainsi que des brochures affichées à l'université. N'oubliez pas d'inclure les spectacles, les concerts, les films, les pièces de théâtre, les expositions aux musées et d'autres activités.
   (par exemple : *à Montréal, le Musée des beaux-arts de Montréal ; les concerts de musique au Centre Pierre-Péladeau.*)

2. Pour chaque catégorie ou type d'activité culturelle que vous avez nommé, donnez un exemple de spectacle ou d'activité.
   (par exemple : *au musée, une exposition qui s'appelle* Égypte éternelle *; pour la musique, un concert de la musique de Beethoven dirigé par Louis Lortie.*)

3. Choisissez un ou deux événements qui vous intéresseraient probablement.
   (par exemple : *J'adore la musique classique, donc je vais certainement aller écouter le concert.*)

4. Décidez s'il y a beaucoup, pas assez ou trop d'activités culturelles sur votre campus.
   (par exemple : *Sur mon campus, il y a beaucoup d'activités culturelles. Il y a trop de choses à faire, surtout avec tous les devoirs que nous avons...*)

B. En écrivant. Rédigez votre courriel. N'oubliez pas de commencer avec une introduction générale dans le premier paragraphe et de terminer avec un paragraphe où vous donnez votre opinion sur la situation culturelle de votre campus.

MODÈLE *Chère Laura,*

Près de l'Université de Montréal, il y a beaucoup d'activités culturelles. Il y a des musées, des concerts de musique, des pièces de théâtre, des films et des grands spectacles...

Au musée d'art, il y a souvent des expositions intéressantes. En ce moment, il y a une exposition qui s'appelle Égypte éternelle. Il y a aussi une série de concerts. J'ai envie de tout aller voir ! Il y a aussi...

Près du campus, il y a aussi beaucoup d'activités culturelles. En fait, je crois qu'il y a trop de choses à faire, surtout avec tous les devoirs que nous avons. On pourrait aller à un événement culturel presque tous les jours. Est-ce que c'est la même chose pour toi ?

À plus tard,
Chloe

C. Après avoir écrit. Relisez votre courriel. Est-ce que vous avez écrit une introduction, quelques paragraphes de développement et une conclusion ? Quand vous avez fini de corriger votre courriel, relisez-le une dernière fois pour vérifier qu'il n'y a pas de fautes d'orthographe ou de grammaire. Si vous avez un/e ami/e qui parle français sur un autre campus, envoyez-lui votre courriel !

LISONS

12-17 Une visite au Louvre

A. Avant de lire. The following excerpt is from the novel *L'Assommoir* written in the late nineteenth century by Émile Zola. In this novel, Zola presents the lives of working-class people in Paris, in particular as they are touched by alcoholism and the downward spiral it engenders. In 1876, the novel was considered scandalous in large part because of Zola's use of working-class language and linguistic forms to portray his characters in a realistic manner. This excerpt recounts a Sunday afternoon visit to the Louvre museum by the main characters Gervaise and Coppeau and their guests on their wedding day. The wedding party must fill in the time between the wedding ceremony and a dinner planned for later in the day. Before you read, complete the following activities.

1. In this literary excerpt you will see several forms that you may not know. First, you will notice a few cases of subject and verb inversion as in the second line, **Mon Dieu ! dit-il**. Inversion is used in these cases to indicate dialogue (*he said*). You will also see two cases of complex tenses, the past conditional, **il aurait fallu** (*it would have been necessary*), and the pluperfect, **avait voulu** (*had wanted*). Finally, there are many instances of the literary past tense, **le passé simple**. Before you read, match up the following verbs from the passage in the **passé simple** with their corresponding verbs in the **passé composé**. The first one has been completed for you as an example.

_e_	1. approuva	a.	a fait
_____	2. partit	b.	a demandé
_____	3. arriva	c.	sont entrés
_____	4. demanda	d.	s'est remis
_____	5. fut	e.	a approuvé
_____	6. entrèrent	f.	s'est arrêté
_____	7. suivirent	g.	a été
_____	8. se remit	h.	ont suivi
_____	9. fit	i.	est parti
_____	10. s'arrêta	j.	est arrivé

2. Have you ever visited the Louvre in Paris? What is the museum like? If you have not been there, you might want to complete exercise 12-19 before reading this excerpt and take a virtual tour (**visite virtuelle**) of the museum. To see the rooms featured in this excerpt, visit the painting galleries (**les Salles des Peintures**) and visit the **Salles des États** and the **Salle Mollien**. What do these rooms look like? Look at the history of the Louvre. What was it before it became a museum? Which features of the Louvre reveal its prior function? As you read, look for references to these.

3. Several paintings are specifically mentioned in this excerpt. Before reading, look up these pictures in an art history book or on the Internet and provide a short description of each. Here are some more details about each painting to help you locate each work.

> *Le Radeau de la Méduse*, Theodore Géricault, nineteenth-century French painting
> *Les Noces de Cana*, Paolo Caliari, dit Véronèse, sixteenth-century Italian painting
> *La Joconde*, Leonardo da Vinci, sixteenth-century Italian painting
> *L'Immaculée Conception de Soult*, Bartholomé Murillo, seventeenth-century Spanish painting

The first three paintings can be found on the official Website of the Louvre. The fourth painting was actually stolen from Seville by one of Napoleon's generals and displayed for many years in the Louvre. It was returned to the Prado Museum in Madrid in 1940.

B. En lisant. As you read, look for and supply the following information.

1. Monsieur Madinier is the character with the highest social standing since he has his own business, making cardboard cartons. What arguments does he make for going to the museum?

_____

_____

2. According to the description in the excerpt, how would you describe the gallery with French paintings?

_____

_____

_____

3. Four paintings are specifically discussed in this excerpt. Fill out the table below with the name of each work (as given in the passage) and the reaction of the wedding guests.

	Painting	Reaction	By whom
1.			
2.			
3.			
4.	la Vierge de Murillo	stupefaction, awe	M. & Mme Gaudron

4. What seems to be the main attraction of **la galerie d'Apollon**? Do you find this surprising? Why or why not?

_____

_____

5. In the rooms with Italian and Flemish paintings, the wedding party marches in front of painting after painting. How does Zola characterize their reaction to the subjects of these paintings?

_____

_____

_____

Monsieur Madinier, pourtant[1], n'avait encore rien proposé […].

— Mon Dieu ! dit-il, on pourrait aller au musée…

— Il y a des antiquités, des images, des tableaux, un tas de choses. C'est très instructif… Peut-être que vous ne connaissez pas ça. Oh ! c'est à voir, au moins une fois…

… Tout le monde approuva … et l'on partit pour le musée.

… Enfin, … on arriva au Louvre.

Monsieur Madinier, poliment, demanda à prendre la tête du cortège[2].

… Ce fut avec un grand respect, marchant le plus doucement possible, qu'ils entrèrent dans la galerie française.

Alors, sans s'arrêter, les yeux emplis[3] de l'or des cadres[4], ils suivirent l'enfilade[5] des petits salons, regardant passer les images, trop nombreuses pour être bien vues. Il aurait fallu une heure devant chacune[6], si l'on avait voulu comprendre. Que de tableaux, sacredié[7] ! ça ne finissait pas. Il devait y en avoir pour de l'argent. Puis, au bout, monsieur Madinier les arrêta brusquement devant Le Radeau de la Méduse ; et il leur expliqua le sujet. Tous, saisis, immobiles, ne disaient rien. Quand on se remit[8] à marcher, Boche résuma le sentiment général : c'était tapé[9].

Dans la galerie d'Apollon, le parquet[10] surtout émerveilla la société, un parquet luisant[11], clair comme un miroir, où les pieds des banquettes[12] se reflétaient. […] Monsieur Madinier voulait leur montrer les dorures[13] et les peintres du plafond[14] ; mais ça leur cassait[15] le cou, et ils ne distinguaient rien. […]

Cependant, il surveillait la queue[16] du cortège. D'un geste il commanda une halte, au milieu du salon carré. Il n'y avait là que[17] des chefs-d'œuvre, murmurait-il à demi-voix, comme dans une église. On fit le tour du salon. Gervaise demanda le sujet des Noces de Cana ; c'était bête de ne pas écrire les sujets sur les cadres. Coupeau s'arrêta devant la Joconde, à laquelle il trouva une ressemblance avec une de ses tantes. Boche et Bibi-la-Grillade ricanaient[18], en se montrant du coin de l'œil les femmes nues[19] ; […] Et, tout au bout, le ménage[20] Gaudron, l'homme la bouche ouverte, la femme les mains sur son ventre, restaient béants[21], attendris[22] et stupides, en face de la Vierge[23] de Murillo.

[…]

Puis, la noce se lança dans la longue galerie où sont les écoles italiennes et flamandes. Encore des tableaux, toujours des tableaux, des saints, des hommes et des femmes avec des figures qu'on ne comprenait pas, des paysages tout noirs… Monsieur Madinier ne parlait plus, menait lentement le cortège, qui le suivait en ordre, tous les cous tordus[24] et les yeux en l'air. Des siècles[25] d'art passaient devant leur ignorance ahurie[26], la sécheresse[27] fine des primitifs, les splendeurs des Vénitiens, la vie grasse et belle de lumière des Hollandais.

[1] however [2] procession [3] filled [4] gold frames [5] string of [6] each one [7] (exclamation) [8] a commencé [9] bien réussi [10] floor [11] shiny [12] benches [13] gilding [14] ceiling [15] broke [16] tail/end [17] seulement [18] were snickering [19] naked [20] couple [21] eyes wide open [22] tender [23] Virgin [24] twisted [25] centuries [26] stunned [27] soberness

Source : Émile Zola, L'Assommoir

C. Après avoir lu. Now that you have read the text, answer the following questions.

1. In a passage that was omitted from this excerpt, the characters mull over the idea of going to the museum: *Non, Gervaise ne connaissait pas ça ; madame Fauconnier non plus, ni Boche, ni les autres. Coupeau croyait bien être monté un dimanche, mais il ne se souvenait* (se rappelait) *pas bien.* Do you find it surprising that these characters, who have spent their entire lives in Paris, are not familiar with the Louvre? Why or why not? [Hint: consider the influence of their social class and the time period.]

2. What does the reaction of the characters to the works in the museum as well as the physical appearance of the rooms in the museum reveal about them?

3. Can you identify with the reactions of any of the characters to the museum and the paintings discussed? Which ones? In what ways?

Venez chez nous ! *Modes d'expression artistique*

12-18 Gauguin. Le peintre Paul Gauguin (1848–1903) a quitté la France pour vivre à Tahiti. Cette île et son peuple ont exercé une grande influence sur son art. Il a aussi peint des tableaux des gens et des paysages bretons en France. Consultez *MyFrenchLab* pour ce chapitre, choisissez *Student Resources* et cliquez sur *Web Links* pour trouver des liens qui proposent des sites où vous pouvez voir quelques-uns de ses tableaux. Choisissez un tableau et faites une photocopie ou imprimez-le. Ensuite, décrivez comment le tableau représente Tahiti ou la Bretagne, son peuple et son paysage. N'oubliez pas de donner votre réaction personnelle au tableau que vous avez choisi ou à l'art de Gauguin en général.

12-19 Le Louvre. Le Louvre est un très grand musée à Paris connu pour certains chefs-d'œuvre comme les statues grecques, la Vénus de Milo et la Victoire de Samothrace, et la Joconde, le tableau de Léonard de Vinci. Consultez *MyFrenchLab* pour ce chapitre, choisissez *Student Resources* et cliquez sur *Web Links* pour découvrir le site officiel du Louvre où vous pouvez avoir plus de renseignements sur ces chefs-d'œuvre et faire une visite virtuelle du musée. Allez sur ce site et faites une visite virtuelle de ces trois œuvres. Ensuite, choisissez deux autres œuvres dans les collections du Louvre. Pour chaque œuvre, écrivez un paragraphe dans lequel vous décrivez l'œuvre et expliquez pourquoi vous l'avez choisie.

12-20 Lille, capitale européenne de la culture. La ville de Lille a été désignée comme la capitale européenne de la culture pour l'année 2004. Consultez *MyFrenchLab* pour ce chapitre, choisissez *Student Resources* et cliquez sur *Web Links* pour en découvrir plus sur la ville et sur les capitales européennes de la culture. Ensuite, répondez à ces questions.

1. Qui a créé l'idée des capitales européennes culturelles ? _____

_____

2. Pourquoi ? _____

_____

3. Quelle ville a été la première capitale culturelle ? _____

4. Quelle ville britannique a été sélectionnée pour 2008 ? _____

5. En quelle année est-ce que la France aura l'occasion d'avoir une autre capitale européenne de la culture ?

6. Quels sont les avantages pour une ville d'être sélectionnée capitale européenne de la culture ? _____

_____

7. Nommez au moins trois événements culturels qui se sont passés à Lille en 2004. _____

_____

_____

12-21 Lille. Est-ce que vous aimeriez visiter la ville de Lille ? Qu'est-ce que vous pourriez y faire ? Consultez *MyFrenchLab* pour ce chapitre, choisissez *Student Resources* et cliquez sur *Web Links* pour en découvrir plus sur Lille touristique. Répondez aux questions suivantes.

1. Nommez deux musées qui se trouvent à Lille. Quel musée est-ce que vous aimeriez visiter le plus ? Pourquoi ? _____

    _____

    _____

2. Nommez deux personnes célèbres qui viennent de Lille. Choisissez une personne et faites une petite biographie d'une ou deux phrases. _____

    _____

    _____

3. Nommez deux salles de spectacle à Lille. Est-ce que vous pouvez nommer un concert ou un spectacle qui va avoir lieu prochainement dans cet endroit ? _____

    _____

    _____

4. La ville de Lille est jumelée (*sister city*) avec plusieurs autres villes. Nommez deux de ces villes jumelles. Donnez la date de signature du jumelage pour la ville jumelée qui vous intéresse le plus.

    _____

    _____

5. Nommez deux sites touristiques ou historiques à visiter à Lille. Quel site(s) est-ce que vous aimeriez visiter ? Pourquoi ? _____

    _____

    _____

Pour aller plus loin : Pour en savoir plus sur les beaux-arts et l'expression artistique dans le monde francophone, consultez *MyFrenchLab* pour ce chapitre, choisissez *Student Resources,* et cliquez sur *Web Links.*

Lab Manual

Leçon 1 *Fêtons la musique !*

POINTS DE DÉPART

12-22 La Fête de la Musique. Listen as Thibault and his friends are discussing their plans for the **Fête de la Musique**. Write down the instrument each person will play next to the appropriate name. Number one has been completed for you.

1. Thibault _____*du violon*_____

2. Marc _____

3. Patricia _____

4. Estelle _____

5. Ahmed _____

6. Hugues _____

12-23 C'est quel groupe ? The mayor lists the many events taking place for the **Fête de la Musique**. Select the letter that corresponds to the word matching each description that you hear.

MODÈLE   Vous entendez :   Les Janizz se composent d'un piano, d'un saxophone et d'une batterie.
           Vous lisez :   **a.** de la musique classique
                        b. du jazz
           Vous choisissez :   **b.**

1. **a.** C'est un chœur.

    b. C'est un groupe rock.

2. **a.** C'est un orchestre.

    b. C'est un trio.

3. **a.** C'est un groupe de rap.

    b. C'est un opéra.

4. **a.** Ils jouent de la musique classique.

    b. C'est un groupe de rock.

5. **a.** C'est un trio.

    b. C'est un chœur.

6. **a.** C'est une représentation.

    b. Ils font de la musique traditionnelle.

FORMES ET FONCTIONS

Vue d'ensemble : les verbes suivis de l'infinitif

12-24 Qu'est-ce que tu dis ? Céline has trouble communicating with her friend Dorothée during a rock concert. Select the letter of the statement that most logically completes her sentences. Pay attention to the verbs you hear and think about whether each verb is usually followed by the preposition **à** or **de**.

MODÈLE Vous entendez : Pierre m'aide
  Vous lisez : **a.** à organiser une fête.
    b. d'organiser une fête.
  Vous choisissez : **a.**

1. **a.** d'envoyer les invitations.

   b. à envoyer les invitations.

2. **a.** de faire des courses.

   b. à faire des courses.

3. **a.** de jouer avec son groupe.

   b. à jouer avec son groupe.

4. **a.** de mettre de l'ambiance.

   b. à mettre de l'ambiance.

5. **a.** de chanter.

   b. à chanter.

6. **a.** de cette fête depuis si longtemps.

   b. à cette fête depuis si longtemps.

12-25 Le professeur de musique. A band teacher is telling a colleague about his new students. Rephrase each of his statements, according to the cues. Make sure to use the appropriate infinitive construction with each verb. You may stop the recording while you write.

MODÈLE Vous entendez : Sébastien adore la clarinette.
  Vous lisez : espérer
  Vous écrivez : Il espère jouer de la clarinette.

1. refuser _____

2. préférer _____

3. arrêter _____

4. continuer _____

5. essayer _____

6. commencer _____

Mise en pratique

12-26 Les Victoires de la Musique

A. Avant d'écouter. Have you ever watched a music awards program? Which one(s)? What do you like or dislike about these types of shows?

B. En écoutant. Sandrine and Christelle are discussing the results of the **Victoires de la Musique**, a televised award ceremony for musical artists.

1. The first time you listen, complete the first column of the chart with the instruments that each group plays.

2. The second time you listen, complete the second column of the chart, filling in the type of music each group plays.

Some information has been provided for you as an example.

		Instruments	Style de musique
Mickey 3D	–		–
	–		
	–		
	–		
	– un accordéon		
Calogéro	–		– pop française
	–		
	–		
	–		

3. Listen again and complete the following statements:

   a. Sandrine dit que les musiciens de Mickey 3D ont réussi à _____

   _____

   b. Christelle a oublié de _____

   _____ pour enregistrer l'émission.

C. Après avoir écouté. Do you have a favourite group like Sandrine and Christelle? Write three to four sentences, in French, describing it.

Mon groupe préféré s'appelle _____

_____

_____

_____

Leçon 2 *L'art et ses formes d'expression*

POINTS DE DÉPART

12-27 Critiques d'art. Follow along as a group of tourists visits an art museum in Paris and discusses the works they see. As you listen, mark **couleur** if the colour of the painting is being described, or **style** if it is the style. Number one has been completed for you as an example.

	Couleur	Style
1.		✓
2.		
3.		
4.		
5.		
6.		

12-28 Questions pour le guide. One of the tourists is asking her guide for more information. Select the letter that corresponds to each of the descriptions that you hear.

MODÈLE   Vous entendez :   Un artiste qui peint un tableau, c'est
               Vous lisez :   **a.** un peintre.
                            b. un photographe.
           Vous choisissez : **a.**

1. **a.** des paysages.

   b. des titres.

2. **a.** un portrait.

   b. une nature morte.

3. **a.** une sculpture.

   b. un pastel.

4. **a.** un paysage.

   b. un portrait.

5. **a.** un tableau abstrait.

   b. un tableau réaliste.

6. **a.** un dessinateur.

   b. un sculpteur.

FORMES ET FONCTIONS

Vue d'ensemble : l'emploi des temps verbaux

12-29 Le cours de dessin. People in an art class are discussing their experiences. Complete each phrase you hear by writing its number next to the appropriate conclusion. Pay careful attention to the verb tenses. Number one has been completed for you as an example.

_____ **a.** nous venons ici tous les jeudis pour le cours.

_____ **b.** le prof le regardait.

___1___ **c.** je ne pense à rien.

_____ **d.** je te montrerai mes nouvelles peintures.

_____ **e.** il pourra exposer ses tableaux.

_____ **f.** Vincent voulait devenir sculpteur.

12-30 La vie d'un jeune artiste. Listen as Marc shares his thoughts about being an artist. For each of his statements, write down the correct form of the subject and verb that you hear. Pay attention to the preposition. You may stop the recording while you write.

MODÈLE   Vous entendez :   Quand j'étais petit, je voulais être peintre.
           Vous écrivez :   Quand j'étais petit, _je voulais_ être peintre.

1. Quand je peins, _____ à rien.

2. _____ de la musique classique pendant que je peins.

3. Quand j'aurai plus de temps, _____ à sculpter.

4. _____ une exposition quand j'aurai assez de tableaux.

5. Quand le public verra mes tableaux, _____ contente.

Mise en pratique

12-31 Le guide du musée

A. Avant d'écouter. What do you know about French art? Make a list of the French painters you know. For each artist, identify the style with which he or she is most often associated.

_____

_____

_____

B. En écoutant. Marie is listening to the museum guide talk about French painters.

1. The first time you listen, fill in a description of the painting.

2. The second time you listen, write down the artistic movement the painter belongs to.

3. The third time you listen, note an interesting fact about the painter.

Some information has been completed for you as an example.

	Description	Style	Fait intéressant
1. *La Grenouillère* de Renoir	– –	–	– quand il était petit, il peignait des fleurs sur de la porcelaine
2. *L'Angélus* de Millet	– vie et travail des paysans pour thème	–	–
3. *Femme à sa toilette* de Lhote	–	– cubisme	–

C. Après avoir écouté. Which of these three paintings do you think you would like the most according to the descriptions given by the museum guide? Using a search engine or MyFrenchLab, look at each of the paintings and decide which one you do like best. Write three to four sentences in French explaining your choice.

Je préfère _____

_____

_____

_____

Leçon 3 *Allons voir un spectacle !*

POINTS DE DÉPART

12-32 Conversations. Waiting in line for the concert hall to open, you overhear bits of conversation. For each statement that you hear, select **logique** if it is logical, or **illogique** if it is not.

MODÈLE   Vous entendez :   —Tu as des billets pour le concert de Madonna ?
                                                  —Pas si vite.
                 Vous choisissez :   logique   <u>illogique</u>

1.	logique	illogique		4.	logique	illogique
2.	logique	illogique		5.	logique	illogique
3.	logique	illogique		6.	logique	illogique

12-33 Le bon mot. Romain is at a loss for words. Help him find the right word or expression to complete his thoughts. Select the word that corresponds to each of his definitions.

MODÈLE   Vous entendez :   C'est une réponse positive à une proposition.
                 Vous choisissez :   <u>pourquoi pas</u>   ça ne me dit rien

1.	être fanatique de	risquer de
2.	planifier	ça vaut le coup
3.	un plaisir	un chef d'œuvre
4.	s'abonner à	risquer de
5.	ça ne fait rien	se faire un petit plaisir
6.	un spectacle	un musée

FORMES ET FONCTIONS

Vue d'ensemble : les combinaisons de pronoms compléments d'objet

12-34 Répliques. Annette's husband is nervous about their upcoming night out and asks a million questions. Write the number of each question you hear on the line next to the appropriate reply from the list below. Pay careful attention to the pronouns. Number one has been completed for you as an example.

_____ **a.** Oui, il y en a encore.

_____ **b.** Oui, tu me l'as dit.

_____ **c.** Oui, il y en a beaucoup.

_____ **d.** Oui, je le lui ai dit.

_____ **e.** Oui, ils nous l'ont donné.

___1___ **f.** Oui, je te les donne.

12-35 Vérifications. Stéphanie's boss wants to make sure she has done her work perfectly. Complete each of her answers with the appropriate pronouns: **la**, **les**, **lui**, **leur**, **en**, or **y**. You may stop the recording while you write.

MODÈLE   Vous entendez :   Vous avez envoyé la lettre aux abonnés ?
                 Vous lisez :   Oui, je _____ ai envoyée.
                 Vous écrivez :   Oui, je _la leur_ ai envoyée.

1. Oui, je _____ ai demandées.

2. Oui, je _____ ai envoyés.

3. Oui, je _____ ai distribué.

4. Oui, il _____ a assez.

5. Oui, je _____ ai envoyée.

6. Oui, je vais _____ offrir.

Mise en pratique

12-36 Sorties culturelles

A. Avant d'écouter. Where do you go to have fun with your friends? Do you prefer going to the movies or to a museum, for example? Do you always agree with your friends about what you should do when you go out?

B. En écoutant. Dominique, Séverine, and Lucas are discussing plans for the weekend.

1. The first time you listen, complete the first column of the chart with the event each person suggests.

2. The second time you listen, fill in the second column of the chart with the reason for this choice.

3. The third time you listen, complete the third column of the chart with each friend's response to the suggested activity.

Some information has been provided for you as an example.

	Suggestion	**Raisons**	**Réponses des amis**
1. Lucas	– *aller au théâtre*	–	– Séverine :
			– Dominique :
2. Dominique	–	–	– Lucas :
			– Séverine : *ça m'est égal*
3. Séverine	–	–	– Lucas :
		–	– Dominique :
		– *billets gratuits*	

C. Après avoir écouté. Which of the three suggestions do you think you and your friend would be more likely to follow? Write three to four sentences in French explaining your choice. If none of the activities suits you, suggest something else and provide a reason for your choice.

Je crois que mes amis et moi aimerions _____

_____

parce que _____

_____

_____

Video Manual

12-37 J'aime beaucoup le jazz. In this sequence, Pauline talks about a concert she attended. Listen as she describes the place and the singer, and select the correct response(s) for each item.

1. L'artiste qui a donné le concert était

_____ **a.** américain.   _____ **b.** français.   _____ **c.** anglais.

2. Jimmy Scott est un chanteur

_____ **a.** très jeune.   _____ **b.** très âgé.   _____ **c.** très beau.

3. Pour écouter sa musique, Pauline et son mari sont allés

_____ **a.** dans une grande salle de spectacle.

_____ **b.** dans un petit théâtre.

_____ **c.** dans une petite boîte.

4. Pauline trouve qu'il a une voix

_____ **a.** très sensible.

_____ **b.** presque comme une femme.

_____ **c.** très grave.

5. Are you surprised by Pauline's interest in American jazz? Do you have an equivalent interest in a musical genre that originated in another country?

_____

_____

12-38 Le théâtre et l'opéra. In this short clip, Christian talks about the **Théâtre de Nice** and his visits there. As you listen, indicate the correct response(s) with a X.

1. Pendant que Christian parle, des techniciens installent… pour un prochain spectacle.

_____ **a.** les lumières

_____ **b.** les décors

_____ **c.** la scène

2. Christian assiste souvent à

_____ **a.** des pièces de théâtre.

_____ **b.** des concerts de musique classique.

_____ **c.** des opéras.

3. Il va régulièrement au théâtre parce qu'il

_____ **a.** aime beaucoup cela.

_____ **b.** est abonné.

_____ **c.** habite près du théâtre.

4. Do you frequent any cultural institutions regularly? Why or why not?

_____

_____

12-39 Modes d'expression artistique. This montage presents vignettes of many types of artistic expression found in the francophone world. From the list provided below, indicate the examples represented in the video clip:

_____ des artistes qui travaillent en plein air

_____ une représentation de ballet classique

_____ des chanteurs

_____ des concerts dans la rue

_____ des concerts de musique classique

_____ des danses africaines

_____ une exposition au musée

_____ un festival d'art

_____ un joueur d'orgue de Barbarie (_organ grinder_)

_____ des mimes

_____ l'opéra

_____ des pièces de théâtre

_____ des spectacles en plein air

Which type of artistic expression shown appeals most to you, and why?

_____

_____

OBSERVONS

12-40 L'art et l'artisanat. You may already have completed the **Observons** activity in the **Venez chez nous !** lesson of this chapter. If not, go back and complete that activity, which is based on the final clip in the video.